国家社科基金
GUOJIA SHEKE JIJIN HOUQI ZIZHU XIANGMU
后期资助项目

U0721931

康德的目的论系统

Kant's Teleological System

白海霞　著

中国大百科全书出版社

图书在版编目（CIP）数据

康德的目的论系统 / 白海霞著 . -- 北京 : 中国大
百科全书出版社 , 2024. 8. -- ISBN 978-7-5202-1579-4

Ⅰ. B516.31

中国国家版本馆 CIP 数据核字第 2024HS6267 号

责任编辑	刘　浪	
责任印制	魏　婷	
出版发行	中国大百科全书出版社	
地　　址	北京阜成门北大街 17 号	
邮政编码	100037	
电　　话	010-68363660	
网　　址	http://www.ecph.com.cn	
印　　刷	北京君升印刷有限公司	
开　　本	710 毫米 ×1000 毫米　　1/16	
印　　张	17	
字　　数	292 千字	
版　　次	2024 年 8 月第 1 版	
印　　次	2024 年 8 月第 1 次印刷	
书　　号	ISBN 978-7-5202-1579-4	
定　　价	78.00 元	

国家社科基金后期资助项目

出版说明

后期资助项目是国家社科基金设立的一类重要项目，旨在鼓励广大社科研究者潜心治学，支持基础研究多出优秀成果。它是经过严格评审，从接近完成的科研成果中遴选立项的。为扩大后期资助项目的影响，更好地推动学术发展，促进成果转化，全国哲学社会科学工作办公室按照"统一设计、统一标识、统一版式、形成系列"的总体要求，组织出版国家社科基金后期资助项目成果。

全国哲学社会科学工作办公室

内容简介

　　"人是目的"不仅是康德哲学的核心观点，也是康德构建其批判哲学体系的起点和归宿。本书以康德的目的论为研究对象，从康德哲学文本中梳理并分析其目的论思想，按照建筑术和系统论的方法，研究康德的自由目的论、实用目的论、自然目的论，最终构建康德的道德目的论，把康德的批判哲学阐释为"人类理性的目的论系统"，在此基础上阐明康德目的论在西方目的论发展史上的意义和作用。

　　本书提出道德目的论是康德目的论系统的完整规定。道德目的论以现实的人为出发点和归宿，以自由为目的因和最高目的，以至善（完满的善）为完整对象和终极目的。理解康德的目的论系统有两条路径：一条是自由路径，从自由目的论到实用目的论，从自然目的论到道德目的论，这是一条出于纯粹实践理性的目的路径，贯穿着从应然到实然的论证逻辑，是本书的研究路径；另一条是自然路径，从自然目的论到实用目的论，从自由目的论到道德目的论，这是一条出自反思判断力的目的路径，贯穿着从可能性到现实性的论证逻辑，是《判断力批判》的表述路径。从西方目的论发展史上来看，康德的目的论有两个突出的贡献：一是康德把传统的目的论论题从自然转向自由，提出"人是目的"这一著名论题；二是康德创新了目的论思维方式，为目的论的现代发展打开了新的局面。

目　　录

绪　论

目的论不仅是西方哲学中的传统论题，而且是康德哲学中的一个重要问题。

在《逻辑学讲义》的导论和《纯粹理性批判》的"先验方法论"中，康德明确表示要按照建筑术建立世界公民意义上的哲学。这种哲学是关于一切知识与人类理性的根本目的（teleologia rationis humanae）的关系的科学①；是关于一切认识和理性运用与人类理性的根本目的的关系的科学，人类理性的终极目的作为最高目的，一切其他目的都从属于它，并且必须在它之中结合成一个统一体②。在世界公民意义上，康德指出哲学领域能提出的问题有：我能知道什么？我应当做什么？我可以期待什么？人是什么？前三个问题最后都要归结到"人是什么"这个问题上，而康德对"人是什么"的回答是"人是目的"。因此，康德的批判哲学与目的论存在紧密联系。

一、研究背景和意义

康德曾经把自己的哲学分为三个部分：理论哲学、目的论和实践哲学③。在《纯粹理性批判》中，康德提出了他的理论哲学，主张知性先天地为作为感官对象的自然立法；在《道德形而上学奠基》④和《实践理性批判》等著作中，康德提出了他的实践哲学，主张理性先天地为作为主体中超感官的自由立法；在《判断力批判》中，康德指出自然概念的领地与自由概念的领地之间出现了一道"不可估量"的鸿沟，目的论可以成为沟通自然与自由的桥梁。这种布局使得以往的研究者们在对待康德的目的论时往往侧重于目的论对自然与自由的沟通作用，却忽视了康德目的论作为一

① 参看康德. 纯粹理性批判 [M]. 邓晓芒译，杨祖陶校. 北京：人民出版社，2004：633.
② 参看康德. 逻辑学讲义 [M]. 徐景行译，杨一之校. 北京：商务印书馆，2012：23.
③ 参看康德. 康德书信百封 [M]. 李秋零编译. 上海：上海人民出版社，2019：133.
④ 在接下来的论述中，《道德形而上学奠基》将以《奠基》这种缩略形式出现。

个理论整体的完整性和独立性。

在《判断力批判》的第二部分"目的论判断力批判"中，康德系统阐释了他的自然目的论，并认为自然目的论要实现自然与自由的沟通，必然导向道德目的论。这样看来，康德的目的论至少包括自然目的论和道德目的论两个部分。然而，提及康德的目的论，人们一般想到最多的是他的自然目的论。道德目的论要么被忽视，要么被作为自然目的论的一个"尾巴"加以赘述。这一方面是由于康德并未在其著作中像阐释自然目的论那样集中而系统地论述道德目的论，他只是在"目的论判断力批判"的方法论中，为了论证"道德神学"才由自然目的论导向道德目的论。另一方面是由于康德在 1790 年的《判断力批判》中才第一次明确使用"道德目的论"这个术语；1788 年他在《论目的论原则在哲学中的应用》中曾提出纯粹的目的学说只能是"自由目的的学说"，一种"纯粹的、实践的目的论"是一种道德；在 1798 年出版的《道德形而上学》中，他又提出有一种"道德的（客观的）目的学说"依据先天地在纯粹实践理性中被给予的原则，必须与"技术的（主观的）、真正实用的、在其目的的选择中包含着精明规则的目的学说"明确区别开来；然而，这些他在晚期著作中使用的目的概念并没有在《纯粹理性批判》（1781）、《奠基》（1785）和《实践理性批判》（1788）等重要著作中出现过。这就导致康德哲学的研究者们忽视了道德哲学中的目的论维度，使得康德的实践哲学或道德哲学长期以来给人们留下一种纯然形式主义的、甚至"非目的论"的印象。

迄今为止，关于康德目的论的专题研究并不算多，出版的专著屈指可数。就国外而言，1970 年，J. D. McFarland 在 *Kant's conception of teleology* 中着眼于《纯粹理性批判》的"先验辩证论"与《判断力批判》的第二部分"目的论判断力批判"中的目的论思想，阐释康德目的论思想发展的脉络与连贯性。1982 年，Thomas Auxter 以 *Kant's moral teleology* 为题以实践哲学为基点研究了康德的道德目的论思想。2014 年，Courtney D. Fugate 在 *The Teleology of Reason* 中以理性能力及其运用为出发点把康德的批判哲学归纳为"人类知识的目的论"和"自由的目的论"两个部分。就国内而言，2012 年，王平出版的《目的论视域下的康德历史哲学》研究了康德的历史目的论。陶立霞出版的《康德的目的论思想研究》在马克思主义的视域下探讨康德目的论对自然与自由的沟通。

随着康德研究的深入，目的论研究逐渐成为国内外学术界的关注点。国外学术界对康德目的论的研究起步更早，他们的研究重点大致集中于以下几个方面：（1）《纯粹理性批判》中"先验辩证论"与《判断力批判》

中目的论思想的关系；（2）从反思判断力的角度研究康德对自然的不同看法；（3）从早期现代目的论思想发展的渊源，考察康德目的论的理论背景及其与早期现代其他哲学家的关系等。近年来，他们的研究重点有所偏移，越来越多的人开始关注康德道德哲学中的目的论思想、道德目的论与整个康德哲学体系的关系。

　　J. D. McFarland（1970）提出康德目的论的核心问题：康德自己在第一批判中给出的机械论原则（在其中因果性法则起核心作用）构成人的经验，后来他又发现特殊的经验对象即有机物不能用这种原则来解释，由此被迫诉诸独立于机械论原则甚至与机械论原则相冲突的目的论原则。McFarland 认为康德关于自然系统的两个概念：（1）在《纯粹理性批判》分析论中所论证的，自然是事物按照普遍的机械论法则规定的存在；（2）在《纯粹理性批判》辩证论和《判断力批判》的导言中给出的，自然整体可以作为一个经验多样性的整体。对康德而言，这两个概念对自然的科学研究至关重要。在第一批判中，康德已经证明了，纯粹自然科学是作为经验自然科学之基础的先天原则的系统；被范畴原则界定的自然是一个抽象的机械自然（物体之间相互作用，能够进行数学分析），只有机械作用，但这都是人类知性的作用。为了要给知性指定某种确定的统一性的方向，知性对此是没有任何概念的，而理性则要超越到把每一个对象方面的一切知性活动都总括在一个绝对的整体之中。所以，纯粹理性概念的客观运用任何时候都是超验的，纯粹知性概念的客观运用按其本性任何时候都必须是内在的，它只是局限于可能经验之上的。因此，理性寻求的是经验知识的系统性整体。康德在先验辩证论中的意图有两个：（1）证明理性心理学、理性神学和理性宇宙论不是真正的科学；（2）展示灵魂、世界和上帝在自然科学的研究中有调节性的作用。此外，他着重强调了上帝理念与合目的性整体，理性将经验知识带入系统整体中，能给予系统整体的理念以对象的是他们自己的理念。上帝理念就是诸物的合乎目的的统一性。这个唯一的给予理性概念之上的最高形式的统一性就是诸物的合乎目的的统一性，而理性的思辨利益使得我们必须把世界的一切安排都视为好像它们是出自一个最高理性的意图似的。正是这个上帝理念对康德处理目的论起了重要作用，很多康德在辩证论中所讨论的上帝理念参与目的论的功能后来都在《判断力批判》的细节中得到展开。但是，康德在《判断力批判》中不再认为目的联系在建构起来的知识体系中有一席之地，而是站在更理智的立场：如果我们有一个经验知识系统，我们必须预设自然已经合目的性地安排它是可能的了，但在我们建构的系统中没有任何意图。

　　H. J. Paton 在 *Categorical Imperative*（1971）中说，20 年前他写 "the good will" 时没有摆脱对康德理解的传统解释，并认为他处理的是康德忽视的道德生活中的因素，特别是目的论因素。但是经过全面的研究之后，他发现自己以前是错误的。康德在他关于道德原则的应用中，大都将人的欲望、意图和潜能考虑在内，并且他的道德原则的应用是基于他的 "人的目的观" 和 "自然的目的观" 之上的。Paton 指出，"人的本性中的每样东西都有一个确切的功能和意图" 是康德在道德法则应用中的一条目的论原则。他据此推断，"实践理性有一个目的或功能" 的假设亦即 "满足这种意图和功能必定是善的" 的假设是康德整个道德哲学的根本假设，甚至是整个西方道德哲学的根本假设。

　　同样，Paul Guyer（2007）也认为康德哲学作为一个整体是目的论的。依据是，康德认为自然之中，甚至我们的本性自然中没有任何东西是无用的或白费的（只要它被正确地理解）。自然是有意图的，只能被一个理智设计者通过形式的概念创造出来。这个设计者必须被设想为理智的、有理性的，自然必须有一个有目的的形式而且有一个目的。康德说，自然的合目的性概念有几个不可缺少的启发性作用：（1）自然中的事物自身构成一个系统理念对发现自然各种事物的特定概念以及它们的法则是至关重要的，对理解 "类法性"（lawlikeness）即特定法则的必然性是至关重要的；（2）虽然自然作为整体系统的理念是由有机物的系统理念导向的，但是，自然中特殊事物即有机物作为部分与整体互为因果的系统理念对我们研究有机物的机械性解释是不可缺少的。如果我们将自然看作一个独立的系统整体，我们就能设想一个确定的、唯一的终点，这个终点就是最后目的即具有绝对价值的目的或者终极目的。康德主张唯一具有无条件价值的目的，即我们的道德性的完善发展，就是我们能为自然的创造物的最后目的、以及自然的终极目的所设想的唯一东西。因此，自然必须适合于发展人的道德性，道德性也必须与自然相容。

　　关于理性的两种运用在目的论中所起的作用，学者们存在争议。Heiner Klemme（2013）认为康德解决目的论和自然科学的关系、自律与自然的关系的结果就是区分了对自然的描述和自然的理论科学。自然的理论科学按照作用因说明自然形式的起源和内在的可能性，反思判断力产生的自然目的并不增加自然的理论知识，而是在实践上有一个积极的贡献——理性按目的论概念建立了一个系统。一旦自然成为一个系统，我们就要问自然系统的最高目的是什么，因为康德的系统就是目的论方法论建构的。当我们将人思考为创造的终极目的时，这个圆圈就闭合了：（1）理性指导反思判断力将自然事物归摄到目的因原则之下，这种目的因是自然物在必然的机械法则之下不能被认识到的，我们以这种方式判断事物好像一个有意的知性行动产生了它们。（2）当我们问，是否这些自然意图以特定的方式存在于自然系统的其他自然意图中时，我们就碰到了我们自己，这种存在者能按目的和法则的表象，即道德性的能力行动。（3）我们不仅将自然中的某些事物表象为自然目的，而且将自然表象为一个系统。我们不仅认为自然按照一个目的的合目的性被组织起来，而且认为自然还有一个终极目的的合目的性。理性在自然中发现自然有一种自己为自己的能力。由此，乍看起来是自然科学中的附属原则的目的论判断力的原则却变成了康德建立自然描述和道德哲学之间本质联结的原则。Courtney D. Fugate（2014）根据康德在《论目的论原则在哲学中的运用》一文中对理性与目的关系的界定，提出理性的目的论可以区分为理论目的论（自然目的论）和实践目的论（自由目的论）。他认为理性既然与目的具有直接的联系，理论理性的兴趣在于追求系统统一性，认识的界限在于永远达不到系统统一性。我们就可以用目的论的眼光看待纯粹理性批判中的知识论建构。

国内关于康德目的论方面的研究在很长一段时间内停留于对《判断力批判》中目的论思想的解读上，研究重点是目的论如何解决自然与自由的沟通问题。随着自然目的论的相关研究越来越多，道德目的论问题渐渐进入研究者的视野。邓晓芒在《冥河的摆渡者》（2007）、《康德〈判断力批判〉释义》（2008）等著作中专门解读《判断力批判》的结构和思想；在《审美判断力在康德哲学中的地位》（2005）一文中，批判了以往国内外学者将《判断力批判》仅仅看作一部美学著作的观点。他明确指出《判断力批判》整本书都是在谈"目的论"，目的论本身就有两个部分，即对目的论的先天根据的考察和对目的论判断的运用条件、范围和效果的考察。审美判断力批判不仅不是单纯的美学著作，反而被康德称为"自然形式的合目的性"或"主观合目的性"，是唯一具有先天原则的合目的性，它和"自然的实在的合目的性"一样都属于"自然的合目的性"。审美判断力和目的论判断力构成目的论的两个不同层次，前者为目的论在人的情感能力中找到了它唯一可能的主观先天原则，后者则立足于这一原则的观点对自然界的客观事物进行一种反思的评判，从而澄清了目的论判断力的条件、范围、性质和作用。在这种关系中，审美判断力处于更深刻的层次，目的论判断力则更广泛、更全面地展示了理论哲学和实践哲学通过目的论所形成的过渡关系，甚至反过来把审美判断力也包括在它的论证范围内。邓晓芒认为，康德在写作第一批判时还没有看到第三批判的可能性前景。但是，他也埋藏了某些迹象，即目的论概念在方法论上所起的根本性作用。康德用目的论把自然形而上学和道德形而上学统一成了一个"唯一的哲学系统"。邓晓芒赞同杨祖陶的说法，尽管康德的两种形而上学都自成系统，"但在这两种形而上学中，道德形而上学是关于人的整个职责、关于人类理性的主要目的和最后目的的科学，而理性的一切知识、使用、主要目的都必须作为手段从属于理性的最后目的，这就决定了自然形而上学应当从属于道德形而上学以构成一个单一的、完整的、纯粹理性的目的论的形而上体系"①。然而，康德并没有探讨这种目的论本身。直到第三批判，问题才明确起来，康德用目的论结合理论哲学和实践哲学。

李蜀人（2005）认为康德的"道德目的论"说明自然界存在着终极目的，而这种终极目的就是人的道德存在。这个终极目的必须有神学的保证，因为在这里我们涉及的并不是理性与道德法则的关系，而是理性与至善的关系。理性只有在实践领域才是自律的，才是无条件的。在他律的自然中，道德法则是通过至善而实现的，而不是仅凭理性的能力所能够实现的。我们必须假定一个道德意义上的世界原因，以便使我们按照道德法则的要求确立一个终极目的。对于康德来说，以目的论为他的道德哲学的构成原则是必要的。在批判哲学中，他的立足点是"人是有限的理性存在者"。康德道德哲学的难题就在于，由于人的二重性所形成的感觉世界和理智世界之间的分离。但事实上，这样的二重世界是统一的。因此，康德提出了道德目的论的思想。以自由为基础的道德哲学，只能依靠实践理性，实践理性具有有限性。道德哲学体系必须以实践理性的目的原则为中心。在《判断力批判》中所提供的自然合目的性的调节性原则正是以目的论原则来完成理性的体系。而这样形成的体系必然是一个以道德目的论为形式的道德哲学。康德已经证明，自然目的论服从道德目的论的要求，道德神学也同样源于道德目的论的基础。康德的道德哲学史从自然发展出发，最后落实到道德哲学的目的论体系上。其中自然不仅仅有客观实在性，而且有合目的性。这种目的的最高表象就是人类的全部的文化。文化是对一切目的的适合性的产物。一方面，它体现出自然的合目的性，另一方面，它又是自由的目的活动的产物，体现出自然与自由的必然结合。然而，它本身的目的又是以道德上的至善为其终极目的的，至善中的善良意志才能从终极目的上体现出世界的最终价值，才是自由的道德王国中真正

---

① 杨祖陶. 康德黑格尔哲学研究 [M]. 武汉：武汉大学出版社，2001：158.

的创造者。康德的这一思路真正贯彻了早期现代启蒙运动以人为核心的理性与自由这两大精神。

李佰志（2010）也指出康德哲学本质上是人类学，他所关注的终极问题是人性的问题。康德强调通过反思判断力所体现的审美和自然目的论向人的道德过渡，在人的理性平台上构筑起人的道德，并以道德为基础重建西方宗教，其终极目的是道德神学。康德在质疑和批判以绝对知识意义上的真理为核心的西方传统形而上学的基础上，以先验逻辑为载体，终结知识形态的形而上学。他着手在超验的道德世界、自由世界中重建形而上学，最终通过反思判断力批判构筑目的论形而上学以联结自然世界和自由世界。祝杨军（2016）认为，康德通过引入目的论思维，实现了从自然、文化到道德的演进，实现了自然和自由的统一，论证了合理的希望。合理希望的证成过程是一个建基于理性和道德律，通过目的论的论证设计，以实现自由立法为目的的哲学体系建构过程。

王平（2011）专题性地考察了目的论在康德历史哲学中的应用和发展。他首先批判了科勒按照形式与质料、主观与客观的相互搭配划分的目的论：形式的主观的目的论判断即审美判断，形式的客观的目的论判断即数学中的逻辑关系判断，质料的主观的目的论判断即关于人的意图的判断，质料的客观的目的论判断即关于自然意图的判断，这种划分虽然很有借鉴意义，但是不尽康德的本意。王平认为，康德的目的论思想虽然在第三批判中才蔚为大观，但是目的论在不同的领域中各自有不同的作为。《纯粹理性批判》的"先验辩证论"中表现的目的论是作为知识无条件统一性的先验理念，《实践理性批判》中的目的论是作为德福一致的"至善"理念，而《判断力批判》中的目的论是作为连接必然和自由的自然合目的性原理。在三大批判中，康德的目的论有一个演进的历程，最后落实在"人是目的"这个结论上，而人又是以自由和道德的完善为取向的，自由和道德才是康德目的论所要致力的终极目的。在此基础上，他提出了目的论构成了康德历史哲学的最主要的特点这一观点。

陶立霞（2012）站在马克思主义哲学的基础上，批判性地研究了康德的目的论。她认为，通过分析至善和人是目的等概念，可以得出康德道德目的论质疑的核心问题是人的存在的终极目的指向，给出的答案是以人为目的。以人为目的不仅是康德给出的人的存在的理想目的，也使人的价值、尊严在自然中凸显出来，深刻体现了从"前现代社会"向"现代社会"过渡的历史进程中，人的价值观念发生的巨大转变。她认为，康德道德目的论的局限性在于，康德对实践理性的分析存在先天不足的现象，康德确立的目的与经验无关，只能存在于先验世界，是一种超阶级、超时代、超现实的抽象目的。在人的目的与自然的关系上，康德已经意识到人是积极能动的目的主体，必然将自己的目的实现出来，对象化到自然。但是，由于自然合目的性仅是主体的设想，以其沟通自然与自由的分裂，只是理论上的调和，并非真的在自然中实现了人与自然、必然与自由的统一。因而，康德仅在表面上将人的目的与自然拼凑在一起，实质上两者没有产生任何亲密联系。

刘作（2014）、舒远招（2014）和贺跃（2016）等人都从目的论的角度对康德的道义论给予了全新的解读。刘作分别考察了道德学、至善学、终极目的与自然目的论的关系。他认为，在道德学中，确立道德性的最高原则不需要预设需要自然目的论，自然目的论的假设可用于推理某些具体目的。在至善论中，自然目的论起着根本作用，自然目的必然以道德目的论为基础，而道德目的论的根据是实践理性。最后他得出结论：康德道义论的终极目的是实现人的自由和至善，以此彰显人在宇宙中的价值。舒远招区分了广义的道义论和狭义的道义论。狭义的道义论作为严格意义上的道义论拒斥以幸福为目的的目的论伦理学，以便保证德性目的的无条件性和普遍必然性。广义的道义论将德性与幸福都纳入自身，以至善为终极目的。广义的道义论所表达的思想隐含在狭义的道义论之中。由此来看，与幸福论相对立的只有康德狭义的道义论，而并非广义的道义论。孙小玲（2021）通过区分至善与同时是义务的目的学说之间的路径，提出康德的伦理学同时是目的论和义务论的。康德伦理学本身提供了一种缓解义务论伦理学和目的论相互对峙的有效途径。张会永（2018）通过分析康德的自在目的、同时是义务的目的、至善等目的概念，尝试提出一种"康德式后果主义"，以便克服康德伦理学与后果主义不兼容的传统教条。

总体来看，康德的目的论是一个内涵丰富、思想复杂的哲学问题。虽然国内外学者已经做了一些研究，但是还有许多问题需要进一步澄清。McFarland、Fugate 和邓晓芒等人对康德的自然目的论进行了较为详尽的解读，但是他们侧重于从反思判断力的角度进入，并没有超出自然目的论的论域去讨论康德实践哲学中的目的论问题以及康德目的论系统的整体建构。Paton、Guyer、Klemme、李蜀人等人都意识到康德道德哲学中的目的论维度，但是他们还没有进行深入系统地研究。Auxter 早在 1982 年就以"康德的道德目的论"为题出版了专著，但是他对康德存在误读并有一定的局限性。譬如他在建构副本世界的目的论的基础上否定作为终极目的的"至善"理念必要性；他仅从道德哲学本身阐释目的论，而忽视了自然目的论与道德目的论之间的关系。刘作、舒远招、孙小玲等人开始深入研究道德哲学中的目的论问题，具有极大的启发意义，但是这些研究在深度和广度上还有待提高。鉴于此，我们很有必要从基础概念出发，对康德的道德目的论和自然目的论进行系统性的研究，以便更好地理解康德整个哲学体系的建构。

本书将采用康德系统论的方法，把康德的目的论作为一个独立而完整的理论系统来研究。康德的道德目的论为我们研究康德哲学提供了一个总体的世界性框架，道德目的论让我们形成一种道德的世界观。其中，自由目的论的建构不仅为我们理解康德的实践哲学提供了一个全新的视野，而且有助于我们挖掘康德道德哲学中处于更深层次的目的论根据。对自由目的论与实用目的论的探讨有助于我们理解人类实践运用中的目的问题，对自由目的论与自然目的论之间内在联系的揭示不仅有助于我们更好地理解康德的自然目的论思想，而且能够使我们发现康德在目的论上掀起的"哥白尼式革命"。把康德的目的论系统作为一个整体来研究不仅突破了仅从自然与自由的沟通桥梁研究康德目的论的传统视角，而且有助于我们把康德的目的论与其整个批判哲学联系起来，更加全面地把握康德批判哲学体系的基本建构，同时使我们更好地理解为什么康德所要建构的哲学是作为"人类理性的目的论"的世界意义的哲学。

二、研究思路和方法

本书将论证康德的目的论不只是沟通自然和自由的"中间环节"，而是具有先天根据、自成体系的目的论系统。道德目的论是康德目的论系统的完整规定，它首先包括自由目的论。自由目的论是康德目的论系统的先天根据，并且是自然目的论得以确立的基础和前提。原因至少有三个：第一，康德在"论目的论原则在哲学中的应用"中明确指出目的要么是自由的目的，要么是自然的目的，没有人能够先天看出自然的目的，实践理性的批判却能够先天地说明自由的目的。这至少说明，即使没有自然目的论，我们至少可以期待一种纯粹的自由目的论。第二，康德在《判断力批判》中引入"自然的合目的性"概念时指出这个概念虽然与"实践的合目的性"（人类艺术的，或者也有道德的）概念完全不同，但却是按照与实践的合目的性的类比而被思考的[①]。可见，在康德提出"自然的合目的性"之前，包含有"道德合目的性"的"实践的合目的性"早就已经存在了。

---

① 参看康德.判断力批判 [M].邓晓芒译，杨祖陶校.北京：人民出版社，2007：15.

第三，康德认为道德目的论与自然目的论相比，能够更加稳固地建立在与理性不可分离的先天原则之上，而自然目的论如果不是"暗中"从道德目的论中"借贷"的话，它贯彻到底只会单独形成一种没有任何确定概念的"鬼神学"①。而道德目的论存在于一个有理性且天赋有自由的存在者概念中，这个概念本身包含的就是人自身中的目的关系连同其法则被先天规定因而能够被必然认识的内在合目的性，即自由目的论。

康德的目的论系统本质上是人类理性的目的论系统，在内容上包括自由目的论、实用目的论、自然目的论和道德目的论。其中自由目的论本身独立自足，先天地作为一个目的论系统而成立。从这个角度来看，康德的实践哲学并非单纯义务论的、非目的论的，反而在深层次上属于目的论。实用目的论基于人的感性本性，是以幸福为最后目的的经验性目的系统。自然目的论不仅以自由目的论为前提，而且在反思的意义上将实用目的论纳入自身，最终导向道德目的论。道德目的论以现实的人为出发点，以至善为终极目的，以自由目的论作为先天根据，以自由目的论、实用目的论（自然目的论）为主要内容的目的论系统整体。（图示见附录）

本书的写作思路主要有两条：一条是构建康德的目的论系统，考察目的论在康德批判哲学体系中的地位和作用，另一条是考察康德的目的论在西方目的论思想发展史上的地位和作用。

依据第一条思路，本书认为理解康德的目的论有两条路径，一条是自由路径，一条是自然路径。自然路径是康德在《判断力批判》中的写作路径，自由路径是康德构思目的论的内在路径。本书的写作路径是自由路径。据此本书第二章研究构成康德目的论系统的预备概念，阐明康德在先验意义上界定了目的概念和合目的性概念，区分出道德目的与自由的合目的性、实用目的与实践的合目的性、自然目的与自然的合目的性等，作为他建构自由目的论、实用目的论、自然目的论和道德目的论的基本元素。第三章阐释康德的自由目的论，提出自由目的论的先天根据是意志的积极自由，形而上学基础是目的王国系统，理论内容是道德目的系统。人作为纯然的理性存在者所具有的积极自由既是目的因又是自由目的论的最高目的。目的王国系统是一个资格体系，其质料是作为自在目的的理性存在者，其形式是作为定言命令之变形公式的目的公式，其完整规定类比于自然王国系统。虽然人能够在目的王国中作为自在目的而实存，但是他毕竟

---

① 参看康德. 判断力批判 [M]. 邓晓芒译，杨祖陶校. 北京：人民出版社，2007：301.

是有限的理性存在者，在现实中要实现自己的道德性必须克服感性欲望按照道德目的去行动。道德目的系统的质料是作为德性义务的"同时是义务的目的"，形式是德性学说的至上原则，其系统建构以德性义务系统为基础。第四章探讨康德的实用目的论，实用目的论基于人的感性本性，以具体表现为身体健康和心灵健康的幸福为最后目的，以经验性的明智建议为原则。实用目的论必须以从属于自由目的论的方式才能被纳入康德的目的论系统。第五章阐释康德的自然目的论，康德的自然目的论以反思判断力的先验原则即自然的合目的性原则为先天根据。自然的主观形式的合目的性体现在自然美和艺术品中，通过自然与艺术品的类比，人们可以按照客观质料的合目的性概念将自然中的特殊事物评判为具有内在合目的性的自然目的（有机物），并以此为基础，将自然整体评判为以有机物为基础的、具有外在合目的性的目的系统。自然整体的目的系统以人的文化（道德性的文化）为最后目的，必然追求一个自己永远也不能触及的终极目的，这导致它必然导向道德目的论的宿命。第六章建构康德的目的论系统，道德目的论是康德目的论系统的完整规定。现实的人是康德目的论的出发点和归宿，至上的善（自由）是康德道德目的论的最高目的，完满的善（德福一致）是康德道德目的论的终极目的。按照自由路径来理解，道德目的论包括自由目的论和实用目的论（自然目的论）的统一。按照自然路径来理解，道德目的论包括自由目的论和自然目的论（实用目的论）的统一。在道德目的论的视域下，康德的批判哲学体系可以被阐释为"人类理性的目的论系统"。

　　依据第二条思路，本书第一章研究前康德哲学中的目的论传统，提出早期现代目的论在自然科学和机械论蓬勃发展的情况下陷入困境是康德提出其目的论的理论背景。康德的自然目的论批判性地继承了传统的自然目的论及其内在论与外在论、观念论与实在论的区分。康德的道德目的论以他之前的哲学家在道德哲学中对目的问题的思考为理论基础。第四章研究康德对以往实用目的论和幸福主义的批判，提出幸福必须从属于道德才能被纳入目的论系统，德福一致才是基于现实的人应有的目的观。第五章研究康德对以往自然目的论的批判，提出康德的自然目的论并非构成性意义上的实在论，而是调节性意义上的先验观念论。康德的自然目的论批判性地整合了传统的内在目的论和外在目的论。第六章研究康德在西方目的论史上发起的"哥白尼革命"，提出康德将目的论论题从自然转向自由，将传统目的论中"以自然目的论为前提对人的目的论理解"颠倒为"以人的目的论为前提对自然的目的论理解"。康德力图建构的是以人为出发点、使自然向人生成的道德世界观。康德创新了目的论思维方式，将传统目的论中合目的性的构成性原则转变为调节性原则、系统性思维、历史性思维，为目的论的现代发展打开了新的局面。

本书将以康德的文本为基础，利用康德的建筑术、系统论的方法着眼于康德的目的论系统的建构。康德在《纯粹理性批判》的"先验方法论"中提出了自己的建筑术和系统观。他认为建筑术是关于一般知识中科学的东西的学说，科学的东西就是系统及其统一性。由于人类的理性本身就是一种目的能力，理性不仅能够产生和实现别的目的，而且其自身还有本源性的根本目的，这一根本目的只有在系统中才能够获得知识的支持和促进。因此，康德在系统的建构下引入了目的论思想，在人类理性的统治下，将一般知识建构成一个系统。

系统是"杂多知识在一个理念之下的统一性"①。一个系统整体必然包含杂多与理念，其中理念先天地起着规定性作用，不同的理念构成不同的系统，不同的系统却具有相同的形式，都按照目的统一性原则保持系统的统一性。在具体的建构中，系统中的理念要实现出来必须通过一个图型，图型是本质性杂多和各部分的秩序先天地从一个目的原则中得到的一种规定性。康德区分了两种图型：一种提供技术性的统一性，另一种则提供建筑术的统一性亦即系统统一性，前者是理性按照偶然显露出来的意图来勾画的图型，具有经验性、偶然性、外在合目的性等特点；后者是理性按照一个理念亦即出自理性的主要目的而产生的，具有先天性、必然性、内在合目的性等特点。科学按照建筑术在亲缘关系上建构起来，科学性的理念就是系统中唯一且至上的目的，建筑术的图型必须先天地合乎理念地、包含在整体轮廓之中，并且这个图型不仅要将整体内部的各个环节、各个部分按照理念先天地划分开来，而且要按照原则确定无疑地与其他一切整体区别开来，成为一个独立的系统。虽然康德确信建立一门科学必须要有一个理念以及把这个理念实现出来的图型作为基础，然而不幸的是，在实际操作中制定一门科学时，图型是很少与理念相符合的，在此，康德借用了经验性的说明。日常研究中，我们必须从科学创立者汇集起来的那些部分的自然统一性出发去发现在理性本身中有根据的那个理念，来规定这门科学。换言之，我们在根据一个理念即理性的目的按照建筑术去建构一个科学整体的时候，往往是从技术性的统一性的摸索开始的。就建筑术本身而言，每一个系统自身都是按照一个理念而分出环节的，所有的系统又还在

① 康德. 纯粹理性批判 [M]. 邓晓芒译，杨祖陶校. 北京：人民出版社，2004：629.

人类知识的一个作为整体的系统的各个环节而合目的地相互结合着。因此，人类的一切知识都有某种建筑术。

从系统的构成来看，系统中起决定性作用的是理念，理念是纯粹理性产生的概念，这个理念不仅先天地规定了系统中的杂多及各部分的位置、关系，而且先天地规定了系统的类别。就系统的形式而言，系统统一性也来自既作为系统的整体、又作为系统目的的理念。因此，理念是科学性的理念，具有系统统一性的理念，这是将康德的系统判定为先验观念论的一个表现。先天的理念是系统的支柱，虽然其他的杂多知识也很必要，但理念起着决定性的作用。从系统的统一性特点来看，系统不仅具有整体性、统一性、先天性，而且具有内在合目的性。应该说，整体性、合目的性、统一性是系统本身不可缺少的特点。

在本书的系统建构中，我们将首先考察一个系统的先天原则和形而上学基础，然后研究系统的具体建构。比如在自由目的论的建构中，目的王国是自由目的论中作为基础的形而上学理论，道德目的系统是自由目的论的主要内容。在自然目的论中，自然的合目的性的先天原则是其形而上学基础，作为内在目的系统的有机物和以有机物为基础的外在目的系统是自然目的论的主要内容。

第一章　前康德哲学中的目的论传统

在西方哲学史的发展历程中，每一位哲学家都在继承和批判前人的基础上提出自己的哲学思想，康德的目的论思想也不例外。这一章着眼于康德所面临的目的论背景和目的论问题，考察康德以前的哲学家关于自然的目的论思考，研究前康德时期哲学家关于伦理道德的目的论思考，探究康德以前的哲学家在目的论问题上的分歧与争论。

第一节　前康德哲学中的自然目的论

自古希腊以来，世界万物的本原和事物运动的原因就是哲学史上的传统问题。对这个问题的不同回答，导致哲学史上关于自然的机械论与目的论之争。机械论借助机器的隐喻，将自然看作一台机器，主张自然万物的运动遵循严格的机械必然性，与任何目的因无关。目的论预设目的因，它自产生之日起就将自然思考为目的的产物。因而，目的论最初作为自然目的论，与自然的机械论相对立而存在。

一、古希腊的自然目的论

在西方哲学史上，阿那克萨戈拉首次将"心灵"（nous，也叫作"努斯"）作为宇宙万物的终极动力，这被视为目的论的起源。阿那克萨戈拉似乎看到宇宙中显示出来的秩序、美和协调等现象显然是一个受着某种合理的支配、趋近某个确定目的的世界，仅凭纯粹物质或机械作用不足以解释宇宙的计划与秩序。他认为"万物都在混沌中，然后有心灵出，对万物加以安排"[①]。心灵第一次与物质区别开来，它具有能动性与独立性，在世界之初把被动的物质配置起来。整个宇宙从此在一个旋涡中旋转，各种不同种类的物质在这个旋涡中按照一定的秩序和比例相互分离或组合，就构

---

① 古希腊罗马哲学 [M]. 北京大学哲学系外国哲学史教研室编译 . 北京：商务印书馆，1961：65.

成了万物。毋庸置疑，阿那克萨戈拉无法摆脱当时思维发展的朴素性，他提出的目的论可能是"变相"的机械论。但是，他的"心灵"或"努斯"精神极大地启发了后来的哲学家。

苏格拉底提出了真正意义上的目的论和目的论思路。苏格拉底批判阿那克萨戈拉没有说明"心灵具体如何推动和安排世界万物"这个问题，他认为，既然心灵安排了这个世界的秩序，那么这种安排就应该有目的、有意图。否则，心灵仅凭自身推动万物只能被视为机械的碰撞。那么，这种目的是什么呢？苏格拉底认为是"善"或者"好"。"如果心灵是安排者，那就会把一切都安排得最好，把每一件特殊事物都安排到最好的位置上。如果一个人要想找出某物产生、消灭或存在的原因，那就必须找出：哪一种存在状态、行动状态或遭受状态对该物最好。"①我们知道，苏格拉底使哲学的中心发生转换，从天上回到人间。他将自然的目的解释为"善"，可能是类比于人的目的活动。人的目的行为都是把行为的目的看作是"善"的才去追求，没有人会去追求一个"恶"的目的。为了说明心灵是自然万物的最终目的，苏格拉底建立了一种真正意义上的自然目的论或目的论的世界观。这种目的论是"神学目的论"或"有神目的论"，这种神是理性神。宇宙万物被理性神创造出来、井然有序地处于合目的性的关系中，最终体现神的目的。然而，苏格拉底并没有深入探讨世界之外的目的力量，他的哲学兴趣是现实世界的伦理生活，他关于自然的目的论思考没有得到进一步扩展。

柏拉图继承和发展了苏格拉底的目的论，他把目的论拉回到对世界整体的考察。柏拉图将苏格拉底的"善"发展为"相（eidos）"，相构成一个客观独立的理念世界，理念世界永恒不变，包含着可感世界中万事万物的目的和根据。据此，整个世界呈现为一个目的体系，可感世界中的众多事物以理念世界中的相应理念为目的，理念世界中较低级的理念以较高级的理念为目的，所有理念都以善的理念为最高目的。柏拉图的目的论作为理念论的表现形式，至少面临两个难题。第一，世界万事万物都有自己的理念，最低级的排泄物、泥土、头发等事物也不例外，最低级的事物会玷污"善"理念的高尚性，导致柏拉图的思想遭遇目的论与本体论之间的冲突。本体论是存在论，不能用善恶来评判，目的论却有善恶之分。第二，依据"分离说"，理念世界与现实世界各自独立，外在对立，互不交往，

---

① 西方哲学原著选读（上卷）[M]. 北京大学哲学系外国哲学史教研室编译. 北京：商务印书馆，2005：62.

静态摹本理论无法解释它们究竟是如何联系的问题。为了解决这些冲突，后期柏拉图做出修正，他一方面把善改造为具有努斯、具有完善性、并且完备无缺的造物主。另一方面，柏拉图把机械论纳入进来，使机械论成为造物主创造世界、实现目的的手段。这两个修正并不能解决柏拉图目的论的根本问题，却为亚里士多德的目的论提供了有利的条件。

亚里士多德使目的论成为能够与机械论抗衡的独立学说。为了解决柏拉图基于理念论的目的论难题，亚里士多德首先将经验表象和数赶出理念世界，使理念变成纯粹的范畴，然后引入因果性概念，将理念世界和现实世界看作具有内在因果联系的存在，最后亚里士多德提出知识就是为现实事物寻求原因，直至最高的终极原因。具体来看，亚里士多德在追问事物生灭变化的原因时，提出了四种原因，即形式因、质料因、动力因和目的因。在他之前，人们最多涉及质料因和动力因。柏拉图虽然提及形式，但也不会把形式作为事物变化发展的源泉，更没有对形式因给予说明。亚里士多德分析道，在人造物中，这四种原因相互区别，但在自然物中，动力因和目的因都可以被归结为形式因。在一个事物中，形式因是积极的、能动的、具有决定性的因素，它规定着一个事物的本质，包含了事物发展的动力和目的；质料因是消极的、被动的因素，受到形式因的规定。形式与质料相对。比如，砖瓦既是泥土的形式，又是房屋的质料，房屋既是砖瓦的形式又是街道的质料。以此类推，整个宇宙就构成了一个形式与质料交替上升的目的系统，最底端是没有任何形式的纯粹质料，最顶端是不构成任何质料的纯粹形式，这个纯粹形式就是宇宙中一切事物所追求的终极目的，也就是整个宇宙发展变化的最终原因或"第一推动者"。整个宇宙是一个从无到有的等级系统，最高的存在是一个纯形式、纯粹的努斯、神本身，是一切存在的存在，万物存在的最终根源。那么，这个神、纯粹的形式如何创造了整个宇宙？亚里士多德认为，目的因、形式因和动力因三者是同一的，形式就是目的，目的就是动力，事物的形式能够自己推动自己、自己实现自身的目的。虽然亚里士多德和柏拉图一样，把这个纯形式称为神，但是与柏拉图在目的论上的静态描述不同，他用潜能与实现解释万物生成的根据，在宇宙万物的产生方式上加入了目的论的动态发展。他说："每一动变必有一目的，没有无尽止的动变。凡创造之不能达到一个目的，完成一个事物者，这种创造就不会发生；一个动变达到之顷正是一个事物完成的时候。"①从潜能到实现的转化过程就是运动，潜能是事物还

---

① 亚里士多德. 形而上学 [M]. 吴寿彭译，北京：商务印书馆，1959：47.

没有实现的存在状态，当潜能通过一个完全的实现过程而成为现实时，事物就达到了它的目的。然而，亚里士多德的追问最终达到顶点，即"不动的推动者"。这个推动者不仅是目的论的起点，也是目的论的归宿。它作为无质料的纯粹形式，仍然是脱离现实的抽象理念，正是苏格拉底和柏拉图在目的论上一直坚持的理性神。这个理性神就是努斯，具有能动性和超越性。这样一来，亚里士多德建构的形而上学自然目的论体系呈现出古人眼中的永恒自然图景："世界的无始无终的生灭变化是永恒的，是自然的，而这又是受到了终极目的的规定，而这终极目的不仅规定了世界的生灭变化的这一根本自然秩序，而且也根本规定了每一个事物各自固有的先天的目的，从而，整个世界就是一个自然目的论的预定和谐的体系，而这就是所谓的自然的正当。"①

无论内部有什么区别，古希腊的目的论在本质上仍是一种研究"宇宙"秩序或"自然"状态的学说。它们都以"'自然'为最高的理念和本体，都崇奉宇宙的'逻各斯'，都认为人永远摆脱不了'天命'的支配"②。希腊化时期，以斐洛和普罗提诺为代表的新柏拉图主义将东方神秘主义和信仰主义引入目的论，成为古希腊自然目的论向中世纪神学目的论过渡的理论中介。斐洛是新柏拉图主义的先驱，被称为"基督教教义之父"。他用柏拉图的"分离说"和神秘主义解读圣经的教义，从而切断人的理性与神的一切关联。他认为，神高于一切且不可思议，神与世俗事物靠柏拉图的理念联系，理念是神创世的工具，代表着神的智慧。普罗提诺将斐洛的思想发展为三位一体的形而上学。他提出"太一""努斯""灵魂"三者的神秘统一：太一不可被言说，它外在于万物并且超越万物；努斯是太一因为自身盈满而"流溢"出来的结果，太一通过努斯表现出自身、获得自身的规定性。反过来说，努斯体现太一的"一"，是整体性的精神，能够创造理念。灵魂是努斯流溢的结果，灵魂是"一"分化出来的多，居住在物质世界之中。再往下流溢，出来的结果是物质，纯粹物质是非存在、绝对的黑暗。据此，普罗提诺展示了一种世界堕落、与向善的目的论相反的世界观。然而，他认为，人虽然受困于堕落的肉体，却具有天赋的灵魂，与努斯具有本质的联系。每个灵魂都有返回太一的希望，虽然这种返回要借助于某种神秘的、无意识的"迷狂"状态。斐洛和普罗提诺虽然没有直接论及目的论，但是他们继承柏拉图用目的论论证神、论证信

---

① 聂敏里. 亚里士多德的形而上学：本质主义、功能主义和自然目的论 [J]. 世界哲学 2011 年第 2 期：154.

② 王平. 目的论视域下的康德历史哲学 [M]. 上海：上海交通大学出版社，2012：19.

仰的传统，为中世纪哲学家构建系统的神学目的论提供了理论支持。作为最高目的的太一的神秘性，构成了希腊理性主义目的论向中世纪哲学过渡的桥梁。

二、中世纪的神学目的论

范明生在《晚期希腊哲学和基督教神学》的绪论中指出，柏拉图率先用目的论论证神的存在，后来的亚里士多德、斯多亚派、斐洛、普罗提诺等人进一步完善了这种目的论。中世纪的目的论就是对柏拉图和亚里士多德的"有神目的论"的系统化。

古希腊哲学家对自然进行目的论思考的着重点在于建构目的论自然观，把他们的目的论推到极致，无论如何都无法摆脱一个外在的"神"。古希腊带有"天命"的自然目的论思想，为中世纪神学家论证上帝存在提供了有力的工具。中世纪，苏格拉底的"理性神"、柏拉图的"善的理念"和亚里士多德"目的形式"被一个"全知、全能、全善"的上帝所取代，被发展为神学目的论。在某种意义上，目的论在中世纪变成了哲学家们论证上帝存在的一种"工具"，主要体现在奥古斯丁和托马斯·阿奎那的哲学思想中。

如果说古希腊哲学家们所理解的"神"是一个"赋形于质"的工匠，那么基督教哲学中的"上帝"就是一个"无中生有"的创造者。奥古斯丁是教父哲学的杰出代表，他认为基督教是真正的哲学，《圣经》昭示上帝的智慧，并尝试用理性的方式证明上帝的存在。他坚持在信仰至上的前提下，寻求理性对上帝存在的论证，并以创造论为基点构建基督教的宇宙目的论。为了论证上帝创世，奥古斯丁提出"赋形说"和"种子理式"。"赋形说"展示了上帝从虚无创造基本质料，然后对质料进行"赋形"，产生有目的的事物，继而创造了有目的的世界。整个创造过程包含"创造—召唤—转向—赋形"四个环节。"种子理式"展现了上帝依据自己的目的和意志给造物赋形，同时凸显了上帝的内在性和超越性。[①] 奥古斯丁的宇宙目的论主张上帝全知、全能、全善，是世界万物的根源与目的。他从柏拉图的理念论中总结出上帝存在的目的论论证：事物处于一个由低到高的等级系统中，高等级事物更加完善，低等级事物以高等级的事物为目的，以此类推，这个等级系统中最高等级的事物就是最完善者，这个最完善者不光是一切不完善事物的原因，也是这个目的系统的目的因。

---

① 参看吴功青. 内在与超越：奥古斯丁的宇宙目的论 [J]. 哲学研究 2020 年第 11 期.

　　倘若这个目的论论证在奥古斯丁这里看上去还不是很明显，托马斯·阿奎那则把它作为著名的"圣托马斯五路证明"之一确立起来。托马斯继承了他的老师大阿尔伯特关于哲学和神学殊途同归的思想。他认为，哲学与神学的研究对象不同，研究方式不同。基督教的某些真理通过理性得到证明，另一些真理只能依赖于启示。前者构成自然神学，后者构成教理神学。启示真理比理性真理更加深刻、更加根本。据此，他坚持"哲学是神学的奴婢"。为了证明上帝存在，托马斯试图用理性证明启示真理，即著名的"圣托马斯五路证明"。"五路证明"是从人们"已知的事实"出发推出其原因的"回溯式"的证明方法，其中目的论证明就是从世界万物所具有的目的性推论出上帝是世界万物的最高目的。托马斯对世界的秩序，也就是目的因对上帝存在的证明是这样表述的："我们看到：那些无知识的人，甚至那些生物，也为着一个目标而活动；他们活动起来，总是或常常是遵循同一途径，以求获得最好的结果。显然，他们谋求自己的目标并不是偶然的，而是有计划的。但是，一个无知者如果不受某一个有知识和智慧的存在者的指挥，如像箭受射者指挥一样，那他也不能移动到目的地。所以，必定有一个有智慧的存在者，一切自然的事物都靠它指向他们的目的。这个存在者，我们称为上帝。"① 我们可以看到，托马斯大致的推导过程：我们发现自然界中那些无智慧、无生命的事物都在为着一个目的而存在，这个目的必定外在于这些事物。因为只有自然中的有机体才有目的地活动着。除非受到一个有智慧有思想的存在者的刻意引导，否则它们是不可能为着一个目的而存在的。由此可以得出，必定有一个拥有最高智慧的存在者为这些无知事物制定目的，并使得整个世界具有一种合目的性。这个最高智慧的存在者就是上帝。托马斯根据亚里士多德质料与形式的目的论推论构建了一个符合基督教信仰的世界目的系统。在这个目的系统中，水火土气四种元素在最底层，往上依次是植物、动物、人；在人类社会中，农民、骑士、贵族、世俗国王由低到高构成封建等级，往上是以教皇为首的教会组织；人之上有天使、天使们根据其居住的天体分为三个等级；天使之上就是最高级别的三位一体的上帝，上帝是宇宙万物追求的最终目的，也是宇宙万物具有现实性的最初动力。

　　托马斯的目的论证明第一次系统地把理性推到极致，达到自由因（自动因、自我目的因）。"自由因作为理性追求与止息的地方，实际上是

① 西方哲学原著选读（上卷）[M]. 北京大学哲学系外国哲学史教研室编译，北京：商务印书馆，2005：263-264.

一个纯粹的思想体，用康德的话说就是一个理性理念；达到自由因也就意味着理性达到自身理念而回到自身，而在根本上则标志着理性觉悟到自身的自由：理性自己就是开端，自己可以中断一切，也可以开始一切、决断一切。理性直接就是自由意志。"①托马斯的目的论证明潜在地推动了理性的自觉。他从不同于奥古斯丁的伦理学维度的角度逼近了人的自由身份和自由存在。

三、早期现代的目的论危机

在早期现代自然科学的辉煌成就中，机械论在哲学界的影响极其广泛，目的论遭遇了前所未有的困境。

机械论最早可以追溯到古希腊的原子论。原子论者认为自然中的事物纯粹是从因果关系的进程中偶然产生出来的。德谟克利特提出宇宙由原子和虚空组成，原子是构成一切事物的最后单位。原子内部充实、不可分割、本身不可感知；数量无限，性质相同，相互之间只有形状、次序和位置的差别；原子在虚空中做直线运动，因方向不同而相互碰撞，形成旋涡运动而构成万物。由于原子本来就在运动，运动是原子的固有属性，因而，原子构成万物的一切都受到因果必然性决定。伊壁鸠鲁继承了德谟克利特的原子论，也主张万物由原子和虚空构成。但他对原子论做出了以下改进：（1）原子除了形状、次序和位置的差别之外，还有重量上的差别，重量是原子能够在虚空中进行直线下降运动的原因；（2）原子能做偏斜运动，原子由于重量而降落，在这个过程中也会出于自身的原因而发生偶然的"偏离"，这样才能与其他原子碰撞而形成旋涡运动，并构成万物。凭借这种解释，伊壁鸠鲁首次从事物的内部解释运动的原因，摆脱了德谟克利特从事物外部无法解释运动来源的困境。这样一来，世间万物都由原子构成，神也不例外。

文艺复兴以后，自然科学得到长足发展。早期现代的自然科学家和哲学家们继承了古希腊的原子论，并将其发展为机械论。培根在其代表作《新工具》中系统制定的科学归纳法和经验论基本原则，为机械论的早期发展奠定了基石。他继承了原子论的核心思想，主张从物质结构把握事物。他认为，事物由许多微小的分子构成，分子具有密度、质量、温度、体积等"质的规定性"；分子像字母组合成词汇一样，构成了自然中具有不同性质的事物，事物又构成整个自然。他讽刺说，在自然中探索目

---

①　西方哲学史学术版（第三卷）[M]．南京：凤凰出版社，2005：465.

的因就像奉献给上帝的修女，是不会怀孕生育的。霍布斯把服从机械原因的物体作为哲学的唯一对象，把世界和人都视为机器。世界是按照因果链条组成的大机器，人是世界之中的小机器。笛卡尔也否定目的因的存在，他甚至主张根除一切目的论语言。即使解释生物过程中的生长行为或适应性结构时，他也反对使用目的论。笛卡尔最早在哲学上概括机械论。他认为，自然是纯粹的物质世界。广延是物质的唯一本质属性，机械运动是运动的唯一形式，并据此对自然中物质运动和天体运动做出机械论解释。他将这种机械论推广到人体和动物的生理机制和功能上，把动物比作机器，把人体内的生命活动比作钟表的机械运动。在《谈谈方法》中，笛卡尔说："我们知道人的技巧可以做出各式各样的自动机，即自己动作的机器，用的只是几个零件，与动物身上的大量骨骼、肌肉、神经、动脉、静脉等等相比……人所能发明的任何机器都不能与它相比。"[1]然而，在笛卡尔那里，人因其灵魂而没有被等同于机器。同时代的霍布斯进一步推进笛卡尔的机械论。霍布斯以物体作为哲学研究的唯一对象，用数学方法度量自然中的一切事物。在《利维坦》中，他将人的心脏比作钟表的发条；把人的神经和关节比作钟表内的游丝和齿轮；自然中的一切在机械作用规定下显得无声无息。斯宾诺莎接受了笛卡尔和霍布斯的机械论思想。斯宾诺莎认为，世界万物的运动变化就是机械因果规律的作用。即便人的精神世界，也按照机械规律进行。人们应该充分运用自然法则去理解一切事物的性质，考察人类的行为和欲望就像考察几何学的点、线、面一样。他曾在《伦理学》中明确反对目的因："自然本身没有预定的目的，而一切目的因只不过是人心的幻相，已经无需多费唇舌了。"[2]

早期现代的机械论经过牛顿经典力学的论证和阐发，在法国机械唯物主义中走向极端。牛顿以自己的经典物理学为基础对相对朴素的机械论做了改造，并赋予其更深刻复杂的内涵。牛顿的做法是把微粒和经典力学结合起来，微粒是构成空间的最小存在，每个微粒都具有广延、不可入性、可动性、惯性等力学特征。微粒之间分离、组合和运动的差异造成了各种事物之间的区别。牛顿机械论的核心观点就是，用相同的推理方法从力学原理中推导出自然的其他现象。这种方法把自然现象归结为力的作用，接着通过经验观察和实验归纳出数学规则，最后将这些规则应用到自然中去。牛顿构建的力学原理本身预设了线性的因果决定论，在这种决定

---

① 笛卡尔.谈谈方法 [M].王太庆译.北京：商务印书馆，2013：44.
② 斯宾诺莎.伦理学 [M].贺麟译.北京：商务印书馆，2019：37.

论中，一切都是必然的，不仅原因决定结果，而且同果必同因。所谓的偶然，只是由于我们的无知造成的。十八世纪法国的机械论代表拉美特利提出世界上一切事物都是物质元素的组合，物质元素组合的不同方式形成了物质的不同样态，造成了事物之间的差异。他断言，世界万物都是物质的不同变化形式，这些形式都是客观存在的。人也只不过是一架复杂而聪明的机器。后来，狄德罗和霍尔巴赫继承和发展了拉美特利的机械论，并进一步阐发了物质的一些数学性机械性质和机械运动的一般形式。

在"恶劣"的环境中，莱布尼茨、沃尔夫还在努力捍卫目的论。莱布尼茨提出单子论，描绘了一幅复杂而统一的宇宙图景。他认为，宇宙中的所有单子在彼此独立的情况下，按照自身固有的内在原则运动变化。这是他为了证明内在的合目的性原则所做的努力。他提出一般实体的本质是"能动性"，肯定事物能够"自己运动"的观点，批判笛卡尔、霍布斯等人将物质的本质仅仅归结为"广延"的看法。莱布尼茨认为世界由无数精神性的实体即单子（Monaden）构成：单子单纯、没有部分，是精神性的实体；单子具有能动性，一切活动都由其内在原因所引起；单子之间没有量的差别，只有质的差别，差别在于每个单子的"知觉能力"不同；单子自身孤立封闭，相互之间不能发生作用。这样的单子要构成宇宙，最后被归结为"前定和谐"。前定和谐的主张是上帝在最初创造每一个单子时，把能使单子相互协调的程序放进单子之中，就像一个高明的钟表匠制造的每一个钟表，无须调节即可永远按时报时一样。莱布尼茨的追随者沃尔夫把他的前定和谐理论肤浅地转化为一种庸俗的神学目的论：好像老鼠的存在就是为了给猫吃，猫的存在是为了吃老鼠一样，整个世界的存在就是为了证明上帝的智慧。

第二节　前康德哲学中的道德目的观念

在康德以前，没有所谓的"道德目的论"。哲学家们已经对道德哲学中的目的问题进行了较为深入的思考。目的概念、目的活动频繁出现在哲学家们探讨人类活动的著作中，这构成康德思考道德目的问题的理论前提。

一、古希腊道德哲学中的目的观念

在古希腊，道德目的问题最先由苏格拉底提出。苏格拉底通过追问德性的普遍定义，探索人类的道德行为的客观标准。他关心的问题是：人的行为目的是什么？人的一切行为的出发点和基础是什么？在苏格拉底看来，人或者世界在保持某种状态的时候都源于某种目的。因而，对人的行为或世界的探索都立足于对其"目的"的探讨。那么这个目的是什么呢？苏格拉底认为，这个目的是关于"存在"的"最佳状态"，是人生对善行的追求。也就是说，世界中的一切存在都在追求其完美性，它们存在的根本理由就是"以善为目的"。人不仅要活着，而且要活得好。这意味着人为了追求善而活着，善就是人在现实中行动的目的。苏格拉底的结论是"德性即知识"或者"知识就是美德"。意思是：关于善美的知识是德性的根本所在。这就开启了以善为目的的德性伦理学。柏拉图基于他的理念论将善作为最高的理念确立起来。善的理念作为最高的存在是一切存在的终极目的，是一切正义、善美存在的原因。人在现实中的一切追求都必须以善为目的，凡事都以追求善为根本。柏拉图提出人世间的智慧、勇敢、节制和正义这四种主要德性，在本质上也必须以善为最高目的。他还设想了一个理想国，即层级分明、以善为最高目的的目的系统的类似物。

亚里士多德批判地继承柏拉图以善为最高目的的伦理思想，首次建立了一个德性伦理学体系。在亚里士多德看来，目的既是终点，又是最美好、最高级的状态。所以，目的的含义就是"最好的终点"。由于活动是人的存在方式，善是活动所追求的目的，所以，人的每一种技艺与研究、每一项实践与选择都以某种善为目的。有多少种技艺与研究、实践与选择，就有多少种目的。在具体的活动中，有些善事物被作为手段来追求，有些善事物很少被作为手段来追求；不同的善事物作为目的在完善程度上是不同的；人在需要时和不需要时以不同的善事物作为目的来追求。在人追求的目的系列中，有因其自身原因而被当作目的的事物，人对它的追求不为了别的目的，它本身就是一切目的的目的，因而一定存在着某种最高的善。这个最高的目的或善就是人的幸福或好生活。亚里士多德认为，幸福是人的终极目的、人追求的最高善。人的实践活动就是实现人生命目的的活动。人的生命目的的实现，与其他生命物的目的实现不同，后者以自然的方式实现目的，人运用理性的作用以实践的方式实现目的，因而幸福是被获得的；其次，人的生命活动包含"隐德莱希"，"隐德莱希"是生命实现其最完善状态的品质或倾向，也就是人实现幸福的倾向。什么是幸福呢？亚里士多德认为普通人有三种幸福生活：享乐的、政治的和沉思的。其中"沉思的"等级最高，它是理性中最高的部分，是积极的努斯或理论理性的活动，是对思想本身的思想；它纯净而持久、伴随着惊人的快乐；

它具有最多的自足性，具有最少的外部依赖性。从有德性的观点来看，人能获得的最高的幸福应当在于沉思的生活中。但是就人而言，沉思的生活是神性的生活，必定属于少数人；而大多数有德性的人的幸福就在于他们的灵魂合于伦理德性的活动，也就是说，一个人过着勇敢、节制、正义的生活就是幸福的。在具体的实践活动中，亚里士多德提出了"中道"原则。总而言之，在亚里士多德的德性论中，幸福是生命的最高目的，幸福以自身为目的，并且是一切目的的目的。德性是幸福的本质，道德行为是有意识的实现道德目的的活动，也就是实现幸福的活动。

古希腊时期的伦理学注重道德的社会性要求，这与当时人们的城邦生活相适应。随着亚历山大远征和马其顿王朝的崛起，城邦奴隶制度纷纷瓦解，城邦的自由伦理失去根基，道德哲学也回到个人的自我意识，使个人从心灵深处寻找依靠和慰藉。由此，希腊化时期的道德哲学侧重于个人伦理学，主要的代表是伊壁鸠鲁主义和斯多亚主义。伊壁鸠鲁伦理学的中心问题是人生问题。伊壁鸠鲁认为，人生的目的是追求快乐，快乐是幸福生活的目的和开始，快乐是人生最高的善，人的一切取舍都从快乐出发，行动的最终目的就是得到快乐。在伊壁鸠鲁看来，作为目的的快乐并非奢侈放荡、为所欲为的快乐，而是"身体无痛苦、灵魂无纷扰"的心灵状态。这种快乐来自身体健康、灵魂平静，是持久的、不伴随或者较少伴随痛苦的快乐。人们在这种心灵的快乐中就可以实现真正的自由。每一种快乐在本质上都是一种善，但并非每一种作为善的快乐都值得选择，就像并非每一种作为恶的痛苦都应当规避一样。伊壁鸠鲁认为，对何种快乐或痛苦的取舍体现了人在精神上的自由程度。而人的一切活动的目的是个人本身，个人要追求的这种快乐是整个一生的幸福。斯多亚派伦理学在与伊壁鸠鲁派的论战中发展起来，他们反对伊壁鸠鲁将快乐作为善的标准。斯多亚派认为，人生的目的不在于快乐而在于德性。神按照理性安排了世界万物，把理性赋予人，人的道德就是按照理性生活，或者按照自然本性生活。德性作为人的目的是自足的：它是不依赖肉体的灵魂状态；它是充满了智慧和意志的自制力，是灵魂的健康状态，不谋求任何外在目的和利益。相比之下，快乐只能作为行为的后果，不能成为目的。斯多亚派提出，"按自然生活"就能达到德性的目的论主张。

新柏拉图主义提出的灵魂回归"太一"的目的学说构成古希腊哲学与中世纪哲学的桥梁。斐洛认为，人的肉体代表邪恶，灵魂在肉体中轮回，人只有通过禁欲才能净化灵魂。普罗提诺通过"太一"的流溢展现了一个堕落的世界，同时给人建构了返回"太一"的希望。太一是至善，人有灵魂，灵魂来源于太一，本质上具有返回太一的潜能。灵魂受肉体拖累，时刻可能陷入黑暗。善的生活就是摆脱肉体欲望的束缚。普罗提诺说："摆脱了自己的身体而升入于自我之中；这时其他一切都成了身外之物而只潜心于自我；于是我便窥见了一种神奇的美；这时候我便愈加确定与最崇高的境界合为一体；体现最崇高的生命，与神明合而为一；一旦达到了那种活动之后，我便安心于其中；理智之中凡是小于至高无上者的，无论是什么我都凌越于其上。"[①] 灵魂的回归过程是人的行为目的，精神的沉思即哲学的静观是达到太一的唯一途径。然而，这种境界是凡人很难达到的。

二、中世纪道德哲学中的目的观念

道德哲学在中世纪神学的发展过程中表现为神学目的论。神学目的论主张上帝是善、智、爱统一的完满存在，人始终以善为目的，人的目的与善的同一是整个存在最仁慈的表现。上帝是世间一切善的源泉，也是一切目的的目的。以此为基础，基督教神学家主张理性为信仰服务，理性的意义在于比照信仰，信仰是人类道德活动的终极目的。

奥古斯丁在伦理学上的目的论思想主要表现在两个方面。第一个方面就是他对善恶的理解。奥古斯丁继承了普罗提诺对恶的定义即"缺乏"，并提出缺乏与目的行动相悖。他认为，高一级的事物是低一级事物的目的，低一级的事物追求高一级的事物，这是善或向善的秩序、正常的自然秩序。如果低一级的事物拖累高一级的事物，或者高一级的事物向低一级的事物发展、堕落，这就是恶，即"善的缺乏"。奥古斯丁阐述了三种恶：第一种是物理的恶，自然灾害、人的生老病死等自然原因造成的损失或痛苦都属于这种恶，这种恶是由于自然缺乏完善性。上帝创世本身就包含不完善的事物，只有上帝才是全善的。世界中局部的恶在整体上服从完善的秩序。第二种恶是认识的恶，真理与谬误、确定知识与不确定知识的秩序颠倒都属于认识的缺乏，人的理智不完善造成认识的恶。这种恶比物理的恶更危险，因为它会导致人们不信仰上帝。第三种恶是伦理的恶，在行动中背离自己应该选择的目标，或者放弃自己不应该放弃的目标都属于此类。这种恶是真正的罪恶，是人心中正当秩序的缺乏。伦理学的恶源自人的自由意志。本来不完善的事物应该服从较完善的事物，然而意志自由是灵魂的属性，灵魂能够自由选择服从还是违背这一秩序。善恶是灵魂的

---

① 转引自邓晓芒、赵林.西方哲学史[M].北京：高等教育出版社，2005：80.

伦理属性，灵魂本来应该追求比自身更高的完善性，如果它趋向比自己的完善性还低的事物，沉溺于感官享受或肉体快乐，那就是伦理学的恶。上帝作为至善，是一切善的根源，上帝造人时赐予人自由意志，人必须对自己的自由行为负责。面对人类自由做主的善恶，上帝的恩典表现为赏罚分明。奥古斯丁通过"原罪说"揭示自由意志，引发"以追求幸福、指导幸福生活为目的"伦理学转向"以理解和维护人的自由、尊严、绝对权利和绝对责任为目的"。这构成了康德建构自由目的论、道德目的论的理论背景，每个人天赋自由意志，他自己就是自己存在的目的自身。奥古斯丁通过提出自由意志问题，使罪责、尊严和权利成为伦理学的主题。"因为你被赋予了自由意志，被抛入了自由，也就是说，你赋得了这样一种权能，即你完全能够支配、决断自己的意志（意愿），能够把意志完全置于自己的支配之下，因而也即是说，你有能力完全只根据自己的意志去决断生活、行动。"[①] 据此，每个人都是目的自身、以自己为目的而存在，每个人的尊严都是绝对的、不可侵犯的。

奥古斯丁的自由意志与康德的自由意志不同，康德的自由意志是善良意志，奥古斯丁的自由意志实现首先是一种"能力"，无论善的意志还是恶的意志都出自自由意志，取决于自由意志。意志的善恶取决于意志本身决断要什么，因而恰恰是以自由意志这种能力为前提。因此，在奥古斯丁这里，自由意志并不必然以善良意志为目的，他可能以恶为对象，自由意志在善恶之间。奥古斯丁说，"自由意志是中等（间）之善"[②]。奥古斯丁的自由意志相当于康德那里的自由的任意。

第二个方面，奥古斯丁提出了历史的目的。他区分了"天上国度"和"尘世国度"，两个国度相对立。天上国度是神的国度，其中的居民顺应唯一的神而生活，遵循那绝对普遍的永恒之善而生活。尘世国度中的居民完全顺应肉体而生活，无视或忘记那绝对普遍的善。两个国度的根本区别在于生活方式，在于一个人的自由意志是选择顺应神而生活，还是选择顺应人自己而生活。天上国度和尘世国度同时存在于人类生活中，交会于人世间。每个人都身处两个国度，在现实生活中，自由意志使人存在于可能性之中，具有双重性，处在两个国度的交会点上。人类的一切历史都是人的双重性对立斗争的结果。但这种斗争最终会走向历史的终结，历史将终结于最终目的，即尘世生活的终结。永久和平是人类尘世生活的最终目的

---

① 西方哲学史学术版（第三卷）[M]. 南京：凤凰出版社，2005：117.
② 转引自西方哲学史学术版（第三卷）[M]. 南京：凤凰出版社，2005：121.

和最终之善。这种最终的善最完满，是至善，永久和平为人类的尘世生活打开了最根本的希望。上帝会按照人们在尘世的所作所为进行恩典。"自由使人类有历史，并且是有目的、有希望的历史。"① 此外，奥古斯丁还提出"爱的伦理学"。他认为，美德的真实定义就是"爱的秩序"，即世间万物永恒不变的秩序，也被称为"神律""永恒律""自然律"，它在人们心中造就了道德规则。这些道德规则是人的理性中的天赋内容，是低级事物要服从的目的，不是从实用经验中总结出来的不完善的事物。奥古斯丁认为，"正当和有用、享用和使用、精神生活和物质生活是伦理秩序的两个层次，不能随意混淆或颠倒。"②

托马斯·阿奎那在解释灵魂与肉体的关系时，运用了亚里士多德的形式与质料学说。他认为，每个人都是一个实体，其中灵魂是形式，肉体是质料。灵魂与肉体结合之前是独立而不朽的精神实体，与肉体结合之后就作为形式存在于个体的人之中。托马斯反对割裂灵魂与肉体的关系，他认为"灵魂作为个体人的'实体形式'是充满于肉体的每一个部分、并在其中发挥着有机的、感觉的和理性的功能"③。人活着时，灵魂只能在肉体中活动，但是肉体并不影响灵魂活动的独立性。人死亡后，灵魂与肉体分离，回归独立存在的精神实体。所以，托马斯主张，灵魂是个别的单一的实体，并且每一个灵魂就其本性而言是不朽的。这一观点构成了康德探讨灵魂不朽的思想背景。

三、早期现代道德哲学中的目的观念

经历了漫长的中世纪，15、16 世纪的文艺复兴和宗教改革带来了人文主义的发展。人文主义思想家们主张用理性代替神启，用人性否定神性，用人权对抗神权。他们反对封建专制主义的国家统治、反对教会神学的权威、反对禁欲主义，要求摆脱一切限制和束缚。因而，他们大力弘扬现世的幸福生活和人生价值，崇尚人的尊严和价值，提倡实现个体自由和思想解放。17、18 世纪的启蒙运动崇尚自然、高扬理性、追求自由与平等，使得当时的伦理学也发生了革命性的变革。总体来看，当时的伦理学有以下几种具有代表性的形态：理性主义、情感主义、社会契约论和功利主义。

理性主义伦理学的代表人物是笛卡尔、斯宾诺莎等人。笛卡尔奠定了

---

①　西方哲学史学术版（第三卷）[M]. 南京：凤凰出版社，2005：197.

②　参看赵敦华. 基督教哲学 1500 年 [M]. 北京：人民出版社，2004：172.

③　转引自邓晓芒、赵林. 西方哲学史 [M]. 北京：高等教育出版社，2005：107.

理性主义方法，他通过普遍怀疑强调理性的绝对权威。理性作为人生而具有的本质，是人的判断和辨别真假的能力。笛卡尔认为，情感主要依赖于肉体，理性能够意识到它们的活动，用理性控制情感，克服感性欲望，才能产生善的行动。道德来源于理性，道德观念和道德原则是理性本身所具有的。斯宾诺莎用自然主义的方法建构了自己的人性论。他认为，虽然人身上既有理性又有情感，但是只有理性才是最高的目的。人的所有情感都是自私本性的派生物，情感有主动的情感和被动的情感之分。被动的情感只要被理性所认识和把握就变成了主动的情感。主动的情感就是善，就是道德的基础。道德的善归根结底是理性的完满和完善。斯宾诺莎主张人们应成为情感的主人，变被动情感为主动情感，并在理性的指导下过上和谐的生活。道德最原始的基础就在于遵循理性的指导，保持自己的存在。

　　情感主义伦理学的代表人物是沙夫茨伯里、哈奇森和休谟等人，他们主张道德起源于人的情感，这些情感（即人的天然情感、仁爱情感或同情心）是人先天具有的，构成道德的本质。道德的目的和善恶的标准就是促进共同的幸福。哈奇森指出，善的量和享受的人数的乘积就是德行，最大数量的善由最大数量的人来享受就是最高的道德，反之是最大的恶。休谟的主要思想是人类的道德实践都以快乐和痛苦、愉快或不愉快的情感为基础。他以人性论为基础，主张快乐和痛苦是人最强烈的感觉印象，趋乐避苦不仅是人的自然本性，而且是道德的基础。在休谟看来，在任何情况下，人类行动的最终目的都完全诉诸人类的情感，而决不能通过理性来说明。具体来说，直接情感的对象作为动因和目的出现。直接情感虽然直接却不单一，它的目的性呈现出了一定层次：最低层次是单纯由于身体的苦乐而产生的目的，是行动的动因或纯粹的驱动性；第二层次是以观念为中介而产生的面向未来的欲望、希望、厌恶、恐惧；第三层次是由于间接情感的介入而产生的精神性追求（如追求某种骄傲的感觉）；第四层次是抽象考虑的善恶与福祸，并通过必要计算而产生的平静的欲望和厌恶，这其中包含了目的和手段的自觉设定，目的具有稳定性和相对普遍性；最高层次是服从天性的善良本能，亦即超越一切利害的设计，克服一切猛烈情感的干扰。① 道德评判的标准也是人的苦乐情感而并非理性。以情感为基础的道德观虽然是个人主义的，却并非是自私自利的。休谟提供了人性的同情原则和比较原则，指导人们从事道德活动。在某种意义上，休谟的情感

---

　　① 参看匡宏. 休谟道德哲学中的情感与理性关系研究 [D]. 武汉：武汉大学，2010.

主义道德哲学已然包含着功利主义的萌芽。

社会契约论的代表人物是伏尔泰、孟德斯鸠和卢梭。霍布斯以自然法①为基础建立了他的道德哲学体系。霍布斯认为人是自然的一部分，在自然状态下，人受到自己的自然法则和利己心的支配，为了保存自身而不惜采取任何手段消灭敌人。自然法的第一条原则是，人们用一切手段寻求和平与自卫，造成"每一个人对每一个人战争的状况"②；自然法的第二条原则是，为了和平与自卫，人们愿意主动放弃对一些事物的权利，从而达成一种"社会契约"③。霍布斯最终要得出的结论是，德性的最高目的是全体福利。伏尔泰高举自由的大旗，以自然神论和自然法理论为基础提出自由伦理观。他认为，自然法是自然的秩序，人类的历史按照自然法有规律地发展。一个社会的存在和发展要遵循自然法原则——友爱、公正、平等和自由，其中自由原则是伏尔泰提出的社会理想。孟德斯鸠把自然法归结为和平、自保、爱他人和趋向社会生活。在此基础上，他探讨了政治道德的自由。他认为，个人的自由在于服从国家法律的支配，道德的实质是为了整体利益牺牲个人利益，政治上的善是热爱国家和法律。最好的政体就是英国的君主立宪，在这种"三权分立"的政体中，个人的政治自由才能得到最大限度的保障。伏尔泰和孟德斯鸠为了反对封建等级特权而讨论自由，事实上都为资本主义私有制提供了理论支持。相比之下，真正关注普罗大众的伦理学家是卢梭。他认为，每个人都是自然的人，来自"未加雕饰"、未被文明污染的原始状态，人的自然本性是自由主动性。他在《社会契约论》中提出："人是生而自由的，又无往不在枷锁之中。自以为是其他一切的主人的人，反而比其他一切更

---

① 早期现代的道德哲学以"自然法"理论为基础。自然法在古希腊也叫作理性，是世间万物（无论是自然界还是人类社会）之间的整合秩序。斯多亚派把自然法作为其哲学的中心内容提出来，意指某种和谐的秩序或理性。他们提出按自然生活也就是按理性去生活，自然法就是理性法，是构成正义和现实法的基础。格劳秀斯继承了古代自然法的思想，他提出自然法的基础是人的自然人性。人性不仅包含人的自我利益和自我保护，而且包含人的社会交往性。人既要追求自我利益与自我保护，又要过上一种具有社会交往性的理性生活，这种状态就是自然法则。总之，自然法就是理性的命令，是一切行为善恶的标准。自然法以人性为基础确立了人们行为的准则和社会生活的规范。

② 西方哲学原著选读（上卷）[M]. 北京大学哲学系外国哲学史教研室编译，北京：商务印书馆，2005：397.

③ 参看西方哲学原著选读（上卷）[M]. 北京大学哲学系外国哲学史教研室编译，北京：商务印书馆，2005：398.

是奴隶"①。然而，人类文明打破这种自然状态，导致人世间的不平等。卢梭拒斥现代文明。人类社会要想达到新的平等要依靠"公意"达成社会契约，公意是一切人的共同意志。基于公意的社会契约是每个人把自己的自由交出去，同时从每个别人那里收回自由。据此，卢梭设计了一种民主共和制，但是这种制度只是一个社会理想。卢梭的社会契约论还带有历史辩证法的因素。他认为，人性可以分为两个方面，一方面是个人的发展、感性的人，另一方面是人在历史中发展出来的善良本性。人在自然状态中具有一种自我完善化的潜力，这种潜力在历史中要经过道德上的堕落才能回复到更高层次的自由和平等。卢梭的思想对后世的影响巨大，康德的人本主义由此发源。

功利主义伦理学的代表人物是边沁。功利主义可以追溯到伊壁鸠鲁的快乐主义，经过基督教伦理的"熏染"，到早期现代成为服务资本主义发展的理论体系。事实上，17世纪理性主义伦理学、18世纪情感主义伦理学以及社会契约论伦理学之中已经或多或少涉及"功利思想"。它们都赞同功利在伦理道德考量中的重要作用，并且从多方面对"功利"理论进行论证，但这些并没有形成功利主义理论的框架。18世纪初期，一批神学家提出系统的神学功利主义理论，主张神的意志推动道德行为，推动人期望永久幸福和惧怕永久痛苦。边沁批判神学功利主义，提出了影响深远的世俗功利主义。边沁的功利主义主张一种趋乐避苦的目的论：追求快乐是人趋乐避苦的本质，是人行动的目的。从这种目的论出发的功利主义原理是：凡是有利于人们产生快乐的行为就是善的；反之则是恶的。功利主义的苦乐本质上就是恶善的代名词。快乐本身具有善的内在价值。功利主义对苦乐的强调决定了其理论必然带有后果论的形式，也就是把对行动的道德评价建立在行动的后果或结果上。边沁从行为后果上设计出计算快乐的方法，并提出了七个计算因子：强度、持续性、确定性、远近性、繁殖性、纯洁性、广延性。其中最重要的是强度和持续性。快乐原理与功利原则密切相关，对苦乐的分类和计算，除了用于道德行为判断之外，还用于计算人类活动和社会机构的功利。边沁在苦乐原则的基础上提出功利原则，苦乐原则属于个体道德理论，功利原则适用于社会伦理领域。功利是指任何行动中能导向幸福的趋向性，与功利相对的是祸害。在功利原则的基础上，边沁提出了著名的"最大多数人的最大幸福"这条原则。尽管边沁最终将人们的目的确立在最大多数人的幸福和最大的幸福，但这种理论

---

① 转引自邓晓芒、赵林.西方哲学史[M].北京：高等教育出版社，2005：189.

在本质上以快乐作为生活的目标。①

总的来看，康德以前的伦理学，特别是早期现代的道德哲学对他提出道德目的论思想具有非常重要的作用。康德继承了理性主义伦理学的传统，在批判情感主义和功利主义的基础上，提出了自己的道德目的思想。

第三节　前康德哲学中的目的论分歧

目的论作为西方哲学史上的一个传统论题，自古希腊发源以来，就着眼于对外在自然的探索和解释。关于自然的目的争论表现在外在目的论与内在目的论，观念论与实在论。

一、外在目的论和内在目的论

围绕着"目的存在于事物（自然）自身之外还是自身之内"这个问题，传统目的论出现外在目的论和内在目的论之争。

外在目的论是主张事物的目的在它之外的目的学说，主要的代表人物有苏格拉底、柏拉图和一些早期现代的自然哲学家。"努斯"这个概念的本意就是置身于宇宙之外、超越于一切感性之上、不与任何物质相混淆的"理性灵魂"。阿那克萨戈拉提出努斯标志着哲学史上首次提出一个宇宙之外的神，神就是最高的努斯。努斯具有能动性，它是世界万物运动的最终原因，解决了第一推动力的问题。努斯具有目的性，它是世界秩序②的安排者。

苏格拉底最早提出解释世界的目的论原则。他认为，人们切身感受着心灵自由地指挥身体，据此就能够相信世界万物之所以呈现出现在的样子都是由于心灵或神安排。心灵或神外在于自然万物、按照一定的目的创

① 边沁的功利主义后来被约翰·斯图亚特·密尔修正并发展。密尔对功利主义最大的贡献在于用幸福理论修正边沁的快乐主义学说。密尔主张把快乐以外的目的作为生活的目标，把个人的内心修养作为幸福的首要条件之一。他在区分快乐的质和量的基础上提出了内涵广泛的幸福概念作为其理论的基础。密尔认为只有幸福是唯一应该追求的目的。幸福既是一个具体整体又是一个多元概念，幸福的组成部分包括追求健康、热爱音乐、崇尚德性、追求个人的自由发展等。从本质上来看，密尔是将幸福而非快乐作为道德的最终标准。幸福是人生的最终目的，具有自身的价值，其他一切都以幸福为目的。这些观点构成现代功利主义发展的理论基础。

② 这里的世界秩序仅仅指自然规律，还没有涉及苏格拉底后来谈的善的目的或美的目的。参看邓晓芒. 古希腊罗马哲学讲演录 [M]. 北京：世界图书出版公司，2007：45.

造万物并把自己的目的强加在世界万物身上。神创造了牛，并赋予牛活下来的手段，比如给它一个强大的胃；神创造了人，虽然没有给人强大的身体，但却赋予人独有的智力、语言和灵巧的双手。神安排人具有理性的努斯，是为了使人接近神、信仰神、崇拜神和供奉神。柏拉图将可感世界中万事万物的目的和根据归属于理念世界。理念世界是一个永恒不变的、客观独立的、唯一真实存在的世界。可感世界是变化无常的、不真实的、由一切具体事物构成的现实世界。可感世界中的具体事物要追求的目的独立于具体事物，存在于理念世界之中。柏拉图后期引入机械论解释苏格拉底目的论中的神按照善的目的创造世界。但是，他使用的手段是机械论的，他尝试将机械论和目的论结合在一起的，使机械论成为目的论的现实手段。黑格尔在评价柏拉图的目的论时说："理念的这种自我产生的能动性在柏拉图那里还没有被发展出来，他常常陷于外在的目的性。"① 中世纪的神学目的论在某种意义上也是外在目的论，它主张整个世界都是神创造的，世界万物按照神的目的性形成一个秩序井然的整体。即使在早期现代自然科学发展的大趋势下，万物存在的原因被归属于力学法则，自然神论者也会把神看作是自然的设计者和创造者，看作是世界万物存在的第一原因。

内在目的论主张事物的目的在其自身之中，而不在事物之外，世界万物都有目的，并且自动趋向一个最高目的。亚里士多德是内在目的论的开创者，他的内在目的论与外在目的论的最大区别是，并不需要设定一个超自然的、主宰宇宙万物的神或上帝。亚里士多德创立的四因说是在追问事物"是什么"的基础上，进一步追问事物"为什么"和"为了什么"的问题。他认为，只有认识了一个事物的根本原因之后，才能认清这个事物。自然不做任何没有目的或者不合理的事情，自然的合目的性按照自然的内在结构和作用机制发生作用，而并非出自神的意志。在具体的阐释中，亚里士多德主张，整个宇宙就是一个从无到有的有机体，以运动为例，运动潜在于事物的质料之中，运动的发生是事物的"潜在"实现出来，而并非外物的推动。为什么潜在的事物要实现？那是因为"实现出来"就是"潜在"所具有的目的。亚里士多德常以植物或动物为例，表现出一种有机论立场，这种观点甚至用于描述自然事物。比如，亚里士多德认为某个事物下坠是因为它把下坠当作自己的目的。然而，自然中的目的毕竟与有机体

---

① 黑格尔. 哲学史讲演录（第二卷）[M]. 贺麟、王太庆译，北京：商务印书馆，1960：204.

的目的不同，它是事物实现其本性的自然倾向，这种倾向受到阻碍就会产生自发性和偶然的巧合。黑格尔指出，亚里士多德把自然理解为生命，把事物的自然或本性理解为其自身就是目的的东西，事物自身是它自己的活动性原理，按照它自己特有的内容规定变化以适合自己，并在变化中保持自己，而不转化为他物。这与柏拉图的外在目的论相对。[①]Ross 认为，亚里士多德的目的论最独特的特点就是自然的内在合目的性。自然本身就是自然朝着某个目标运动的原因，而并非自然之外的某个东西。[②]

莱布尼茨在机械论冲击下重新引入亚里士多德的内在目的论解释自然，并且做了一些改造。莱布尼茨强调，事物活动的内在本原在于其目的性。亚里士多德所谓的"最初的内在目的性"是实体（单子）形式的本质，亦即"原始的力"，这种力包含着实体（单子）活动起来的可能性和原始动力。每一个实体或单子都有其活动的内在原则，这些原则具有内在活动和自我发展的倾向。能量、力、活动是单子的本质，这种内在活动的来源可谓"无形的发动机"。由此，莱布尼茨把世界万物的一切活动都归属于物质最内在的本性。

外在目的论和内在目的论各有其适用的范围和独特的地位。它们为康德对自然进行目的论思考提供了必要的理论语境。其中，亚里士多德的目的因概念、内在目的论思想对于康德建构自己的自然目的论起着重要的启发意义。

二、观念论和实在论

围绕着"自然目的究竟是观念的还是实在的"这个问题，自然目的论呈现为观念论和实在论这两种类型。观念论的自然目的论认为，自然目的的存在源自自然的无意的技艺，这要么是原因性的观念论，要么是宿命论；实在论的自然目的论认为，自然目的是自然的有意的技艺产生的结果，这要么是物活论，要么是一神论。[③]

原因性的观念论的代表人物是伊壁鸠鲁和德谟克利特等原子论者，他们认为作为自然目的的自然事物纯粹是从因果关系的进程中偶然产生出来的。宿命论的代表人物是斯宾诺莎，他主张自然目的的存在是盲目的"自

---

① 参看黑格尔. 哲学讲演录（第二卷）[M]. 贺麟、王太庆译，北京：商务印书馆，1960：309–310.

② 参看 Andrew Woodfield. *Teleology*[M]. Cambridge University Press, 1976: 6.

③ 参看康德. 判断力批判 [M]. 邓晓芒译，杨祖陶校. 北京：人民出版社，2007：243–244.

然必然性"的某种隐蔽原理。斯宾诺莎认为"神即自然":神作为唯一的实体既是万物产生的原因,也是万物活动的原因,同时神作为万物的原因内在于万物之中,神就是万物的一个必然原因,一个自由因。斯宾诺莎把神与自然等同,意思是神内在于自然之中,自然万物就是神性的具体表现,这体现了明显的泛神论思想。由于实体本身不动不变,其样式千变万化,自然万物作为被自然产生的自然,都是神的表现样式。这样一来,自然中的一切都被决定了,严格地合乎必然性的法则,没有任何偶然性和自由任意的松动余地。由此,斯宾诺莎的自然观也被看作宿命论的自然观,即自然中作为自然目的的事物都遵循必然性。无论是原因性的观念论还是斯宾诺莎的自然观都认为,目的只是我们在观念上虚构出来的。

物活论也叫作"泛灵论或万物有灵论",代表人物是古希腊早期的哲学家和法国唯物主义哲学家罗比耐。泰勒斯提出水是世界的本原,被认为是哲学史上最早的物活论者。在他之后,无论阿那克西曼德的"气本原说"、赫拉克利特的"火本原说"、恩培多克勒的"四根说",还是罗比耐发展的物活论都把自然的目的归于客观存在的心灵活动,相当于唯名论。

一神论在西方的发展比较久远,最早可以追溯到苏格拉底。在第一节中,我们已经说过,苏格拉底认为心灵是自然万物的最终目的,他建立了一种真正意义上的自然目的论或目的论的世界观。宇宙万物被神创造出来、井然有序地处于合目的性的关系中,最终体现神的目的。亚里士多德提出事物的发展变化包含四种原因:形式因、质料因、动力因和目的因。但是,他最终还是把整个宇宙发展变化的最终原因或"第一推动者"称为神。到了中世纪,全知全能全善的上帝被确立为世界万物的根源与目的。托马斯·阿奎那从世界万物所具有的目的性推论出上帝是世界万物的最高目的。早期现代一神论的代表人物就是莱布尼茨和沃尔夫。莱布尼茨把人类生活的世界论证为上帝有目的地从许多可能的世界中挑选出来的最好的世界。现实世界中的恶是为了更好地凸显善。任何在人眼中不好的事情,都是上帝利用全知全善全能综合考虑的结果,因而都是好的。沃尔夫直接提出了神学目的论,认为整个世界被创造出来就是为了证明上帝的智慧。自然中的事物也是上帝有意创造出来的自然事物。

这四种对自然目的的解释,偶发性的观念论和宿命论都是自然目的论的观念论,都主张人们在观念中认为自然目的是存在的,但事实上作为自然目的的事物要么源于无生命的物质,要么就是上帝。物活论和一神论都是自然目的论的实在论,主张自然目的确实存在,存在的原因要么来自有生命的物质,要么来自一个活的上帝。康德批判实在论,主张自然目的的观念论，但是他也批判观念论中的自然事物的无生命性，而主张自然目的是有生命的。

总结来看，前康德时期的机械论和目的论争论的焦点主要集中于宇宙万物产生的本原以及事物运动的原因等问题。机械论者认为宇宙万物由基本要素的分离、结合和外在作用构成，事物的运动遵循严格的机械决定论。自然像一个机器一样具有机械性的确定性、必然性和线性的因果联系。由此，机械论否定自然中的事物具有目的性，反对目的因在自然中的作用。相比之下，目的论预设了目的因，主张自然中的一切都是按照目的产生出来的，事物的运动朝向一个目的而发展。康德在早期现代机械论发展的理论背景下，继承机械论观点的同时看到机械论解释自然的局限性和不足之处。他力图在用机械论解释自然的基础之上为目的论的解释开辟新的道路。道德哲学中的目的讨论主要围绕着"道德的最高目的究竟是什么"这个问题。幸福论认为，一切道德的最终目的是为了幸福。德性论认为，道德本身就是目的。幸福论主要体现在自伊壁鸠鲁主义以来的感性主义伦理学、情感主义伦理学、功利主义伦理学等。幸福论者一般将人的感性本性、情感和感觉作为道德行动的标准和追求，将幸福作为道德行动的最终目的，道德行为成为实现幸福的手段。德性论主要体现在理性主义伦理学之中。亚里士多德虽然将幸福作为道德的最终目的，但他所谓的幸福是理性的沉思。斯多亚派的禁欲主义，中世纪的宗教神学中所宣扬的割裂现实生活、寻求来世幸福的宗教德性，这些都为康德思考目的论问题提供了理论背景和思想语境。

至于外在目的论和内在目的论、自然目的论的观念论与实在论的分歧等问题构成康德在构建自然目的论时无法回避的问题。

第二章　康德目的论系统的预备概念

康德的目的论系统围绕目的和合目的性这两个基本概念建构起来。与理性运用的构成性原则和调节性原则[1]的适用范围相一致，目的与合目的性在实践哲学中有构成性运用，在自然哲学中有调节性运用。实践哲学中的目的和实践的合目的性是康德构建自由目的论和实用目的论的基础，自然哲学中的自然目的和自然的合目的性是康德构建自然目的论的基础。这一章旨在研究和辨析构成康德目的论系统的基本概念。第一节探讨康德对目的与合目的性一般含义的界定；第二节研究在实践领域中，具有构成性意义的目的与合目的性的基本含义与运用范围；第三节研究在自然领域中，具有调节性意义的自然目的与合目的性的基本含义与运用范围。

第一节　目的与合目的性的一般含义

目的是西方哲学史上的一个传统概念。从词源上来看，目的概念最早起源于希腊语 τελος（telos，意思是"完成、实现；结局、结果、终点等"）和 σκοπος（"瞭望者、侦查员；眼睛瞄准的东西、目标、赛跑的终点等"）。在拉丁语中，目的是 finis，与希腊语相比，finis 着重强调了"界限"和"边界"的含义，因而有"末尾、完毕；打算、意图"等含义。在德语中，康德使用了 Zweck，Zweck 这个词在古典德语中指一个钉子或一截木桩，后来指的是一个射击者瞄准的靶子，最迟到 15 世纪时 Zweck 与 Ziel 成为同义词，指"预设的终点"[2]。在现代德语词典中，Ziel 还保持着原意，即"目的地、射击的靶子、赛跑的终点、最后的期限"等含义[3]，

---

① "构成性和调节性"是邓晓芒的译法，李秋零将其译为"建构性和范导性"，文章中我将采用邓晓芒的译法。如果在引文中出现了"建构性"和"范导性"，我将按原文引用。

② Joachim Ritter. *Historisches Wörterbuch der Philosophy*(band 12)[M]. Schwabe&Co. 1971: 1486.

③ 新德汉词典（第 3 版）[M].潘再平主编 . 上海：上海译文出版社，1999：1564.

Zweck 则描述一个"目标、结果或完成的成果"。看起来，Ziel 较为具体，Zweck 趋于抽象。在汉语中，目的被界定为眼睛所看到的对象，"目"是眼睛，"的"是对象，眼睛所看到的东西就是在我眼前的一个对象。此外，几乎每一种语言都有一个相应的词语表达目的含义。拉丁语中表达目的的词除了 finis 之外，还有 intentio、propositum、destinatum、meta；英语中用的是 aim、purpose 和 end，意大利语中用的是 scopo、mira 和 fine；法语中用的是 fin。[①] 无论在哪一种语言中，目的的最初都是一个实指名词，比如一个靶子或者一个被瞄准的对象，后来慢慢被抽象为我们心中的观念。

在这里，我们着重探究的是康德哲学中的目的概念与合目的性概念。康德从先验意义上、而非经验意义上对目的和合目的性的一般含义给予了哲学界定。

一、目的的一般含义

在康德哲学中，目的概念频繁出现于多本著作（特别是实践哲学著作），但是，康德首次界定目的的一般概念却是在《判断力批判》（1790年）中。他说，"有关一个客体的概念就其同时包含有该客体的现实性的根据而言，就叫作目的"[②]；"如果我们想要依据先验的规定（而不以愉快的情感这类经验性的东西为前提）解释什么是目的：那么目的就是一个概念的对象，只要这概念被看作那对象的原因（即它的可能性的实在的根据）"[③]。从先验意义上来看，目的是"指向一个对象的概念"或者"以概念形式呈现出来的对象"，并且"这个概念必须同时包含这个对象实现出来的现实性根据"，抑或"这个概念就是这个对象产生出来的原因"。

依据康德的逻辑学，每一个概念都可以区分出质料和形式。[④] 目的概念的质料是"一个概念"和"一个对象"，形式是一种"因果关系"，即"概念是对象产生的原因"或者"对象是概念实现出来的结果"。单从形式上看，目的的概念作为一个名词性概念并不表达一个事物的质、量或模态，而是表达一个概念与一个对象之间的关系，属于原因与结果的关系范畴。然而，目的本身既是一个对象，又是一个概念，它所表达的因果性具有特

---

① 参看 Joachim Ritter. *Historisches Wörterbuch der Philosophy*(band 12)[M]. Schwabe&Co. 1971: 1486.

② 康德. 判断力批判 [M]. 邓晓芒译，杨祖陶校. 北京：人民出版社，2007：15.

③ 康德. 判断力批判 [M]. 邓晓芒译，杨祖陶校. 北京：人民出版社，2007：55.

④ 参看康德. 逻辑学讲义 [M]. 徐景行译，杨一之校. 北京：商务印书馆，2012：89.

殊性，这种特殊性表现为"结果的表象在这里就是该结果的原因的规定根据，并且先行于它的原因"①，这种特殊的因果性构成目的概念的本质。换言之，目的概念本质上就是一种因果性表象，只不过在目的中，概念和对象是同一的，原因和结果并非分离的两个事物，而是同一个事物的两种不同的呈现方式：一个是人心中的观念，一个是将要实现出来的客体，将那个观念实现出来就会变成那个对象的现实性。②

目的本质上是一种因果性的概念。早期希腊哲学家没有原因概念，他们使用的本原概念涵盖了原因，朴素的认识能力使他们只能认识一个或两个原因。亚里士多德在"四因说"中提出目的因（final cause，也被译为"终极因"）③，用来解释自然的运动变化。关于目的因，亚里士多德说："再一个原因是目的因，例如散步的目的是健康。因为若问为什么散步？回答是'为了健康'。这样说的时候，我们认为已经指出了原因。所有达到目的的手段和中介措施，例如消瘦法，清泻法，药物和器械等，都是为了健康。"④在这里，目的和目的因指向的内容是一样的，区别在于追问方式。目的因是对目的的逆向提问：追问散步的目的是什么？答案是健康。追问散步的目的因是什么？答案也是健康，健康既是散步的目的也是散步的目的因。但是我们在日常追问中不会问散步的目的因是什么，只会问散步是为了什么？也就是说，健康是人散步的原因，这种原因不同于亚里士多德所说的质料因、形式因、动力因，而是目的因。人为了达到健康这个目的而散步。基于经验观察，亚里士多德认为人工的技艺制品显然包含目的因，容器的目的因是盛装液体。自然事物包含目的因，种子的目的因

---

① 康德.判断力批判[M].邓晓芒译，杨祖陶校.北京：人民出版社，2007：55.

② 曹俊峰在《〈判断力批判〉研究四题》一文中认为康德界定目的时给出"目的是概念的对象"与"目的是对象的概念"两种表述，是前后矛盾的。这或者是康德的笔误，或者是康德从先验的立场上思考目的时莫衷一是，抑或是这两种说法只有表面上的差异。通过分析，他认为只有"目的是对象的概念"这种提法才说得通。（参看曹俊峰.《判断力批判》研究四题[J].湛江师范学校学报 2014年第1期：3-4.）但是我认为，这两种提法本质上并无矛盾，也不是康德的笔误，更不是同一种含义却具有两种不同的表述。因为目的概念本身就具有概念和对象这两种质料。正是目的概念本身的特殊性，目的因果性不同于一般的因果性，其原因即是结果的概念，所以可以从结果或者原因两个方面做出两个等价的定义。

③ 在中文的翻译中，final cause, the causality of ends, the causality according to ends 都被翻译为目的因。但我认为这应该区分开来，依次被译为目的因，目的的原因性（目的因果性）和按照目的的原因性。这样的翻译虽然比较烦琐，但是它们各自都有所指，而且便于我们理解康德关于目的的因果性的思想。

④ 转引自汪子嵩、范明生、陈村富、姚介厚.希腊哲学史第三卷（上）.北京：人民出版社，2003：454.

是长成树苗，婴儿的目的因是长大成人。基于理性思考，亚里士多德为目的因提出了两个论据，更像是两个规定：（1）原因系列不能无穷倒退，必须有一个终点，目的因就是原因系列的终点。因此，事物的目的因就是目的，原因系列上的其他事物都为了这个目的因而存在。在这种意义上，目的因也常常被学界翻译为"终极因"。（2）目的追求是由不完善朝向完善努力的过程，目的和终极就是善。目的因不仅是为了追求某种善，而且它本身是活动所追求的完善。亚里士多德提出，"不动的推动者"是最后的目的因、最完善的存在，它超出了目的因的适用范围即自然哲学，属于形而上学。目的因在自然哲学中为自然事物的生成发展提供了活动目标。同时，它作为终极目的与动力因合而为一，构成了自然事物运动的本原和根据。

亚里士多德提出的目的和目的因是事物内在的潜能，朝向善的方向发展。相比之下，康德的目的概念不是目的因，目的因不是客观事物的能力，而是主体的能力，即人的纯粹意志①。目的是因果性的概念，目的因是因果性的能力，它们不能混为一谈。它们具有密切联系。首先，目的因是目的得以产生的前提。如果没有本体界的纯粹意志即纯粹理性，那么人根本不会进行目的活动。当然反过来说也是一样，目的是人的理性得以实践的"工具"。其次，目的作为一个因果性概念，本身并不具有实现其对象的能力，它必须要借助于自由的任意，即按照目的的因果性（the causality according to ends）能力。自由的任意必然以目的作为对象，被目的概念所规定而采取行动将目的实现出来。最后，虽然说，作为概念的目的与作为目的能力的意志是两种不同类型的事物，但目的因（纯粹意志）和按照目的的因果性（自由的任意）共同构成了"目的因果性"（the causality of ends），目的因果性以目的概念为核心。归根结底，康德的目的是专属于人的概念，亚里士多德的目的因却内在于一切自然物之中。

目的与手段（Mittel）是一对范畴，提到目的必然要提及手段。康德说"凡是目的被作为某些事物的可能性的根据来思考的地方，我们在那里也就假定了手段"②，手段作为达到目的必然经历的过程与目的的存在必然联系。既然目的已经提出了行动要实现的对象，并且包含实现该对象的可能

---

① 康德在文本中经常互换使用人的意志、人的意愿能力、人的任意、自由的任意、意志能力等概念，在此为了论述的清晰性，我将严格区分这几个概念，文中出现的人的意志或意志指人的广义的意志，包含自由的任意和纯粹意志，自由的任意是人的低级欲求能力，纯粹意志是人的高级欲求能力。

② 康德.判断力批判[M].邓晓芒译，杨祖陶校.北京：人民出版社，2007：267.

性根据，那么手段就是"只包含行动的可能性根据的东西"①，而行动的可能性受到各种条件的制约。行动要在现象界中实现出来，就要考虑自然条件、人的身体条件等，因此，手段的选择和手段达到目的的可能性具有偶然性和经验性的特点。手段和目的相互依存，但目的往往居于主导地位，手段往往依赖于目的，手段的价值依赖于目的。如若某个手段能够实现主体要达到的目的，那么这个手段是有意义的、有价值的；如若不能，则无意义或无价值。这样看来，手段任何时候都只具有相对的价值。亚里士多德从事物本身完善与否的角度讨论目的与善的关系。他认为，目的本身就是善的，能够达到目的的手段同样是善的。但在康德这里并非如此，康德区分了技术性的善与道德性的善。就技术性的善而言，一个事物只要能够达到目的，它就是善的，可以称为手段善。但是手段善必须以目的善为条件，技术性的善必须以道德性的善为条件。换言之，康德首先区分了道德的善恶，与道德善相一致的技术才是善的，否则就是恶。

在日常语境中，人们习惯将目的与意图、效果和兴趣等概念互换使用，但是在康德哲学中，目的概念与它们有明确的界限。目的与意图能够互换使用在于它们都是从人的主观意愿开始的，都表达行动的原因。康德只有在表达主观目的时才将"Zweck"和"Absicht"（purpose）互换使用，在表达客观目的时他总是使用"Zweck"，而不会使用其他术语。② 相比之下，目的与效果的互换侧重于强调一个事物的客观性的结果。虽然目的与效果都属于因果性范畴，但是目的作为目的因属于自由因果性，而效果作为原因的结果则属于自然因果性。目的概念的特殊性决定了目的因果联系的特殊性，这使得它与起作用的因果联系彻底区分开来。最后，目的与兴趣互换的契机在于它们都与意愿相关。然而，兴趣概念比目的概念的含义丰富得多。康德在"审美判断力批判"中明确区分了"与目的相关的兴趣"和"与目的无关的兴趣"。在前者中，兴趣作为目的产生的内驱力与目的概念有着密切的联系，甚至在"利害"的含义下能够与目的互换使用。但是在后者中，兴趣是一种纯粹趣味，与目的没有任何关系，因而也不能与目的互换使用。

---

① 康德. 道德形而上学奠基 [M]. 杨云飞译，邓晓芒校. 北京：人民出版社，2013：61.

② 参看 John E. Atwell. *Ends and Principles in Kant's Moral Thought*[M]. Martinus Nijhoff Publishers, 1986: 9.

二、合目的性

合目的性（Zweckmaßigkeit）以目的概念为基础。康德认为，在先验意义上，目的是一个"概念"的"对象"，这个概念必须包含"这个对象"的可能性的实在根据；合目的性（forma finalis 合目的的形式）就是一个"概念"从其"客体"来看的因果性。

对于这个界定，卢春红注意到目的与合目的性之间的区别。她认为，康德的"目的"指向概念的对象（Gegenstand），而"合目的性"指向概念的客体（Objekt）。对象由概念自身产生出来，使"作为根据"的概念成为"有待实现"的目标。一个客体的产生，需要概念与感性打交道，再落实到行为中。在落实过程中，概念通过行为实现目的。目的不再作为一个对象而存在，实现的目标进入行为之中，因而进入到行为中的目标不再是目标自身，而是一种合目的性。[①]这种看法非常有启发意义。简单来讲，目的包含有一个对象的可能性根据，合目的性是人从（现实性的）客体的角度"回看"其概念的因果性。换言之，合目的性是一个客体所具有的、符合其概念的属性。然而，康德在《判断力批判》导言中也曾将目的界定为"有关一个客体的概念就其同时包含有该客体的现实性的根据而言"[②]。按照这个定义，目的既可以指向概念的对象又可以指向概念的客体。据此，对象与客体的区分并不能被看作目的与合目的性的根本区别。

回到定义上，目的是一个包含着对象之因果性的概念，合目的性是一个从对象的立场上来看的概念因果性。这可以简化为：目的是一个因果性的概念，合目的性是一个概念的因果性[③]。这样，合目的性就是对目的概念的形式的表现。目的和合目的性表达了目的联系（nexus finalis 与作用联系 nexus effectivus 相对立，是一种目的因的因果关系）的两个方面，一个是目的关系的质料，另一个是目的关系的形式。举例来说，当问起"一个事物的目的"时，我们既追问了一个事物产生的原因，也想知道一个事物要达到的结果；而论及"一个事物的合目的性"时，我们所讨论的只能是这个事物来自概念的因果性，这种因果性与机械因果性要区分开来。由

[①] 参看卢春红. 目的论何以与判断力相关联 [J]. 杭州师范大学学报（社会科学版），2014 年第 4 期：61.

[②] 康德. 判断力批判 [M]. 邓晓芒译，杨祖陶校. 北京：人民出版社，2007：15.

[③] 邓晓芒曾在日常交流中认为目的与合目的性具有同一性，目的就是合目的性，合目的性就是目的，这本身并不违背目的概念和合目的性概念的内在联系。然而，康德既然使用了两个不同的概念，并且独创性地发明了合目的性这个概念，肯定有他的用意，合目的性概念肯定有其特有的用武之地。

此来看，目的按其本质含义具有双重性：原因与结果集于一身，但合目的性的含义却是单一的，只能表达因果性。这样，我们就可以理解康德所谓的"一般合目的性"是从客体立场上看待的"概念的因果性"，合目的性本质上是一个概念的因果性形式。

康德引出合目的性概念重在反思意义上的目的运用。如果说，目的是"从原因到结果"的思维方式，那么合目的性就是"为一个已有的结果寻求原因"的思维方式。在实践领域中，人的一切实践活动都是目的活动，目的既是人行动的原因，又会成为人行动的结果，在实践活动中起着规定性作用。在自然领域中，自然按照机械作用运行，自然中的特殊事物被看作是具有合目的性的。自然中的合目的性是通过"类比"实践活动中的合目的性而被思考的。有趣的是，康德在实践领域中先讨论目的，后讨论合目的性；在自然领域中，他却先讨论合目的性，后讨论目的。循着康德的思路，接下来我们首先探讨实践领域中的目的与合目的性，然后通过类比研究自然领域中的合目的性与自然目的。

第二节　实践目的与实践的合目的性

人的实践活动都是目的活动。表面上看，目的是行动的原因和结果。实质上，目的是行动准则的质料、自由任意的对象。康德按照不同的原则将目的划分为主观目的和客观目的、感性目的和理性目的、绝对目的和相对目的等。一般而言，道德目的是纯粹实践理性设定的客观目的，具有绝对价值，它们是构成自由目的论和道德目的论的基本要素。这一节首先考察人的实践活动与目的的关系，揭示深层次的目的决定机制，阐明目的在实践活动中的地位与作用；其次研究康德哲学中实践目的的种类，阐释道德目的的本质含义；最后探讨实践的合目的性。

一、实践活动与目的

人与目的存在必然联系，目的活动是人的存在方式。在康德哲学中，人被界定为世界上唯一"其原因性指向目的"的存在者。[①] 人与动物的显著区别就在于人能够为自己设定一个目的（无论是什么目的）。[②] 人在目

---

① 参看康德. 判断力批判 [M]. 邓晓芒译，杨祖陶校. 北京：人民出版社，2007：291.

② 参看康德. 康德著作全集第 6 卷 [M]. 李秋零主编. 北京：中国人民大学出版社，2010：404.

的活动中拥有两种目的能力：设定目的的能力与实现目的的能力。

康德说，生命是一个存在者按照"欲求能力的规律"行动的能力，人与动物都是有生命的存在者，都按照欲求能力的规律去行动，但是两者的行动方式全然不同。动物按照本能行动，本能是一种必然的自然规律。人按照意志行动，意志按照目的行动，目的是人唯有通过人性才能够设定的东西。在康德看来，人性是人之为人的根本属性。与动物相比，人性作为一种属性指向人的理性本性，人性作为一种能力指向人的理性能力（包括认识能力和实践能力）。那么，设定目的的人性具体是一种什么能力呢？康德类似的表述是：人通过理性规定自己的目的、人是"地球上惟一的具有知性、因而具有自己给自己建立任意目的的能力的存在者"①。可见，康德在表述目的能力时既使用理性（Vernunft），也使用知性（Verstand），但它们的含义是同一的，都应当被理解为"广义的理性能力"。康德说理论理性和实践理性是同一个理性的两种不同的运用，并非不同类型的两种理性。因而，在设定目的的过程中，理性的两种运用应该同时起作用。设定一个目的是建构一个目的表象或目的概念的过程，概念的产生属于人的理论理性的功能，然而单凭理论理性仅仅能够产生一个目的概念，还不足以规定意志，只有实践理性才能够胜任"选择和设定"目的的工作。如果没有理论理性的参与，目的活动仍旧会发生。但此时的目的仅仅是自由任意的一个对象表象，规定意志时掺杂着诸多盲目性和随意性，远不是一个确定、清晰的概念。这不仅会降低目的活动的实现效率，而且会使人的目的活动沦落到动物性的层面。这将导致人和动物活动唯一的区别仅在于，大自然给人和动物所配备的活动方式不同而已。因此，认识能力是人从事实践活动的前提和基础，实践理性与理论理性的协同作用在人设定目的的过程中表现得格外突出。

毋庸置疑，实践理性在整个目的活动中起着主导作用，理论理性的作用主要表现在目的概念的规定上。理论理性作为认识能力是一种表象能力或者建立一个表象的能力。"表象（Vorstellung）"是整个康德哲学中的基础性概念之一，其原意是"放在面前"或"置于前面"。直观、感性表象、知觉印象、理性范畴、自我意识，甚至上帝这样的理念等，能够出现在"我"面前的，都是表象。表象有主观和客观之分，主观表象只适用于主体自身，客观表象适用于所有的理性存在者；表象有简单和复杂之分，感性表象是简单表象，理性概念是复杂表象，复杂表象由理性经过复杂的认

---

① 康德. 判断力批判 [M]. 邓晓芒译，杨祖陶校. 北京：人民出版社，2007：286.

识活动协调产生出来；表象还有来源上的区分，比如感觉经验是经验性表象，时空直观形式是先天性表象。人不仅可以表象外部事物，而且可以表象内部事物（即自我）。目的从根本上来理解是人欲求的一个对象，对象都是人的认识能力建构起来的表象，所以理性设定一个目的的过程就是建构一个作为对象的目的表象的过程。相应地，人的认识能力经历着从简单到复杂的上升过程。人首先会把简单的对象表象设定为目的，而后才不断将复杂的对象表象设定为目的。人的表象既有先天的来源又有经验性的来源，那么人既可以出于纯粹理性先天地设定普遍必然的目的，又可以基于经验将经验性对象设定为目的。

作为有限的理性存在者，人的一切活动都必然通过为自身设定目的来实现。人的双重本性规定人的理性既要出于感性本性设定感性目的，又必然出于理性本性设定理性目的。感性目的的设定基于人的感性爱好和感性情感，它们最初是单个、具体的经验对象，随着欲望程度的不断升级，复杂、抽象的概念也被设定为目的。因而，感性目的在低级层次上通常以表象具体事物的单个经验性概念呈现，在高级层次上通常以复杂的经验性概念呈现。最高级的感性目的就是幸福，幸福作为一个理念包含一切感性爱好的满足。感性爱好都带有经验性和偶然性，这导致幸福虽然是一个理性概念却由于其来源的不纯粹性，与理性目的相对立。理性目的是纯粹理性先天地为自身设定的目的，呈现为理念，具有普遍必然性，对一切有理性的存在者都有效。

设定目的的能力标志着人与动物的根本区别，但是设定目的仅仅为人的实践活动提供了一个预备条件，还不能构成人的实践活动本身。人类实践的内核不在于认识而在于行动，行动是将一个作为目的的对象实现出来的过程。人的行动由意志主导，按照目的在现象界中展开。康德说，意志本质上是一种欲求能力，欲求能力是存在者"通过其表象而产生出这些表象的对象的能力"[1]。意志是一个能够产生出与自己的表象相照应的对象的原因性能力。就规定欲求能力的根据源于主体自身、并非植于欲求的对象而言，欲求能力被称为"按照意愿行动或不行动的能力"，也就是通常说的"一般的意愿能力"。意愿（wollen）本来是一个动词，表达一种意愿活动。有生命的存在者受到病理学上、生理学上的欲望驱动，这本身就决定他的生命按照意愿展开。人"一生中一切都按愿望和意志而发生"。[2]

---

① 康德.《道德形而上学》导言 [J]. 曾晓平、邓晓芒译. 哲学译丛 1992 年第 5 期：1.
② 康德. 实践理性批判 [M]. 邓晓芒译，杨祖陶校. 北京：人民出版社，2003：171.

当意愿演变成名词时，"Wollen 这个词是泛泛而谈的，凡是我的欲望、想法、追求、目的都可以被称为Wollen"①，它囊括了所有与欲求能力相关的活动和事情。一般的意愿不仅包括人的意愿，还包括动物性的意愿。为了凸显人的意愿，康德把动物性的意愿称为"动物性的任意"，与"人的任意"做对照。在这里，我们提到的"一般意愿能力"排除了动物性的意愿，直接指称人的意愿。

我们将一般的意愿能力界定为"人的意志"，它包含"自由的任意（Willkür）"和"纯粹意志"。康德也使用"人的任意""自由的任意"等词表达一般意愿能力。由于康德的最终目的是将纯粹意志从人的意志中剥离出来，阐释纯粹意志的地位和作用，所以他对人的广义意志的使用并不是很严谨。当康德说到"自由的任意"包含"纯粹意志"时，他所谓的"自由的任意"指的就是人的意志。康德认为，人的意志"要么是一种产生出与表象相符合的对象的能力，要么毕竟是一种自己规定自己去造成这些对象（不论身体上的能力现在是否充分）、亦即规定自己的原因性的能力"②。前者是自由的任意，后者就是纯粹意志。任意必然伴随着对产生对象的行为能力的意识，纯粹意志与行动的意识无关，更加内在地存在于人的意愿之中。"欲望能力，就其内在规定性根据、因而就其主体理性中的意愿本身而论，就是意志［Wille］"③。纯粹意志直接规定自由的任意去行动。当纯粹意志自身没有规定根据，却可以规定任意时，纯粹意志就是纯粹实践理性本身。所谓理性的实践运用指的就是理性成为人的意志（即自由的任意）的规定根据。意志的自我规定即自律，指的是在人的意志中，纯粹意志（作为纯粹实践理性）对自由的任意的规定。自由的任意之所以能被纯粹意志所规定，是由于它是人最原初的欲求能力，它要按照自己的表象产生出表象的对象。如果没有一个对象表象规定自由的任意，自由的任意就不能够发生作用。

在康德的著作中，意志活动被给予不同的表述：（1）按照对法则的表象或原则去行动的能力："自然中的一切事物都按照规律发生作用。唯有一个理性存在者才具有按照对规律［法则］的表象，即按照原则去行动的能力，或者说它具有意志。"④类似的表述还有"意志被设想为一种自己按

---

① 邓晓芒.《道德形而上学奠基》句读 [M]. 北京：人民出版社，2012：75.
② 康德 . 实践理性批判 [M]. 邓晓芒译，杨祖陶校 . 北京：人民出版社，2003：16.
③ 康德.《道德形而上学》导言 [J]. 曾晓平、邓晓芒译 . 哲学译丛 1992 年第 5 期：2.
④ 康德 . 道德形而上学奠基 [M]. 杨云飞译，邓晓芒校 . 北京：人民出版社，2013：40.

照某些法则的表象规定自身去行动的能力。而这样一种能力只能在理性存在者那里找到"①；"只要他们一般地具有意志，即具有一种通过规则的表象来规定自己的原因性的能力，因而，只要他们有能力根据原理、从而也根据先天的实践原则（因为惟有这些原则才具有理性对原理所要求的那种必然性）来行动"②；"一个具有按照法则的表象行动的能力的存在者是一个理智者（有理性的存在者），而按照法则的这种表象的这样一个存在者原因性就是它的意志"③。（2）按照概念起作用或行动的能力："意志，作为欲求的能力，它是尘世间好些自然原因之一，就是说，它是那种按照概念起作用的原因。"④（3）按照目的或目的表象行动的能力："欲求能力，如果它只是通过概念，亦即按照一个目的的表象行动而是可规定的，它就会是意志……一个按照目的的原因性，即一个按照某种规则的表象来这样安排它们的意志"⑤；"理智和意志在我们这里是基本力量，其中后者就其由前者来规定而言，是一种按照一个被称为目的的理念来产生某种东西的能力"⑥。这些界定表面上看似不同，实质上是统一的规定。如前所述，表象是理论理性的能力，"对法则的表象"就是理论理性将法则表象为概念，所以意志是按照概念起作用的原因性。但是概念还不能直接规定意志，概念要起作用必须由理性提出相应地原则或规则，意志只有按照原则或规则才能直接起作用。至于目的，前面已经说过，目的本质上就是一个有关对象的概念。意志"按照目的行动"就是"按照概念行动"，"按照概念行动"就是"按照对法则的表象行动"，最终都要归结到"按照理性提供的原则行动"。康德认为，法则既可以是自然法则（自然规律），又可以是自由法则（道德法则）。相应地，理性对自然法则的表象是自然概念，对自由法则的表象是自由概念。自然概念赋予意志的原因性以技术性的规则，自由概念赋予其道德性的规则。

虽然意志被称为目的能力⑦，但准确地说，自由的任意承担了按照目

① 康德. 道德形而上学奠基 [M]. 杨云飞译，邓晓芒校. 北京：人民出版社，2013：61.

② 康德. 实践理性批判 [M]. 邓晓芒译，杨祖陶校. 北京：人民出版社，2003：42.

③ 康德. 实践理性批判 [M]. 邓晓芒译，杨祖陶校. 北京：人民出版社，2003：172.

④ 康德. 判断力批判 [M]. 邓晓芒译，杨祖陶校. 北京：人民出版社，2007：6.

⑤ 康德. 判断力批判 [M]. 邓晓芒译，杨祖陶校. 北京：人民出版社，2007：55.

⑥ 康德. 康德著作全集第 8 卷 [M]. 李秋零主编. 北京：中国人民大学出版社，2010：180.

⑦ 康德对目的能力的备注是意志。（参看康德. 判断力批判 [M]. 邓晓芒译，杨祖陶校. 北京：人民出版社，2007：121.）

的行动的工作。首先，与纯粹意志相比，自由的任意必然"伴随对产生对象的行动能力的意识"①。如果欲求能力没有伴随着这种意识，那就表象为"希望"。任意任何时候都与行动密切相关，它必须被放在与行动的关系中得到考察。其次，"目的是（一个理性存在者的）任性②的一个对象，通过它的表象，任性被规定采取一种产生这个对象的行动"③。自由的任意既能够采纳纯粹实践理性提供的目的作为对象规定自己去行动，又可以将感性爱好提供的对象作为目的而引发行动。但是，无论自由的任意选择哪种目的，都是一个自愿的自由行为。"我"可以被别人强制采取一些行动去实现一个目的，但是，"我"无论如何也不可能被别人强制去拥有一个目的。换言之，拥有一个行动的目的，是出于行动主体自由任意的一个自由行为，而并不是一个自然作用。因而，自由任意的自由不只表现为它对感性冲动强迫的独立性，更表现为自己规定自己去行动的绝对自发性。这种自发性体现在"它能够不为任何导致一种行动的动机所规定，除非人把这种动机采纳入自己的准则（使它成为自己愿意遵循的普遍规则）"④。最后，虽然康德宣称"用来作为意志自我规定的客观基础的，就是目的"⑤，但是，这也只能说明目的在纯粹意志规定自由的任意过程中的导向作用。纯粹意志只能被放在规定任意去行动的根据上来考察。纯粹意志在人的目的活动中构成目的因，是自由目的论的先天根据，这比自由任意按照目的行动的任务高级得多。

通过上述的分析，我们看到，人的目的能力在目的活动中的作用是多方面的。我们首先要把作为认识能力的理性和作为欲求能力的意志在目的活动中的作用区分开，理性是设定目的的能力，意志是实现目的的能力。设定目的是建构一个目的概念，这要求理性的理论运用与实践运用的协同作用。人的理论理性负责将人欲求的对象整合为一个目的概念，实践理性则负责"选择和设定"目的。如果没有理论理性的参与，人的活动仍旧会发生。但是，驱使人活动的是一个欲求对象的表象，并不成为一个确定

---

① 康德.《道德形而上学》导言 [J]. 曾晓平、邓晓芒译. 哲学译丛 1992 年第 5 期：2.

② 任意和任性源于译者对 willür 的翻译差异，本文在论述过程中交替使用，引文不做修改。

③ 康德. 德著作全集第 6 卷 [M]. 李秋零主编. 北京：中国人民大学出版社，2010：394.

④ 康德. 德著作全集第 6 卷 [M]. 李秋零主编. 北京：中国人民大学出版社，2010：22.

⑤ 康德. 道德形而上学奠基 [M]. 杨云飞译，邓晓芒校. 北京：人民出版社，2013：61.

的、清晰的概念。其次，我们要把握意志的内部结构及其各自作用。虽然意志相对于理性而言被称为按照目的行动的能力，但是真正承担这项工作的是自由的任意，而并非纯粹意志。纯粹意志在目的活动中是目的因，是一切目的活动的出发点，目的活动始于目的因，自由的任意才能完成按照目的行动的工作。在具体的运用中，自由任意既能够将纯粹实践理性提供的目的作为对象规定自己去行动，又可以将感性爱好提供的对象作为目的而引发行动。

二、实践目的的分类

在实践领域中，康德按照不同的原则对目的进行分类。其中，比较典型的分类有自然目的和道德目的、主观目的与客观目的、绝对目的与相对目的。这些区分基于康德的人性论。

在康德著作的中译本中，人性既作为人的本性（human nature）的简称，又作为专门的术语即人性（Menschheit, humanity）。"本性"（nature）一词在西方有两层基本的含义，一是自然，一是本质；与此相对应，"人的本性"也有两种含义上的区分，即人的自然（或自然性）和人的本质（或本质性）。人的自然性指人是感性和理性的统一体，人既有感性本性，又有理性本性，这样的界定是一种事实上的界定。自古希腊以来，哲学家们都承认这样的事实。人既像动物一样要求满足感性的肉体需要以维持其生存，又高于动物而具有理性能力，要求满足理性的追求。康德也承认这样的事实，他的创见在于纳入现象界与本体界的区分。他认为，人因其感性本性和理性本性而分处于现象界和本体界。感性的人属于现象界，服从自然规律，理性的人属于本体界，拥有自由。作为两者的统一体的人本身既属于现象界，又属于本体界。既然人是一个感性本性和理性本性的统一体，又跨越了两个不同的世界。那么，与动物相比，人是具有理性的存在者；与神相比，人又受到摆脱不掉的感性本性的束缚。人成为宇宙中最特殊的存在者，即有限的理性存在者或具有超越性的感性存在者，这就是人的本性、人的自然存在。

在康德哲学中，理性通常指宇宙中一般的有理性存在者（包括神在内）的理性。理性摆脱了现象界的一切束缚，具有完全纯粹的自由，是本体界的象征，体现着一种超越性，因而又是一种神性。虽然人既有感性本性，又有理性本性，但康德并不认为二者具有同等地位，平等地分割了人。他认为，理性高于感性，感性只是维持人之生命生存的必备条件，理性却代表着人的真正本质，彰显着人性。谈到人性，在西方文化思想的传统中将人与动物或神相比较，是理解人性及其地位的一个重要维度：与动物相比，人因其理性高于动物；与神相比，人因其感性低于神。因此，人从兽性和神性这两个维度"成为人"，人性处于兽性与神性之间。在这种意义上，人性中的动物性把人限制在感性世界中，打上了"有限性"的烙印。理性在人性中占据主导地位，使人具有"超越性"的能力。"人之为人，就在于他的不可规定性和无限可能性。人是无限可能的，人是能创造奇迹的"①。此外，康德还在其著作中对人性（humanity）给予了两种不同的特定含义：一是人的本性中所具有的向善的禀赋的第二个层次，即"作为一种有生命同时又有理性的存在者，人具有人性的禀赋"②，这种禀赋属于有理性的自爱，在与其他人的比较中，判断自己幸福与否；二是指作为自在目的的人性，也叫作人格中的人性，即以人格性为内涵的人性，这个界定比第一种界定在道德上高一个层次，它实质上意指人可以摆脱感性的束缚、具有自我立法能力的理性，这种理性属于本体界，任何时候都是无条件善的。

就康德对人之本性的区分而言，人的自然性无疑是一种自然的善，感性本性使人得以生存，理性本性使人得以成为人。它并不涉及道德上的善恶问题，或者说它在道德上无善无恶。因为人作为被造物，服从绝对必然的自然法则，就算人做出恶的行为，也可以归咎于自然，是自然创造了作恶的人。但是，从人的本质性来看，人的理性高于感性，人是自由的行动者，人能够出于自己的意愿摆脱感性的束缚而做出善或者恶的行为，这些行为并非自然造成，而是由人自己造成的，必然涉及道德上的善恶。

基于人的双重本性，康德区分了自然目的③和自由目的，也可以被称为感性目的和理性目的（或道德目的）。自然目的是人受到自然本性（感性欲望）的驱使而设定的目的，自由目的是人依据理性本性为自己设定的

---

① 邓晓芒. 康德哲学讲演录 [M]. 桂林：广西师范大学出版社，2005：172.

② 康德. 康德著作全集第 6 卷 [M]. 李秋零主编. 北京：中国人民大学出版社，2010：24.

③ 实践领域中的自然目的必须与自然领域中的自然目的区分开。前者是理性出自人的自然本性而设置的目的，这个目的能够成为自由任意的对象，成为行动的规定根据。对于实践理性而言，这个自然目的是构成性的原则。后者是反思判断力对于自然事物的反思，它并不是自然事物本身所具有的属性或者特征，而是反思判断力为了解释其特殊性而给予的，属于调节性原则。比如，康德将"人性的禀赋"称为自然的目的，这些自然目的指个人的存在、物种的存在、人类的存在等，它们能够与作为自在目的的人性的保存共存，还能够促进人性的保存。这些自然目的虽然被放在实践的视域中得到讨论，却不是实践领域中的自然目的，不是构成性的原则，而是自然领域中具有反思意义的自然目的。

目的。自然目的与自由目的区别，表现在来源上，一个来源于感性，一个来源于理性；表现在属性上，一个是偶然的，一个是普遍必然的。对于人类而言，"设定"自然目的这件事情具有普遍性，每个有限的人都受到自然本性的制约，都要吃穿住用行。但是，在自然目的的具体内容上，人与人各不相同。幸福是人人都会设定的自然目的，但幸福的具体内容却各不相同。自由目的无论是其设定还是其内容都具有普遍必然性，适用于每一个理性存在者；表现在道德行动中，道德行动在动机上要完全排除任何自然目的的参与，单纯以自由目的作为对象才能保证道德行动的绝对价值。然而，道德行动的实行又离不开自然目的。自然目的的实现与满足构成了人得以存在和发展的基本前提，这也构成了道德行动得以实行的基本前提。没有人（自然人），谈不上自由目的，谈不上道德。人的有限性为人的道德提供了可能性。人的自然目的为人的自由目的的实现提供了可能性。没有自然目的的实现，人的道德目的也不可能实现。

实践领域中的自然目的无法确定，自由目的却确有所指。康德说："欲望的主观根据是动机（Triebfeder），意愿的客观根据是动因（Bewegungsgrund）；因此，就有建基于动机的主观目的和取决于对每一个理性存在者都有效的动因的客观目的的区别。"① 在这里，康德根据人的欲望或意愿的规定根据区分了主观目的和客观目的。主观目的建立在动机之上，客观目的建立在动因之上。康德在其文本中对动机和动因的使用非常复杂。简单来讲，动机往往是感性的，处于现象界之中。人出于满足自己的低级欲求能力（即感性冲动或爱好等）设定主观目的，也有可能出于满足自己的高级欲求能力（即道德诉求）设定主观目的。但是，无论出于什么样的动机，主观目的都因人而异，它随着主体爱好的变化而变化，因此具有经验性和偶然性。与之不同，动因是道德法则自身驱动人行动的动力，它作为意愿的客观根据是理性的。客观目的都是纯粹实践理性在道德法则的规定下提出来的，对每个理性存在者都有效，具有普遍性和必然性，因而也叫作道德目的。从本质上看，主观目的和客观目的的区分最终还是要追溯到目的的起源上，与自然目的和自由目的的区分相似。主观目的是每个有限的理性存在者基于感性本性设定的目的，往往具有任意性、独断性、自私性、偶然性，最终着眼于自己的幸福，以自己的愉快或不愉快的情感为转移。客观目的是每个理性存在者基于理性本性由纯粹理性设

---

① 康德. 道德形而上学奠基 [M]. 杨云飞译，邓晓芒校. 北京：人民出版社，2013：61.

定的目的，具有先天性、普遍必然性，以先天必然的道德法则为前提，适用于一切有理性的存在者，是有限的理性存在者应当追求的目的。

在道德哲学中，"作为自在目的的人性""同时是义务的目的（即自己的完善和他人的幸福）"和"至善"是最显著的客观目的。Atwell 指出"政府的共和国形式""国家之间的联邦世界""永久和平"以及"目的王国"都可以被称为客观目的。虽然"客观目的"一词在康德哲学中出现的次数并不多①，但是它所起的作用却至关重要。由客观目的引发的问题引起诸多学者的重视。Herry Allison 区分了两个层次的客观目的。他认为，既然康德将目的界定为意志自我规定的客观基础，那么一切目的都必须具有客观性。这种解释就依赖于"客观性"的两种不同意义，分别是 objective$_1$ 和 objective$_2$。objective$_1$ 适合于一切目的，甚至包含主观目的，它们是理性行动的源泉，它们通过理性成为普遍的并且本身就是客观有效的；objective$_2$ 是 objective$_1$ 的一个子集，objective$_2$ 由纯粹理性给予，它摆脱了爱好，本身对一切有理性的存在者都有效。笔者认为，这种区分事实上是没有必要的。因为目的"作为意志自我规定的客观基础"②的实质在于：意志发生作用时有一个目的作为对象，这个目的对象相对于作为主体的意志而言处于客体的地位，因而是对象意义上的客观基础。并且，按照目的的一般概念，我们就可以看到目的本身就是以一个概念形式呈现的客体，它作为概念具有主观性，但是作为对象就具有客观性。而康德对主观目的和客观目的的区分主要是针对设定目的的规定根据。主观目的是每个人出于自己的意愿设定的，客观目的是人的纯粹理性给予的，这种"与主观性相对立的客观性"与"目的作为对象的那种客观性"的确不在同一个层次上。但是，康德已经区分得很清楚了，如果进一步区分了 objective$_1$ 和 objective$_2$，反而会造成读者理解上的困难。

基于目的的道德价值目的有相对与绝对之分，道德价值评判基于道德行动的善恶评判。所谓道德上的善，就是自由的任意将道德法则作为动机纳入自己的准则，道德上的恶就是自由的任意将与道德法则相反的动机（确切地说就是感性动机）纳入准则。既然人作为有限的理性存在者，必

---

① Atwell 做了统计：客观目的在康德著作中仅出现了几次，并且主要集中于《奠基》（4：427–428，431）；另外《宗教》（第一版前言）中出现了一次，《道德形而上学》"德性论"（6：388–389）中出现了两次。除此之外，在其他的主要著作中，没有出现过。（参看 John E. Atwell. *Ends and Principles in Kant's Moral Thought*[M]. Martinus Nijhoff Publishers, 1986: 87.）

② 康德. 道德形而上学奠基 [M]. 杨云飞译，邓晓芒校. 北京：人民出版社，2013：61.

须按照原则行动，亦即必须通过任意将动机纳入准则的方式才能行动，并且按照人的本性，除了出于理性本性提供的道德法则充当的动机，还有出于感性本性提供的感性欲求对象提供的动机。"假如法则并没有在一个与它相关的行动中规定某人的任性，那么，就必然会有一个与它相反的动机对此人的任性发生影响；而且由于这种情况在上述前提下只有通过此人把这一动机（因而也连同对道德法则的背离）纳入自己的准则（在这时他就是一个恶的人）才会发生，所以，此人的意念就道德法则而言绝不是中性的（决不会不是二者中的任何一个，既不是善的也不是恶的）。"① 由此可以看出，人在道德上要么天生是善的，要么天生是恶的，没有中间状态。人不能一方面是善的，另一方面是恶的。道德法则是唯一的、普遍的，一旦人将其纳入自己的准则作为行动的规定根据，就不可能将与之相反的动机纳入准则，否则就会自相矛盾，这正是康德关于道德善恶的严峻主义观点。

对于道德善恶的判断取决于准则，准则有形式与质料之分。准则的质料是自由的任意选择并采取的目的。相对目的是"一个理性存在者自己随意预设为其行动结果的那些目的（质料的目的）"② 。它们仅仅与主体在某时某刻的某种特别的欲求能力有关。当主体欲求它们时，它们才具有价值。一般而言，所有的主观目的都是相对目的。相对目的不仅可以被其他的目的所替代，而且可能成为另一个目的的手段。绝对目的又叫作自在目的，是指其自在的存在本身具有某种绝对的价值，不依存于任何主体的欲望。它既不能被任何其他的目的所替代，也不能作为实现其他目的的手段来使用。相反，其他的目的都仅仅作为手段为它服务，只有它才具有绝对的价值，具有尊严。康德断言，所有的相对目的都只是假言命令的根据，只有绝对目的或自在目的才能成为定言命令的根据。

那么，绝对目的（或自在目的）的具体所指是什么呢？康德说："人以及一般的每一个理性存在者，都作为自在的目的本身而实存，不仅仅作为这个或那个意志随意使用的手段，而是在他的一切不管指向自己还是指向其他理性存在者的行动中，都必须总是同时被看做目的。"③ 可见，人的

---

① 康德. 康德著作全集第 6 卷 [M]. 李秋零主编. 北京：中国人民大学出版社，2010：22-23.

② 康德. 道德形而上学奠基 [M]. 杨云飞译，邓晓芒校. 北京：人民出版社，2013：61.

③ 康德. 道德形而上学奠基 [M]. 杨云飞译，邓晓芒校. 北京：人民出版社，2013：62.

一切爱好的对象都只有相对的价值，即某物为我所爱好时才具有价值。我们的爱好本身大多作为现象界中感性需要的来源也不具有人们所期望的那种绝对价值，反而成为人的一种束缚。那些不依赖于人的意志而依赖于自然的事物，那些属于无理性的存在者的、亦即被归入只能作为手段的事物也同样不具有绝对价值。这样，康德"先排除爱好的对象，其次排除爱好本身，再次排除无理性的存在者（事物），最后达到符合条件者，即作为自在的目的本身的理性存在者"①。只有能称得上人格（Personen）的理性存在者才是客观的目的或者自在的目的自身，其本质是"理性的本性"作为自在的目的本身而实存。

除了以上几种划分，康德还区分出"能够被行动产生的目的"和"不能够被行动产生的目的"。在理论上，所有的主观目的都应该是能够被行动产生的目的，但是，作为一切人都必然追求的幸福并不是一个能够被行动产生的目的。因为幸福并不是一个确定的概念，而是想象力产生的理念。所有的客观目的都不能被人的行动产生。自在目的作为最高的目的形式是善良意志的质料，处于本体界，不能够成为行动在现象界中产生的结果，只能作为我们一切道德行动的限制条件。自己的完善和他人的幸福虽是目的却同时是广义的义务。并且，"完善"和"幸福"都是本体界的理念，在现象界中不可能得到完全实现，只能成为我们不断追求的目标。至善只是人追求的道德理念，并不能在现实生活中真正实现。

总而言之，在实践领域中，目的与行动存在实实在在的联系。一旦目的被给予，按照目的所采取的一切行动以及行动所产生的一切后果都可以被看作是合目的性的。就此而言，在实践领域中，目的占据主导地位，说清了目的，合目的性的含义自然就清楚了。与此不同，在自然领域中，合目的性占据主导地位，康德是在合目的性原则确立之后，才从反思的意义上将目的赋予自然。

三、实践的合目的性

在日常的理解中，实践的合目的性被看作一个事物"合乎""目的"的性质，表达某物对一个目的的趋向性和符合性。举例来说，一个人想吃面包，于是做出一个模子来，然后又按照这个模子制作面包。在这个过程中，最终做成的面包是按照这个人头脑中的那个"面包概念"产生的，我们可以说这个制作面包的过程以及产生的面包都具有实践的合目的性。在

---

① 杨云飞. 定言命令研究 [D]. 武汉：武汉大学，2006：36.

这里，一个目的概念必须先被给予，后来采取的一切行动都是为了符合这个目的的概念。用康德的语言来说，一个事物所具有的实践的合目的性建立在实在的目的联系之上，必然以一个由理性设定的目的概念为前提，以意志作为其因果性的根据。

实践的合目的性表面上表达的是目的与行动的关系，背后隐藏着信念与行动的关系。Allen Wood 在《康德的道德宗教》中揭示了这种关系。他探讨实用的信念时指出："一个有限的理性存在者在一种始终'预设了'、'暗示了'或者'让他自己投奉于'某种信念的处境中合目的地行动，这种信念就是他对那种构成了他为自己设定的种种目的'使用种种手段的根据'的处境的信念。"[①] 这里有两种解释：（1）一个人设定了要追求的目的，那么他已然相信这个目的的实现至少是有可能的。他"投奉于"[②] 这个目的的达成可能性，就是"投奉于"行动的合目的性。如果他认为这个目的不可能达成，那么在逻辑上他就会停止追求这个目的。（2）一个行动具有合目的性抑或它能够达成目的，这本身隐含或预设了行动者具有投奉的信念，他相信行动的目的至少具有达成的可能性。换言之，这种投奉的信念促使行动具有合目的性，最终达成目的。据此，我们可以看到，信念与行动之间具有一种理性的关系。当一个人确立了追求的目的，即使在人的经验证据不充分的条件下，他就已经预设了实现这一目的的信念，同时预设了达成目的之行动的合目的性。

在实践领域中，人具有实用的信念和道德的信念。实用的信念对应实用目的，具有偶然性和不确定性。道德的信念对应道德目的，是一种必然的信念。

第三节　自然的合目的性与自然目的

康德哲学中的自然目的本质上是一种自然的合目的性，自然的合目的性概念与实践的合目的性全然不同，却是按照与实践的合目的性的类比而被思考的。这一节首先阐释自然的合目的性概念，然后考察康德对自然的

---

① 艾伦·W. 伍德. 康德的道德宗教 [M]. 李科政译. 北京：中国人民大学出版社，2020：17.
② 李科政在翻译 commit 和 commitment 这个术语时，创造性地使用了"投奉"一词，把"投身"和"信奉"的含义结合起来，以便能够更好地体现伍德的思想语境。在伍德看来，commit 和 commitment 不仅表现出个人现实地投身于某个行动的决心，而且表达了这个人对行动目的的价值和实践意义的信奉。（参看艾伦·W. 伍德. 康德的道德宗教 [M]. 李科政译. 北京：中国人民大学出版社，2020：255.）

合目的性所做的区分，以便从这种区分中理解自然目的的含义，为自然目的论的建构提供基础。

一、自然合目的性及其分类

康德认为，自然的目的性通过与实践的合目的性的类比而被思考。实践的合目的性建立在实在的目的联系上，理论上来说，无论从目的到事物（即行动本身及其结果）还是从事物到目的的思考，它都可以得到很好的解释，毕竟有实在的联系作为基础。按照康德的见解，我们对于实践的合目的性的界定仍然要保持从事物到目的这样的顺序，便于我们理解自然合目的性的类比关系。康德指出："一个客体，或是一种内心状态，或是一个行动，甚至哪怕它们的可能性并不是必然地以一个目的表象为前提，它们之所以被称为合目的的，只是因为我们只有把一个按照目的的原因性，即一个按照某种规则的表象来这样安排它们的意志假定为它们的根据，才能解释和理解它们的可能性。"[1] 也就是说，一个事物（无论是客体、内心状态还是一个行动）被评判为具有合目的性，只是因为它们被设想为按照目的的因果性即意志而可能，即使它并不必然以一个目的概念为前提。当我们观察一个事物的因果性时，即使没有一个目的概念作为基础，我们也可以从形式上反思它所具有的合目的性（即目的因果性）。"合目的性可以是无目的的，只要我们不把这个形式的诸原因放在一个意志中，而我们却毕竟能使对这形式的可能性的解释仅凭我们把它从一个意志中推出来而被我们所理解。"[2] 这就是康德赋予自然的合目的性的最初含义，即无目的的合目的性或者从形式上思考的合目的性。一个具有自然合目的性的事物不以一个目的概念为基础，它"好像是"以一个作为目的因的意志作为根据，"却并非"以人的意志作为根据。通过自然的合目的性这个概念，自然被设想为好像有一个知性包含着它的那些经验性法则的多样统一性的根据似的。

对比来看，实践的合目的性建立在实在的目的联系上，必然以一个目的概念作为基础，属于构成性的原则。自然的合目的性建立在观念的目的联系之上，并不能从自然中真正分析出一种目的关系，只是将自然中的事物看作"好像"具有一种目的联系。属于反思性的原则。在此，康德仅从因果性的含义上来界定一般的合目的性概念，便于过渡到他要表达的反思

[1]　康德.判断力批判[M].邓晓芒译，杨祖陶校.北京：人民出版社，2007：55-56.
[2]　康德.判断力批判[M].邓晓芒译，杨祖陶校.北京：人民出版社，2007：56.

意义上的自然合目的性概念。实践的合目的性表明目的与手段之间具有实在的联系，人应当通过一个实实在在的行动将那个作为目的的对象实现出来。自然合目的性基于一种"好像"的目的联系，不像实践的合目的性那样要求一个实实在在的行动参与进来实现对象。

就概念本身而言，康德经常在《判断力批判》中将无目的的合目的性、主观的合目的性、形式的合目的性以及主观形式的合目的性替换使用，这使得不少学者（如李婉莉、丁晓武等①）在阐释康德的自然合目的性概念时，将它们的含义看作同一的，没有差别。然而，在康德的思考中，这几个概念有明确的区分。第一，形式与质料的区分，区分的原则是一个对象的合目的性是否以一个实在的目的作为基础。一个对象的可能性是否以一个明确的目的概念作为根据。不以目的为基础的合目的性就是形式的合目的性，必然以目的为基础的合目的性就是质料的合目的性。这同时构成无目的的合目的性和有目的的合目的性之间的区分原则。形式与质料的区分针对的是对象的可能性。第二，主观和客观的区分。这种区分针对我们对一个对象的评判，区分的原则是我们在评判一个对象的合目的性时是否依据一个客观概念。也就是说，我们是单纯从一个对象的表象与人的主观关系中，还是从一个对象对规定它的客观概念的符合性进行评判。据此，不通过概念、单凭主观情感所做的评判是主观的，按照一个客观概念所做的评判是客观的。

这样一来，在康德文本中能够互换使用的几个概念是自然的无目的的合目的性、自然的主观合目的性、自然的形式合目的性以及自然的主观形式的合目的性。如果去掉"自然的"这个定语，无目的的合目的性只能与形式的合目的性互换，而不能与主观合目的性或者主观形式的合目的性互换使用。因为客观形式的合目的性也是无目的的合目的性，而主观合目的性还可以区分出主观质料的合目的性和主观形式的合目的性。

按照形式与质料、主观与客观的区分，合目的性有四种类型：主观形式的合目的性、主观质料的合目的性、客观形式的合目的性和客观质料的合目的性。它们具有各自的含义。主观质料的合目的性是以一个目的概念为基础，且按照愉快或不愉快的情感来评判的合目的性。通过人的实践活动特别是人的技术性实践所产生的对象，都具有主观质料的合目的性。对这种合目的性的评判依据的是一个对象的实存给主体带来的愉快情感，这

① 参看李婉莉. 论判断力的合目的性原则 [J]. 成都理工大学学报（社会科学版）2005 年第 4 期；丁晓武. 合目的性原理发展的嬗变 [J]. 青海师范大学学报（哲学社会科学版）2014 年第 5 期.

种情感必然伴随着每一个人的欲求能力，而不具有普遍可传达性。康德说，一个花园中的树木、花坛或小径等等秩序安排，都以事物之外的一个人的主观目的为基础，这些主观目的并非客观事物的质料中所具有的，而是人为地加于它们的。因而，主观质料的合目的性本质上是一种经验性的合目的性，必然以一个实在的目的为基础。

与主观质料的合目的性相对立的是客观形式的合目的性。客观形式的合目的性在评判根据上与人的感性情感无关，是一种智性的合目的性，主要体现在几何学中。康德说："按照一条原则画出的一切几何图形，本身都显示出某种多样化的、常常是令人惊叹的客观合目的性，也就是按照惟一原则来解决许多问题、并且也许还以无限种不同的方式来解决这些问题中的每一个问题的那种适应性。"①这种合目的性表达的是一个几何图形对产生出许多种性状的适应性，比如一个圆形能够包含无数种图形的根据。这种合目的性以知性概念为基础，对无限多样的目的具有适应性，但它本身却是无目的的。

自然的合目的性包含主观形式的合目的性和客观质料的合目的性。主观形式的合目的性是一个对象不以目的为基础、不通过概念而得到的评判，客观质料的合目的性是一个对象以目的为基础，必须通过概念而得到的评判。自然的主观形式的合目的性就是自然美。在康德看来，美就是一个对象的"无目的的合目的性形式"。对对象身上的这种合目的性形式的知觉，是那不通过任何概念而普遍可传达的愉悦，这种愉悦由人偶然碰到的一个经验对象所引发。当一个经验对象被给予时，主体中的想象力作为先天直观的能力对这个对象的表象进行的直观把握的同时与具有合规律性的知性协调一致，这种协调一致并不以产生一个客观概念为目的，却唤起了人心中的、与欲求能力无关的愉快情感。这种愉快情感是在一个对象借以被给予的表象中，对主体中诸认识能力的协调一致的游戏的意识。这种协调一致不以任何目的为目的，却具有合目的性的形式。所以，自然的主观形式的合目的性作为自然事物的美，是人按照反思判断力以不与欲求能力相关的愉快情感作为标准评判出来的。

客观质料的合目的性作为自然合目的性的另一个方面，与主观形式的合目的性正相反。它既要以一个目的作为基础，还要通过一个概念才得以评判。在康德看来，客观的合目的性的评判总是依赖于一个目的的概念，以及杂多与这个目的的关系。评判客观形式的合目的性依赖的是一个几何

---

① 康德. 判断力批判 [M]. 邓晓芒译，杨祖陶校. 北京：人民出版社，2007：210.

学概念，评判客观质料的合目的性依赖的是一个有关目的的理性概念。虽然为客观质料的合目的性奠定基础的目的，并不像作为主观质料的合目的性的目的那样，能够成为一个现实的结果。但是，客观质料的合目的性同样以目的因果联系为基础，而表象为一个自然目的概念。在评判原因和结果的关系时，要么结果本身就是一个内在目的，要么这个结果又是其他目的的手段。由此，客观质料的合目的性又区分为内在的合目的性和外在的合目的性或相对的合目的性。其中，内在的合目的性是康德构建其自然目的论的基础概念，外在的合目的性只有在内在合目的性的基础上，才能够被纳入自然目的论之中。

至此，我们可以看到，康德将合目的性区分为四种类型，但是只有主观形式的合目的性和客观质料的合目的性才构成自然合目的性的两个方面。

二、最高目的、最后目的、终极目的

在目的论系统的追溯中，一定会涉及目的的顶点或终点问题，这就要涉及最高目的、最后目的和终极目的这三个重要概念。

"最高目的"是什么，康德并没有给予明确的界定。按照一般的理解，最高目的（höchste Zweck）在目的系统的等级中处于最顶端。它是无条件的目的、是其他一切目的的目的；它具有绝对价值，是其他一切事物具有价值的条件。康德对最高目的的使用主要集中在《纯粹理性批判》中。他指出，意志自由、灵魂不朽和上帝存有这三个理念是"理性运用的最高旨趣"的最高目的，"这些最高的目的"按照理性的本性必然具有统一性，以便联合起来去促进人类的实践旨趣。[1] 纯粹理性的最高目的"就是道德的目的，且只有纯粹理性才能把它们提供给我们来认识"[2]。这个最高目的要实现出来，必然与意志自由、灵魂不朽和上帝存有这三个理念相关。就理性完善的系统统一性而言，最高目的只能有一个，即终极目的。终极目的是人的全部规定（人类的全部使命），有关这种使命的哲学是道德学。相比之下，康德在《实践理性批判》中只提及一次"最高目的"，"至善仍是一个被从道德上被规定的意志的必然的最高目的"[3]。在《判断力批判》中，他三次提到最高目的，两次指向至上的善，一次指向完满的善。

---

① 参看康德. 纯粹理性批判 [M]. 邓晓芒译，杨祖陶校. 北京：人民出版社，2004：607.

② 康德. 纯粹理性批判 [M]. 邓晓芒译，杨祖陶校. 北京：人民出版社，2004：619.

③ 康德. 实践理性批判 [M]. 邓晓芒译，杨祖陶校. 北京：人民出版社，2003：158.

通过分析，我们发现，康德在两种意义上使用最高目的，一种是理性运用的最高目的，另一种是人类意志的最高目的。第一种最高目的指向完满的善。完满的善是康德从理性运用和系统完善的视角谈论最高目的。康德认为，理性运用的最高旨趣是实践运用而不是思辨运用。思辨理性出于本性追求意志自由、灵魂不朽和上帝存在，它不能超出自己的领域解决这三个理念的问题。但是，这三个理念毕竟是纯粹理性运用的最高旨趣，解决它们被视为纯粹理性实践运用的最高目的。所以，康德把这三个理念表述为"这些最高目的"。然而，纯粹理性的实践运用不能直接解决这三个理念的问题，它们都与纯粹实践理性运用的最高目的相关，这个最高目的是什么？是至善，即完满的善。至善的解决间接构成了"形而上学意义上的"理性运用的最高目的。从纯粹理性的建筑术来看，理性追求系统统一性，唯有在一个系统中才能将一切知识聚集起来支持和促进理性的根本目的。人类理性的根本目的由一个终极目的和若干附属目的构成，附属目的都以道德目的即至善为终极目的。第二种最高目的指向至上的善。首先，至上的善就其本真含义与最高目的保持概念上的一致性。"至上的"与"最高的"在含义上本来就是一致的，康德甚至使用了同一个词语"höschte"来表述它们。其次，至上的善在目的因意义上是最高目的。至上的善是理性实践运用的最高条件，它自身是无条件的，是康德整个目的论的最高限制条件。可以说，康德的目的论就是从至上的善这个最高目的（目的因）开始的。通过自由目的论的建构，我们将会看到，善良意志是作为目的因而存在的、以自身为目的的自在目的，同时也是其他一切目的都要从属的最高目的。作为自在目的的"人格中的人性"是目的的立法者，本身就是绝对自由和尊严的象征，无疑处于最高目的的位置。在道德目的学说中，康德提出纯粹实践理性自身具有的最高的、无条件的目的就是德性，德性自己是自己的目的，自己是自己的酬报。通过类比，康德认为上帝作为至善理想是我们不得不预设的最高目的（目的因），它构成了至善得以可能的一个条件。唯有一次例外，康德在《判断力批判》中提出："我们感到自己由于道德律而迫不得已地追求一个普遍的最高目的"[①]，这个普遍的最高目的指向完满的善，构成终极目的。

"letzten zweck"这个术语，李秋零在《纯粹理性批判》和《实践理性批判》中译为"终极目的"，在《判断力批判》中译为"最终目的"。这种译法容易和"endzweck"混淆。邓晓芒把"letzten zweck"统一译

---

① 康德 . 判断力批判 [M]. 邓晓芒译，杨祖陶校 . 北京：人民出版社，2007：303.

为"最后目的",把"endzweck"翻译成"终极目的"。在目的论的视域下,本文将采用邓晓芒的译法,把最后目的(letzten zweck)和终极目的(endzweck)区分开。一般认为,最后目的处于目的链条的尾端,与时间上的后果有关联。康德对最后目的的使用,主要是追问自然的最后目的①。此外,他还探讨了理性的最后目的②、人类的最后目的③、上帝创造世界的最后目的④。终极目的(ein Endzweck)在词源上由 End 和 Zweck 构成,标志着它是目的论系统的终结点。除它之外,再也不能找到比它更高、更完善的目的。因而,终极目的是最高目的,具有无条件性、绝对价值;是最后目的,具有绝对完满性。终极目的主要出现在《判断力批判》的方法论中,在《纯粹理性批判》中出现过两次,《实践理性批判》中出现过一次。⑤具体的分析将在第五章和第六章展开。

通常情况下,这三个概念的含义经常交叉,甚至等同。比如,理性的最后目的等同于理性运用的最高目的,指向完满的善。人类的最后目的与目的因意义上的最高目的含义相同,指向至上的善。上帝创造世界的最后目的是反思意义上的目的,指向完满的善,即作为终极目的的至善。但是,它们在具体的语境中又有差别,最重要的差别是自然的最后目的和自然的终极目的完全不同。自然的最后目的关涉外在合目的性,自然的终极目的的特殊性在于与事物的实存、与内在的合目的性有关。康德认为,一个自然存在物实存的目的在其自身之中,就表示"它不仅是一个目的,而且也是一个终极目的"⑥。一个自然存在物的实存依赖于其他事物的外在合

---

① 参看康德. 判断力批判 [M]. 邓晓芒译,杨祖陶校. 北京:人民出版社,2007:285.
② 参看康德. 纯粹理性批判 [M]. 邓晓芒译,杨祖陶校. 北京:人民出版社,2004:387、617、621.
③ 参看康德. 判断力批判 [M]. 邓晓芒译,杨祖陶校. 北京:人民出版社,2007:140、190.
④ 参看康德. 实践理性批判 [M]. 邓晓芒译,杨祖陶校. 北京:人民出版社,2003:178. 康德. 判断力批判 [M]. 邓晓芒译,杨祖陶校. 北京:人民出版社,2007:282.
⑤ 康德在《纯粹理性批判》中批判理性心理学时使用的"终极目的",其含义是"创造的终极目的"(参看康德. 纯粹理性批判 [M]. 邓晓芒译,杨祖陶校. 北京:人民出版社,2004:305.);在方法论中使用的"终极目的"意指"人的终极目的"(参看康德. 纯粹理性批判 [M]. 邓晓芒译,杨祖陶校. 北京:人民出版社,2004:634.)。康德在《实践理性批判》中只使用了一次的终极目的指的就是"纯粹实践理性的终极目的"(参看康德. 实践理性批判 [M]. 邓晓芒译,杨祖陶校. 北京:人民出版社,2003:177.)。
⑥ 康德. 判断力批判 [M]. 邓晓芒译,杨祖陶校. 北京:人民出版社,2007:281.

目的性，这个存在物实存的目的在自身之中具有一种内在的合目的性，据此，我们可以判定终极目的是一种将外在合目的性纳入自身的内在目的。

三、对合目的性的相关讨论及回应

康德在《判断力批判》中提出的合目的性概念，其含义复杂且富有争议性。Paul Guyer 指出，康德在两种意义上使用了合目的性概念，一种是设计，用于判断人工制品和自然中的有机体，另一种是对目的的满足，用于判断自然美。[①]Hanna Ginsborg 认为，康德对合目的性概念的界定和使用是多样性的。康德虽然将合目的性界定为"一个概念的原因性"，但是他通常并不是按照这种含义来使用目的和合目的性的，反而更多地在"一个对象作为目的的属性"的意义上使用；除此之外，合目的性作为"偶然事件的合法则性"这个含义也非常重要。[②]Thomas Tefuel 认为，康德在《判断力批判》中所使用的合目的性与传统目的论概念不同，是一种非目的论概念（non-teleological concept）、具有病因学的、向后看（backward-looking）的意义，只有在这种意义上才能够解释人工制品的原因性。[③]国内一些研究者比如杨鹏、曹俊峰[④]等人，认为康德对合目的性概念并没有一个统一界定，在不同的地方有不同的含义。

笔者认为，康德对合目的性的界定是一贯的。在第一节中，我们已经看到，合目的性的一般含义是一个"概念"从其"对象"来看的原因性。康德以合目的性的一般含义为基础区分了实践的合目的性和自然的合目的性，并按照主观客观、形式质料这两种原则对合目的性进行分类，产生了合目的性的四种类型。Paul Guyer 所说的两种意义上的合目的性，都是反思性的合目的性，也就是自然合目的性的两种表现形式。但是，他提出的两种合目的性含义与康德的本义相反，应该先有审美判断，然后才是设计的含义。人工制品中的合目的性属于实践的合目的性，而有机物中的合目的性属于自然的合目的性。Thomas Tefuel 所说的病因学的意义，主要是从自然的客观质料的合目的性层面上来说的。这种解释更倾向于自然合目

---

① 参看 Paul Guyer. *Kant and the Claims of Taste*[M]. Cambridge University Press, 1997, Foreword to the Second Edition, Xviii.

② 参看 Hanna Ginsborg. *Kant's Aesthetics and Teleology*[J]. Standford Encyclopedia of Philosophy. (Spring 2013 Edition), Edward N. Zalta(ed.).

③ 参看 Thomas Tefuel. *Kant's Non-Teleological Conception of Purposivess*[J]. Kant-Studien 102, 2011, pp.232–252.

④ 参看杨鹏 . 康德目的论判断力研究 [D]. 长春：吉林大学，2013；曹俊峰 .《判断力批判》研究四题 [J]. 湛江师范学校学报 2004 年第 1 期。

的性的因果性的含义。针对 Hanna Ginsborg 所指出的合目的性的多样性问题，我们可以根据合目的性的概念做出区分。合目的性被解释为"一个对象作为目的所具有的属性时"属于实践的合目的性，表达的是一个对象对一个目的概念的符合性；合目的性被界定为"一个概念的因果性时"时属于反思意义上的合目的性。至于他所强调的"偶然事件的合法则性"，康德在《判断力批判》导言和第 76 节将其称之为合目的性。但是这并非合目的性的概念，而是他为了与自然的知性法则区分开来，而对自然中特殊事物的合法则性给予的界定。康德将合目的性看作另一种合法则性，与自然合法则不同的合法则性，是康德对反思意义上的合目的性在自然上的运用。

综合来看，以目的和合目的性的一般含义为基础，我们区分了康德哲学中的实践目的和自然目的。在实践目的中，我们辨析了自然目的和道德目的，主观目的和客观目的，绝对目的和相对目的，以及实践合目的性的基本含义。在自然目的中，我们探讨自然的合目的性与实践的合目的性的类比，自然的合目的性所表现出的主观形式性和客观质料性。接下来，第三章将以自由目的和自由的合目的性为基础，研究康德的自由目的论，第四章将以实用目的和实践的合目的性研究康德的实用目的论，第五章将以自然的主观形式的合目的性和客观质料的合目的性为基础，研究康德的自然目的论，第六章将以道德目的和道德的合目的性研究康德的道德目的论。

第三章 自由目的论

如果有人问，康德的目的论应该从哪里开始？康德在《论目的论原则在哲学中的应用》（1788）中有一段总结性的陈述。他指出，理性和目的之间存在着直接的关系，目的要么是自然目的，要么是自由目的。自然目的是目的论原则在自然中运用的结果，这种运用任何时候都要依赖于经验条件。自由目的可以分为两种，一种是源自自然（需求和爱好）的自由目的①，另一种是纯粹先天的自由目的。后者是理性通过纯粹的实践原则先天规定的、先天说明的目的。只有一种纯粹的目的学说才能够完备地说明目的论原则之所以能够用于解释自然的原始根据，只有一种纯粹的目的原则才能够先天地包含"一般理性与一切目的的整体的关系"②，这一切都囊括在一种纯粹的实践的目的论之中。这种目的论是自由目的论③。自由目的论构成康德目的论系统的先天根据，它本身是康德实践哲学中一个独立自足的目的理论，在内容上分散于《奠基》《实践理性批判》《判断力批判》以及《道德形而上学》等康德前后期的多本著作。

这一章的任务是以康德的文本为根据构建自由目的论（见附录图二）。第一节探讨自由目的论的先天根据，第二节旨在确立作为形而上学基础的目的王国系统，第三节研究并建构作为基本内容的道德目的学说。

第一节 自由目的论的先天根据

自由目的论以自由为目的因，以自由为最高目的。自由目的论的先天根据是意志自由和作为自在目的的人性。

---

① 这里的自由目的不是真正自由的目的，而是第四章将要讨论的实用目的。

② 康德. 康德著作全集第 8 卷 [M]. 李秋零主编. 北京：中国人民大学出版社，2010：182.

③ 自由目的论并非康德本人的用语，而是笔者的用语。自由目的论以人"出自自由的合目的性"为基础，与基于"我们根本不能缺乏的自然合目的性"的自然目的论相对应。

一、意志自由

康德说，"意志是有生命的存在者就其是理性存在者而言的一种原因性（Kausalität），而自由就会是这种原因性当它独立于外来的规定它的原因而起作用时的属性"①。人的意志作为一种欲求能力，本身是众多自然原因性中的一种。它与其他自然原因的不同在于：意志拥有自由的原因性能力，它能按照其表象产生对象，它本身构成这个表象的对象产生出来的原因，而那个表象的对象就是意志的结果。按照康德的划分，人的意志包含自由的任意和纯粹意志，它们的自由属性各不相同。自由的任意体现消极的自由，纯粹意志体现积极的自由。消极意义的自由指自由的任意虽然受到感性爱好的刺激，却能够独立于它们的规定。自由的任意能够被理性规定，出自纯粹意志的规定而行动。这种消极的自由包含两层含义：片段的自由和一贯的自由。片段的自由指人的自由任意为了更长久的利益和更强烈的愉悦而暂时摆脱当前感性爱好的规定，但最终还是受到感性爱好的规定。"因为，不仅是刺激性的东西，即直接刺激感官的东西，在规定着人的任意，而且，我们有一种能力，能通过把本身以更为间接的方式有利或有害的东西表象出来，而克服我们感性欲求能力上的那些印象；但这些对于我们的整体状况方面值得欲求的、即好的和有利的东西的考虑，是建立在理性之上的。"②这种片段的自由充分体现在人的实用性明智活动中。人们会为了控制体重而忍饥挨饿，为了买个高端手机而省吃俭用。诚然，片段的自由最终还是被感性欲望所规定，是意志的他律、意志的"不自由"。但是，自由的任意毕竟受到理性的规定而暂时摆脱了感性冲动的规定，是一种消极的自由。相比之下，一贯的自由则完全摆脱感性冲动的规定，仅仅按照理性提供的动因（即道德法则）去行动。道德法则是纯粹理性亦即纯粹意志自己给自己立的法，这种自我立法源于意志的积极自由。

康德认为，消极的自由本身蕴含着积极的自由。人的意志独立于感性冲动的规定，摆脱了病理学上的规定，实质上就是独立于现象界中自然法则的规定。现象界中的一切都受到自然法则的规定。动物按照本能行动，无生命的物质按照机械作用运行。任何因果性都包含规律（法则）的概念。意志作为一种独立于自然法则的因果性，必定受到另一种法则的规定。这种法则就是纯粹意志自己给自己立的法则、自己给予自己的规律。

---

① 康德. 道德形而上学奠基 [M]. 杨云飞译，邓晓芒校. 北京：人民出版社，2013：89.

② 康德. 纯粹理性批判 [M]. 邓晓芒译，杨祖陶校. 北京：人民出版社，2004：610.

因而，积极意义的自由就是纯粹意志的自我立法，这种自我立法以先验自由为基础。自由概念的先验含义是自行开启一个因果序列，纯粹意志自己规定自己，自己开启一个因果序列，这个序列不是自然因果序列，而是自由因果序列，表现为目的因果序列。

纯粹意志也被康德界定为高级欲求能力，不仅仅是因为它不像自由的任意那样与行动发生直接关系，还由于它本质上作为目的因（final cause）而存在。亚里士多德目的论中的目的因是自然物的本原、动力、内在潜能，是自然物内在的形式构成。康德这里的目的因不是客体的属性或构成，而是主体的能力。与自由的任意所体现出来的"按照目的的原因性"（the causality according to ends）相比，目的因具有更加纯粹的能动性，在更高的层次上凸显着人的绝对自发性，两者共同构成了康德"所谓的人"才具有的目的原因性（the causality of ends）。我们说，自由的本质在于自发性。自由的任意作为按照目的的原因性也有其自身的自发性。康德在《纯然理性限度内的宗教》中谈及人性的善恶时特别强调，任意的自由具有一种极其独特的属性："它能够不为任何导致一种行动的动机所规定，除非人把这种动机采纳入自己的准则（使它成为自己愿意遵循的普遍规则）；只有这样，一种动机，不管它是什么样的动机，才能与任意的绝对自发性（即自由）共存。"① 任意在实行的过程中，也可以不受任何动机的规定。无论是感性欲求的客体，还是在理性判断中作为动机的道德法则，都不能对人加以规定，除非自由的任意将其纳入准则，而引发行动。也就是说，自由的任意的自发性体现在动机的选择上，可以被称为"选择的自发性"。自由的任意可以出于自己的自由选择感性动机或者道德动机。它并不是被他物所规定而做出的被迫选择。即使意识到纯粹理性规定的道德动机，它却仍然受到感性动机的影响，具有最终选择感性目的对象的可能性。这一点正是道德归责的理论基础。相比之下，纯粹意志的自发性完全摆脱了现象界的一切，在本体界或理知世界起作用。这两种自发性的区别就像认识能力中狭义的理性和知性之间的区别一样。虽然知性已经达到先验自我意识的统觉，能够为自然界立法，具有高度的自发性和自动性，但是狭义的理性具有更加纯粹的能动性，因其不依赖于任何感性直观而超越于知性之上，具有超验意义。

结合康德对两个世界的划分，人的意志在理知世界中就是纯粹意志

---

① 康德. 康德著作全集第 6 卷 [M]. 李秋零主编. 北京：中国人民大学出版社，2010：22.

即纯粹理性。理知世界与感官世界不同。感官世界按照自然因果性建构，自然因果性是感官世界中一切现象遵循的规律，具体表现在每个发生的事件都有其原因，并且每个原因之前还有原因，以此推向无穷，以至于每一个原因都是有条件的。理知世界独立于自然因果性，遵循自由因果性，自由因果性表现为绝对自发性。纯粹意志在理知世界中是自由因果链条的开启者，在实践领域中是目的因果链条的始点和终点，即"目的因"（final cause），它使得先验的自由首次获得了实在性。目的因作为一个自行开启的因果链条的第一因或最后的原因，构成了康德目的论的开端和首要基础。正是在这种含义上，康德把人的原因性界定为目的论的（teleological）、指向目的的。作为目的因的纯粹意志不仅是人设定目的、按目的行动的能力的原因性，也是康德提出自由目的论和自然目的论的基本立场和出发点。

二、自在目的

意志凭其自由本身是目的因，它在目的活动中唯一能做的就是将自身设定为最高目的。这个最高目的在康德自由目的论的讨论中表现为自在目的。

康德对自在目的（end-in-itself）的引入并不是从行动与目的的关系开始的，而是从意志与目的的关系开始的。他说："现在，用来作为意志自我规定的客观基础的，就是目的（Zweck)，而目的如果单纯由理性给予，就必然对所有理性存在者同样有效。"① 意志的自我规定就是纯粹意志对自由任意的规定。纯粹意志本身没有自身的规定根据，就它可以规定任意而言，它就是"纯粹实践理性"本身。在意志的规定活动中，目的是自由任意所面临的一个客观对象。如果这个目的是人出于感性爱好而设定的，自由任意直接按照这个目的采取行动，意志也变成了实现这一感性目的的手段。理性对意志的规定所产生的实践原则只具有"手段的必然性"，这种目的是假言命令的根据。每个人出于感性爱好而设定的目的都是基于动机的主观目的，这些主观目的都是相对的。所以，康德断言"所有这些相对的目的都只是假言命令的根据"②。如果这个目的单纯由理性给予，纯粹实践理性作为本体界的一种目的能力，独立于任何经验就将自身设定为目

---

① 康德. 道德形而上学奠基 [M]. 杨云飞译，邓晓芒校. 北京：人民出版社，2013：61.

② 康德. 道德形而上学奠基 [M]. 杨云飞译，邓晓芒校. 北京：人民出版社，2013：62.

的。当纯粹意志用这个目的规定自由的任意行动时，自由的任意只能按照定言命令的规定采取行动。这个具有无条件性、先天必然性的目的被康德称为自在目的。就定言命令是一种"目的必然性"而言，自在目的作为定言命令要实现的对象成为定言命令的根据。

可能有人会提出质疑，康德在推导定言命令时已经排除了一切目的或质料，在这里为什么又将定言命令的根据建立在一个目的之上，这难道不是自相矛盾吗？对此，Paul Guyer 指出康德在界定"理性行为者"（rational agent）的意志时有一个预设：每一个遵守法则的行动都要有一个与法则相对应的目标或者遵守一个法则就是为了实现某个目的。① 就像遵守假言命令是为了达到一个基于感性爱好的主观目的一样，遵守定言命令也是为了达到一个仅由理性给予的、对一切理性存在者都有效的客观目的。康德说"实践原则，如果不考虑一切主观目的，就是形式的；当他们以这些主观目的、因而以某些动机为依据时，就是质料的"②。但是，形式性的实践原则虽然不考虑一切主观目的，并不证明它们没有目的。事实上，它们要达到的是对每个理性存在者都有效的客观目的。定言命令作为这种形式性的、不考虑主观目的的实践原则，必定以某种客观目的、因而以某种本体界的动因为根据。

那么，自在目的具体指什么？按照康德的界定，自在目的的含义和特点具有以下几种规定：（1）自在目的单纯由理性给予，必然对所有的理性存在者有效，是与建基于动机的主观目的相对立的客观目的；（2）自在目的具有绝对价值，是一种没有任何目的能够取代的目的，其他目的都要作为它的手段，以它为目的，因此它是一切主观目的获得价值的最高限制条件；（3）自在目的具有独立自主性，只考虑应该，不考虑任何条件，与那些取决于条件、要起作用的目的相对立，因而它作为所有可能目的的主体本身、同时作为一个可能的善良意志的主体本身而存在。刘睿在《康德尊严学说研究》中将目的自身（自在目的）的含义归纳为七个方面：（1）目的自身是与主观目的相对立的客观目的；（2）目的自身是其他一切主观目的（任意）的最高限制条件；（3）目的自身是一种自在的、独立的目的；（4）目的自身是一切目的的源泉与主体；（5）目的自身是一种不能被任何其他目的取代的目的；（6）目的自身是一种应该促进的对象；（7）目的自

① 参看 Paul Guyer. *Ends of Reason and Ends of Nature: The Place of Teleology in Kant's Ethics* [J]. The Journal of Value Inquiry 36: 161–186(2002): 164.

② 康德. 道德形而上学奠基 [M]. 杨云飞译，邓晓芒校. 北京：人民出版社，2013：61.

身是自然界及人的终极目的。① 分析来看，前五条的确是目的自身所拥有的含义和具体所指。第六条具体指的是"自己的完善"和"他人的幸福"，它们属于"同时是义务的目的"。第七条指的至善是纯粹实践理性的完整对象，在此并非目的自身直接包含的内容。康德的确是在不同的语境中分别讨论了这三种相关的客观目的。它们的区别与联系，我们将在后面的研究中逐渐呈现出来。Oliver Sensen 曾指出自在目的就是一个描述性的符号。② 从自在目的作为一切目的的主体、并且在消极的意义上被设想这种意义上来看，康德的自在目的的确具有描述性的特征。但是，Sensen 同时否认了自在目的具有绝对价值或内在价值的观点。这显然是不准确的。因为康德明确说，人性或每一个理性存在者具有尊严就因为其本身的内在价值和绝对价值，这种价值界定彰显了自在目的的无条件性。

人凭什么作为自在目的？在界定了自在目的的具体含义之后，康德陆续指出"人以及一般的每一个理性存在者，都作为自在的目的本身而实存"③；"理性存在者就被称之为人格（Personen），因为他们的本性已经凸显出他们就是自在的目的本身"④；"理性的本性是作为自在的目的本身而实存的"⑤；"人性以及一般的每个有理性的自然，作为自在的目的本身（这是任何一个人行动自由的至上的限制条件）"⑥。从一般的理性存在者到人格，从理性本性再到人性，这是一个由外而内、逐渐深入的过程。一般的理性存在者包含人和人以外的其他理性存在者，比如天使和上帝，他们所共有的是理性本性。他们从根本上凭借理性的本性作为自在目的而实存。人格只是理性存在者的另一个称呼，人格的本性仍旧要追究到理性本性之上。人作为有限的理性存在者，其人性与理性本性相等同作为自在的目的本身而实存。追究到底，我们要解决的问题是：人性或者理性本性凭什么作为自在的目的本身而实存？

虽然康德断言，人以及一般的理性存在者作为自在目的本身而实存，

---

① 参看刘睿. 康德尊严学说研究 [D]. 武汉：武汉大学，2014.

② 参看 Oliver Sensen. *Kant on Moral Autonomy*[M]. Cambridge University Press, 2013.

③ 康德. 道德形而上学奠基 [M]. 杨云飞译，邓晓芒校. 北京：人民出版社，2013：62.

④ 康德. 道德形而上学奠基 [M]. 杨云飞译，邓晓芒校. 北京：人民出版社，2013：62.

⑤ 康德. 道德形而上学奠基 [M]. 杨云飞译，邓晓芒校. 北京：人民出版社，2013：63.

⑥ 康德. 道德形而上学奠基 [M]. 杨云飞译，邓晓芒校. 北京：人民出版社，2013：66.

但是他并未给人性下一个清晰的定义。第二章我们已经明确，康德著作译本中的人性既是人的本性（human nature）的简称，又是一个专业术语即人性（Menschheit、humanity）。在这里，我们将深入讨论人性。康德在不同的文本中给予人性多种不同的含义。最突出的几个界定是"一种设定目的的能力"（4：446；5：286；6：399、400、404）①和"人的本性中向善的第二种原初禀赋"（6：26–28）或"人性中包含的自然禀赋"（7：270；9：449），除此之外，康德还用人性来表达"作为本体的人"（6：249、306、427、432、445）、超感性的自由能力（6：249）、纯然的道德存在者（6：392、438）、赋有内在自由的存在者（6：427）以及道德性（6：432）等。这些界定导致学界对人性概念本身的定义，以及人性凭什么能够成为自在目的等问题一直存在争议。

国外学者对人性本身的界定存在以下几种解读：（1）设定目的的能力，代表人物有 Christine M. Korsgaard 和 Allen Wood。Korsgaard 将人性直接等同于"设定目的的能力"，Wood 认为人性是"设定目的的能力"加上"其他与目的设定、目的联结相关的理性能力"。（2）最宽泛的理性能力，代表人物 Thomas E. Hill。他认为人性不仅包含立法的能力，而且包含按道德法则行动的能力等。（3）善良意志，代表人物是 Richard Dean。他通过善良意志和作为自在目的的人性都具有最高价值的特征将两者等同起来。（4）道德性能力（the capacity for morality），代表人物是 Henry E. Allison。他认为人性是一种既包含在道德法则之下的意识，又服从道德法则的能力。②事实上，这些解读具有相通之处，研究者们只是为了解决不同的问题，从不同的角度对康德文本给予各自的阐发。Hill 在阐释人的尊严与实践理性的关系时，指出人性概念的最宽泛含义并强调立法能力和道德行动能力在人的实践活动中的重要性，却并未揭示立法能力的深层含义不仅包含形式的立法而且包含质料的立法（即目的层面的立法）。Dean 为了研究人性的价值问题，从一开始就涉及目的。他将作为自在目的的人性从包含着道德性的任何东西中区分出来，并依据善良意志和自在目的都具有最高价值和绝对价值的类似性将两者等同起来，这种等同基于"'有价值的'与'善的'相同"这一前提。然而，价值和善明显是两套不同的

---

① 此处的标注采用科学院版《康德全集》1–9 卷的顺序和德文原文的页码。

② 参看 Korsgaard. *Creating The Kingdom of Ends*: 17,110,346；Wood. *Kantian Ethics*: 118–119；Hill. *Dignity and Practical Reason*: 40–41；Richard Dean. *The Value of Humanity*: 6–8；Allison. *Kant's Groundwork for the Metaphysics of Morals: A Commentary*: 215–218.

评价标准，意志和目的不能相等同。即使这一前提成立，善良意志作为每一个理性存在者力图达到的目的也并不能构成作为纯粹实践理性对象的至善，即完满的善。Allison 在解读目的公式时，将有关人性的文本限制在与自在目的相关的地方，这种直接将道德性的能力与最狭义的"人格中的人性"相等同的解释对于我们理解目的公式无疑是有效的，但与此同时，人性的其他重要含义就被弱化了。在这里，我们首先从广义和狭义两个方面来理解康德哲学中的人性概念，然后辨析作为自在目的的人性含义。

就广义的人性而言，康德自始至终遵循着西方文化思想中将人与动物或神相比较的传统，人性就是"人之为人"而具有的"属性"和"特征"，居于动物性和神性之间。康德曾在 1793—1794 年的《伦理学讲义》中给予人性最典型的界定：人性是"作为一个理智存在者被思考时，人的所有属性的总和，由此人性被设定为与其动物性中的兽性区分开来"①。康德之所以更多地强调人性与动物性之间的区别，是因为他坚信人具有与其他无限的理性存在者一样的理性能力。在《纯然理性限度内的宗教》中，康德按照三分法将人的本性中向善的禀赋划分为"动物性的禀赋""人性的禀赋"和"人格性的禀赋"。动物性的禀赋使人作为一种有生命的存在者，具有自我保存、种族繁衍和与他人共同生活的社会本能，这种禀赋属于纯粹自然的、无理性的自爱。人性的禀赋使人作为一种有生命同时又有理性的存在者，具有在与其他人的比较中判断自己幸福与否的能力，这种禀赋属于有理性的自爱。人格性的禀赋使人作为一种有理性同时又能够负责任的存在者，具有易于接受对我们心中的道德法则的敬重，使道德法则成为任意的充分动机的素质，这种禀赋仅仅建立在纯粹的实践理性之上。这三种向善的禀赋依据理性来划分，从"不以理性为根源"上升到"以隶属于其他动机的实践理性为根源"再上升到"以自身就是无条件立法的实践理性为根源"，昭示着人逐渐摆脱感性而趋向道德性的过程。其中"人性的禀赋"和"人格性的禀赋"都属于广义的人性之列。总体来看，广义的人性可以理解为"最宽泛的理性能力"②，即一切能够设想到的、与动物相区别的理性能力。这不仅包括人设定目的、选择目的的能力、"人性的禀赋"中所包含的比较能力或判断幸福与否的一般实践理性能力，还包括人的立法能力、按照假言命令行动的能力、服从道德法则和从事道德活动的能

---

① 参看 Kant. *Kant on the metaphysics of morals: Vigilantius's lecture notes*[M]. AK 27: 671.

② 参看 Thomas E. Hill. Jr., *Dignity and Practical Reason in Kant's Moral Theory*[M]. Cornell University Press, 1992: 40–41.

力，甚至包括人运用理论理性认识世界的能力等。

狭义的人性特指"设定目的的能力"。Korsgaard 和 Wood 都是"人性作为设定目的的能力"的主要支持者。他们的论证都基于以下两点：其一，康德在《奠基》中推导"目的公式"时交替使用了"人性"和"理性的自然（或理性的本质）"这两个术语。他们认为，康德已经明确指出"理性的自然区别于其余的自然，就在于它为自身设定了一个目的"①，所以人性与理性的自然相等同，能够被界定为一种"设定目的的能力"。其二，他们都将作为自在目的的人性联系到康德在《纯然理性限度内的宗教》中提出人的本性中三种向善的原初禀赋："动物性的禀赋""人性的禀赋"和"人格性的禀赋"。其中"人性的禀赋"处于两者之间，囊括了人除了道德性能力之外的所有理性能力。但是他们的侧重点有所不同，Korsgaard 侧重于人性与动物性的区别，Wood 侧重于人性与人格性的区别。② 笔者认为，他们对康德的文本存在一些误解。针对第一个论据，理性为自己设定的那个目的并非一般的目的。因为这一目的将会是"任何一个善良意志的质料"，只有仅由纯粹实践理性出于自身设定的客观目的，才能成为一个善良意志或"一个仅由理性规定的意志"的对象或质料。在此，人性应当是设定"客观目的或道德目的"的能力。但是 Korsgaard 忽视了这一点，而 Wood 直接从人性中排除了这种能力。针对第二个论据，Korsgaard 和 Wood 都强调了人性中理性的比较能力。他们在阐释目的公式中的人性概念时，忽略了"人格中"这一最重要的限定语。康德所表述的目的公式"你要这样行动，把不论是你的人格中的人性，还是任何其他人的人格中的人性，任何时候都同时用做目的，而绝不只是用做手段"③，特别强调的是"人格中的人性"，"这种人性"不同于"人性的禀赋"。因为人格跨两界，人只有作为一个独立人格才能成为一个道德归责的对象。因而在某种意义上，"人格中的人性"源于"人格性的禀赋"，与"人性的禀赋"不在同一个层面上。

当然，Korsgaard 和 Wood 论证人性时的两个有力论据值得高度肯定。第一，康德的确在《道德形而上学》"德性论"中指出"为自己设定某个

---

① 康德. 道德形而上学奠基 [M]. 杨云飞译，邓晓芒校. 北京：人民出版社，2013：75.

② 参看 Korsgaard. *Creating The Kingdom of Ends*; 17, 110, 346; Wood. *Kantian Ethics*: 118–119.

③ 康德. 道德形而上学奠基 [M]. 杨云飞译，邓晓芒校. 北京：人民出版社，2013：64.

目的的能力"是人性与动物性相区别的显著特征。第二，在《奠基》中，康德交替使用"人性"与"理性本性"时，理性的本质就是通过"为自己设定一个目的"而摆脱了自然必然性的束缚，而且康德也曾明确说明"纯粹实践理性就是一种一般的目的能力"①。由此，狭义的人性可以与理性本性互换使用，都表达了"设定目的的能力"。但这种狭义的人性并非像他们所主张的那样，与"人性的禀赋"中所表达的能力相等同。因为，康德在引入自在目的和目的公式之前，首先区分了两种不同种类的目的。一种是源于感性爱好、建基于动机、只具有相对价值的主观目的，另一种是单纯由理性提出的、取决于动因、具有绝对价值的客观目的。与之相应，如果人性是一种"设定目的的能力"，那么这种能力就可以区分为设定主观目的的能力和设定客观目的的能力。前者是一般实践理性的作用，是"一个理性存在者自己随意预设为其行动结果的那些目的（质料的目的）"②。虽然这种目的的设定暂时摆脱了经验的影响，但是最终还是受到感性爱好的规定。后者是纯粹实践理性的作用，是纯粹理性在本体界中自发地将自己预设为意志的对象（形式的目的），这种目的是理性存在者应当具有的目的，对每一个理性存在者都有效。此外，康德在《论目的论原则在哲学中的运用》中指出，在自然之外的一个存在者的目的能力是通过人的目的能力的类比而被设想的，可见，人的目的能力是一切目的的能力的根源。人的理性能力是设想一切自然之外的理性能力之根源。如果我们要追究"目的设定"的最后根据，那么我们可以看到，主观目的的设定源自理性的消极自由，客观目的的设定源自理性的积极自由。据此，我们最终将狭义的人性追溯到人的自由。有人可能会问：自由是意志的属性，在这里怎么又被归属于理性呢？自由当然是意志的属性，但是正如胡好所指出的："意志作为一种特殊的原因性，受到理性的规定，因而理性与自由通过意志的概念联系起来，即理性对意志的规定表现出自由的属性……自由是对自然因果性的独立性，而理性则必须把这种独立性归于自己。就此而论，它是自由的根据。"③

作为自在目的的人性究竟具有怎样的含义？根据上面的论证，康德明确指出，判断自在目的有两个重要标准：（1）具有绝对价值；（2）包含着

① 康德. 康德著作全集第 6 卷 [M]. 李秋零主编. 北京：中国人民大学出版社，2010：408.

② 康德. 道德形而上学奠基 [M]. 杨云飞译，邓晓芒校. 北京：人民出版社，2013：61.

③ 胡好. 康德定言命令式的演绎 [J]. 道德与文明 2012 年第 2 期：73.

定言命令即道德法则的根据。那么，人性以及每一个理性存在者凭什么成为自在目的，凭什么拥有绝对价值，凭什么包含定言命令的根据？首先，我们要排除的是广义的人性。因为它作为最宽泛的理性能力，主要指向人与动物的区别，停留在技术性的和明智性的活动上，还没有上升到道德评判的层次上。其次，我们考察狭义的人性。狭义的人性作为设定目的的能力包含"设定主观目的的能力"和"设定客观目的的能力"。其中，所有的主观目的都只具有相对的价值，所有的相对目的都只是假言命令的根据。而定言命令是理性的诫命，要求完全摆脱感性爱好和经验的影响。所以，设定主观目的的能力不具备充当自在目的的资格，那么就只剩下设定客观目的的能力。客观目的是单纯由纯粹实践理性给予的目的。纯粹实践理性在本体界作为一种目的能力，独立于一切爱好，只能将自身设定为目的。这个纯粹意志用以规定自由的任意只能按照定言命令去行动的目的，具有无条件性和先天必然性，被康德称为自在目的（end-in-itself）。就定言命令本身作为一种"目的必然性"来说，自在目的本身作为定言命令的对象，是定言命令的根据。从意志自由的角度来看，人只有在设定客观目的的时候才能体现意志积极自由。因此，自在目的是人之自由的根本体现，自在目的本身彰显的自由，构成了自由目的论的最高目的。人凭借作为自在目的所拥有的自由，能够进入目的王国。

第二节 目的王国系统

目的王国作为康德确立意志自律所引出的一个极富成果的概念，是自由目的论的形而上学基础。就其自身而言，目的王国包含一个普遍性的形式、多样性的质料以及作为一个目的系统应有的完整规定（见附录图五）。这一节主要研究两个问题：一、目的王国的含义、性质、作用是什么？二、目的王国系统如何通向康德在《道德形而上学》中提出的"目的学说"。

一、目的王国

在以往的研究中，目的王国通常被作为定言命令的一个变形公式来理解，这种理解遵循文本的含义，便于我们更加直观地理解道德法则的含义。但是康德的"王国"本身作为一种系统联合，包含着更加丰富的内涵。在此，我们将首先研究目的王国的含义和基本特点，然后分析在目的王国中充当质料的自在目的和充当形式的目的公式。

何为目的王国？康德说："我理解的王国，指的是不同的理性存在者通过共同的法则形成的系统联合（systematische Verbindung）。"① 王国本质上是一种系统联合。所谓系统，康德在《纯粹理性批判》的建筑术中将其界定为杂多知识在"一个理念"之下的"统一性"。② 在内容（或质料）上，系统必然包含两个要素：一个理念（idea）和诸多杂多。其中"那个理念"在系统中起着决定性作用，理念的不同决定系统的不同。它作为一个有关整体形式的理性概念（rational concept）先天地规定系统整体中所包含的杂多东西的范围、各部分的位置以及各部分的关系。在形式上，系统都包含"多与一"的系统统一性，这种统一性也是一种目的统一性，主要体现在整体与部分的关系中。首先，一切部分都与作为整体的理性概念相联系；其次，一切部分都按照目的理念的安排相互联系并统一起来，每个部分都能够在其他部分中被想起来。康德认为系统中所包含的目的联系是一种内在的合目的性，就像一个有机体的身体一样，作为整体的系统从内部生长起来。部分与部分之间息息相关；每个部分都为了其他部分，一切部分为了系统整体而存在；没有偶然的增加或减损，系统整体的完善性和量的大小在那个作为系统整体的目的理念中先天地得到规定，无须任何后天添加。综合来看，对一个系统整体而言，虽然不同的理念构成不同的系统，但不同的系统却具有相同的形式，即都按照目的统一性原则保持系统的统一性。

作为一种系统联合，王国与系统具有相通之处。首先，王国在质料上也包含"多"和"一"，"多"指的是不同的理性存在者，"一"指的是一个王国的理念。其次，王国在形式上也遵循"多和一"的系统统一性，不同的理性存在者统一在一个王国之中体现出部分与整体的关系。然而，实践领域中的王国与理论领域中的系统毕竟是两种不同种类的东西，它们最重要的区别在于系统是静态的，王国是动态的。在系统中，纯粹理论理性的理念先行，理念决定着系统的一切；在王国中，不同的理性存在者却是一个王国得以产生的根据和基础。

目的王国被设想为一个在系统联结中的一切目的的整体。就其构成而言，第一，目的王国中的每个理性存在者都作为自在目的而实存；第二，不同的理性存在者所遵守的那个共同法则为每一个理性存在者规定了目

---

① 康德. 道德形而上学奠基 [M]. 杨云飞译，邓晓芒校. 北京：人民出版社，2013：69–70.

② 参看康德. 纯粹理性批判 [M]. 邓晓芒译，杨祖陶校. 北京：人民出版社，2004：629.

的。在目的王国中，理性存在者的个人差异被抽象掉，他们可能为自己设定的私人目的也被抽象掉，剩下的只是作为自在目的的主体和法则为每个理性存在者所规定的、具有普遍有效性的目的。第三，在目的王国中，所有的理性存在者所服从的法则是道德法则的"目的公式"。按照目的公式，目的王国中的每一个理性存在者都应当在任何时候把自己和所有其他的理性存在者当作自在目的本身来对待，而不仅仅是当作手段。

这样看来，在目的王国的含义中有两个关键概念需要重点阐释，一个是构成目的王国的、作为自在目的的"理性存在者"，另一个是理性存在者构成系统所依据的"共同法则"。康德说"每个理性存在者，都必须通过它意志的全部准则把自己看做普遍立法的，以便从这一视角出发来评判自身及其行动，这样一个理性存在者的概念，就引向一个依赖于它的、极富成果的概念，即一个目的王国（eins Reichs der Zwecke）的概念"①，其中的每一个理性存在者都是作为自在目的而存在的。目的王国是不同的理性存在者按照"共同的法则"形成的系统联合。按照形式与质料的逻辑区分，目的王国的质料是作为自在目的的理性存在者，目的王国的形式就是规定质料的"共同法则"。在实践领域，理性存在者共同遵守的是道德法则，这个法则在目的王国中表现为"目的公式"，这个目的公式规定着不同的理性存在者在目的王国中的"目的与手段的关系"。

目的公式的具体内容是："你要这样行动，把不论是你的人格中的人性，还是任何其他人的人格中的人性，任何时候都同时用做目的，而绝不只是用做手段。"②

与道德法则的其他变形公式相比，目的公式凸显了理性行动的"目的—手段"机制，这个机制并不体现在对人的外在行动的规定，而是深入到行为的内部准则的对象。上一章我们已经分析过，人的行动本身就具有目的和手段的发生机制，从外在行动来看，目的既作为行动产生的原因也作为行动产生的结果。就内在的行动准则来说，行动的产生在于意愿的对象（即目的）作为激发行动的原因。由于目的与手段存在必然联系，只要目的得以确定，包含行动可能性根据的东西就作为手段而存在。其次，目的公式论述的是人与人之间的目的—手段关系，并非人与物之间的关系。在日常的实践活动中，目的与手段的使用比比皆是。人为了实现自己

①　康德 . 道德形而上学奠基 [M]. 杨云飞译，邓晓芒校 . 北京：人民出版社，2013：69.

②　康德 . 道德形而上学奠基 [M]. 杨云飞译，邓晓芒校 . 北京：人民出版社，2013：64.

的目的不仅将任何事物用作手段，如食用植物或动物以维持生命，砍伐树木盖房子以提高生活水平等，而且将自己或其他人的人性用作手段，比如为了获得更多的赔偿金而自残，为了保存自己的生命而出卖朋友等。康德并不否定人与人之间的互为手段的目的关系，因而他强调了"任何时候"和"同时"。人在行动时应该"任何时候"都要将自己人格中的人性以及他人人格中的人性"同时"用作目的，而不仅仅用作手段。换言之，我们并不是不能将人格中的人性当作手段，而是要求在这样做的"同时"必须将其也作为目的。举例来说，一个农场主使用农民的劳动力为自己创造利润就是把人仅仅用作手段。如若这个农场主与此同时尊重农民的权利，就是把他们同时作为目的来看待，我们可以在道德上评判这个农场主的行为是可允许的。① 最后，目的公式所揭示的最重要的一点是凸显了"人格中的人性"作为自在目的的作用：每一个作为自在目的的理性存在者的本性"都应当作为法则构成一切主观目的的至上的限制性条件"②。虽然自在目的是行动的主体、亦即一切目的的主体本身，但是它只是一个消极意义上的、不可违背的目的，或者说只是作为其他一切行动目的的最高条件，并非在现象界中的行动中能够现实地实现的结果。Oliver Sensen 正是在这种意义上批判这个作为最高条件的自在目的并不具有任何绝对价值，只是一个描述性的符号③。对此，我们应该清醒地认识到，康德在《奠基》中以"确立道德法则"为目标，在此使用消极意义的自在目的是为了指出道德性的最高条件，与康德此处的目标相契合。此外，康德在《道德形而上学》中建构"法权论"和"德性论"体系时所提出的目的和义务都是从自在目的的立场出发的。况且我们单从自在目的作为"设定道德目的的能力"所凸显的自由就足以判定它不仅具有绝对价值，而且彰显了人性的尊严，使人有资格成为目的王国的成员。Christine M. Korsgaard 在 *Creating the kingdom of ends*（1996）中通过研究人际关系中的相互性和责任呼吁人们一起进入实践理性的视角，并在地球上创造一个目的王国。她认为目的王国中的目的与手段的关系充分体现了人际关系的相互性，这种相互性基于人本身最基本的道德性。目的王国中相互的制约关系基于人在道德上的

① 参看杨云飞. 定言命令研究 [D]. 武汉：武汉大学，2006：38.
② 康德. 道德形而上学奠基 [M]. 杨云飞译，邓晓芒校. 北京：人民出版社，2013：66.
③ Oliver Sensen. *Dignity and the formula of humanity*[J]. in Kant's Groundwork of the Metaphysics of Morals: A Critical Guide, eds. Jens Timmermann, (Cambridge University Press, 2009): 108.

责任概念。每一个人使另一个人承担责任对人与人之间的彼此交往至关重要，只有通过这种负责任的方式，人们才能居住在一个道德世界中。目的王国就是这样在道德制约下，每个人都以责任为基础在相互交往关系中存在着。①

由此，我们可以看出，目的公式作为目的王国的形式规定了目的王国中的每一个理性存在者之间的相互关系和具体定位。目的公式着重揭示了每一个作为自在目的的理性存在者的本性都应成为一切主观目的的至上限制性条件。自在目的作为行动的主体、作为一切目的的主体本身构成了行动或行动的目的的至上条件。虽然自在目的是只具有限制意义的形式目的，但是它凸显了人格中的人性或理性中所包含的绝对价值和最高价值，正是这种价值彰显了人性的尊严，使人有资格成为目的王国的成员，为目的王国的可能性提供了条件。

二、目的王国的可能性

虽然我们按照康德的说法描述了目的王国的含义和内容，但是目的王国的可能性问题，还需要进一步探讨。目的王国是不同的理性存在者通过共同的法则形成的，上一个部分已经研究过不同的理性存在者何以作为自在目的，现在我们就着眼于这个共同的法则是如何产生的以及它何以能够在目的王国中起到相应的作用。这个问题直接涉及目的王国的可能性。康德认为，目的王国的可能性主要依赖于两个方面：一个是理性存在者的普遍立法，另一个是目的王国与自然王国的类比。

（一）理性存在者的意志自律和普遍立法

康德说：“一个理性存在者的世界（mundus intelligibillis），作为一个目的王国，以这种方式就有可能，这就是通过作为成员的所有人格的自己立法。”②目的王国概念从一个理性存在者概念中引出来，这样的理性存在者必须通过他的意志的全部准则而把自己看作是普遍立法的，因而是意志自律的理性存在者。

从本质上来看，意志自律就是意志自己立法自己守法的性状。在康德的论述中，意志自律既作为一个理念又作为定言命令的一个变形公式而存在。它作为理念指向一个理想的完善意志，被表述为每一个理性存在者

---

① Christine M. Korsgaard. *Creating the Kingdom of Ends*[M]. Cambridge University Press, 1996: 188–221.

② 康德. 道德形而上学奠基 [M]. 杨云飞译，邓晓芒校. 北京：人民出版社，2013：77.

的意志都是作为普遍立法的意志，必然一以贯之地普遍立法，比如神的意志，永远不会违背理性。它作为定言命令的变形公式适用于人这种意志不完善的理性存在者，虽然人的有限性有可能致使他按照违背法则的准则去行动，但是"每个人类意志都作为一个凭借其全部准则而普遍立法的意志"①，由此将自己"看作"是一个立法者。

在目的王国的设想中，立法者是一个目的王国得以可能的首要条件，"理性存在者任何时候都必须把自己看做在一个通过意志自由而可能的目的王国中的立法者"②。作为自在目的的理性存在者要么作为成员，要么作为首脑属于目的王国。目的王国的成员是那些在目的王国中普遍立法，但同时也要服从这些法则的理性存在者。最具有代表性的成员就是人这种有限的理性存在者。首脑是那种能够在目的王国中普遍立法但不服从法则的理性存在者。只有像上帝一样的无限的理性存在者才能成为目的王国中的首脑。对于首脑而言，他作为一个完全独立的存在者，处于知性世界之中，并不需要服从其他人的意志和其他人立的法则。因为在他那里，绝不会出现违背法则的情况。对于成员而言，道德性是他进入目的王国的唯一条件。因为道德性表达的是一切行动与立法的关系，有限的理性存在者因其感性本性并不必然地服从定言命令的规定，而只有通过意志的普遍立法才能够上升到自律的高度。一个理性存在者的普遍立法就是在自己给自己立法的同时也为他人立法，一个理性存在者服从的法则不仅是自己所立的法而且是他人在为他自己立法的同时为我立的法。由此，所有的理性存在者的一切行动才能与立法保持一致。康德得出结论：道德性是一个理性存在者成为自在目的本身的唯一条件，只有通过道德性，有限的理性存在者才可能成为目的王国的一个立法成员。

总之，理性存在者的普遍立法是目的王国之所以可能的唯一条件。这种普遍立法只有在纯然理性的基础之上，亦即在意志完全被理性规定的基础之上才是可能的。对于人而言，康德认为目的王国是一个我们向往的理想。因为"这个王国是靠理性的法则组织起来的，它是理性的王国"③，处于理知世界之中，只是一个客观目的的系统而排除了任何主观目的。邓晓芒认为，目的王国并不是把那些各种目的全部摒弃不要，而是可以把它们

---

① 康德.道德形而上学奠基 [M].杨云飞译，邓晓芒校.北京：人民出版社，2013：68.

② 康德.道德形而上学奠基 [M].杨云飞译，邓晓芒校.北京：人民出版社，2013：70.

③ 邓晓芒.《道德形而上学奠基》句读 [M].北京：人民出版社，2012：558.

抽象掉，因而目的王国既包括客观目的又包括主观目的。① 这种看法是值得商榷的。康德说，目的王国是理知世界中的一个只包含客观目的的系统联合。首先，每一个理性存在者都作为自在目的而实存，人作为有限的理性存在者只有本体的人才能成为目的王国的成员。其次，每一个有限的理性存在者的主观目的都被抽象掉了，在目的王国中就是被排除掉了，剩下的只有法则给每一个理性存在者所规定的具有普遍有效性的客观目的。这些客观目的具体指我们将在下一节讨论的"同时是义务的目的"，以"自己的完善"和"他人的幸福"为核心展开的那些客观目的。当康德说目的王国就是一个理想时，他所指的就是处于本体界的系统联合，这个系统是人完全摆脱了感性才能进入的一个王国，是康德在纯然理性存在者的立场上设想的一个王国。人作为有限的理性存在者，具有无法摆脱的感性本性，只能无限地向往目的王国，为成为目的王国的成员而不断努力。

（二）目的王国和自然王国的类比

如果说，理性存在者的意志自律与普遍立法是从立法者的角度为目的王国的可能性提供基础，那么，一个目的王国与自然王国的类比就是从系统性的角度为目的王国的可能性提供根据。

道德法则与自然法则的类比在定言命令的"自然公式"中已经出现。自然公式的内容是你应当按照那能够通过你的意志成为"普遍的自然法则"的行动准则去行动，这个公式引入了一种"复杂的法则规定下的行动的系统效果的相关理念。这种法则规定下的传统的系统效果在目的王国公式中重现了"②。在对定言命令的几个变形公式做总结时，康德指出一个可能的目的王国像自然王国一样，作为所有道德准则的完整规定将"一种立足于普遍性的形式"（自然公式）和"一种质料即目的"（目的公式）都容纳于自身。

康德说："目的论把自然当做一个目的王国来考虑，道德学把一个可能的目的王国当做一个自然王国来考虑。"③ 这里的"目的论"并非康德在《判断力批判》中所独创的以反思判断力为基础的"自然目的论"。因为康德写作《奠基》的时候，他还没有意识到理论哲学和实践哲学之间的鸿沟，没有构想出批判哲学体系的完整图景。这里的"目的论"应该是康德

① 参看邓晓芒.《道德形而上学奠基》句读 [M]. 北京：人民出版社，2012：559.
② 弗里克舒. 康德的目的王国：形而上学的，而非政治的 [J]. 刘凤娟译. 世界哲学 2015 第 6 期：61.
③ 康德. 道德形而上学奠基 [M]. 杨云飞译，邓晓芒校. 北京：人民出版社，2013：74.

在《纯粹理性批判》中批判的传统目的论。传统目的论认为，遵循机械论法则的自然整体可以被赋予自然王国之名，自然整体可以被看作具有合目的性的秩序，理性存在者可以被看作自然整体要达到的最后目的。虽然自然王国的可能性依赖于一个"外在的强制"起作用的原因的法则，目的王国的可能性基于按照"准则亦即自身担当"的规则，但是它们在逻辑形式上都作为一个系统整体而存在，都具有形式的单一性和质料的多数性。从概念的本质上来看，目的王国和自然王国都是理性理念。目的王国是道德学中的实践理念，为了使"尚未存在、但通过我们的行为举止能成为现实的事物"①按照它实现出来。自然王国是（传统）目的论中的一个理论理念，用于解释现存事物中那些不能够被机械作用完全解释的事物。还有一点是共通的，那就是它们都将统一在一个首脑之下。在目的王国中，上帝是首脑，它是普遍立法而不服从任何其他理性存在者的意志。在自然王国中，上帝是自然中的一切要追求的那个终极目的。康德认为，在上帝存有的预设下，目的王国和自然王国才能统一。

H. J. Paton 在 *Categorical Imperative*（1971）中这样来解读自然王国与目的王国的类比：自然王国是机械法则，目的王国是道德法则。目的王国只有被它的成员的自我给予的法则完全统治才是可能的；自然是被外在的、机械的法则亦即因果性法则统治才可能。尽管自然作为一个整体，被看作是一个机器，却也能被称为王国，只因为它被引导将理性存在者作为它的目的。目的王国和自然王国之间的这种类比仅仅在于自然能够被看作是合目的的，确切地说是指向一个终极目的的情况下才是可能的。所以自然法则能够类比于道德法则仅仅因为它们都被认为是目的论的。Paton 评论说将自然和它的法则看作是目的论的是极端独断的，除非我们在人的经验上有一些基础。但是当时的人们深受到牛顿物理学的影响，牛顿的发现似乎作为宇宙中的一个神圣目的的启示而出现。即使不考虑这个，康德在《判断力批判》的本质学说即我们必须在自然中预设一个逻辑上的合目的性，也就是说，科学家必须预设自然的经验法则构成一个理智系统，他将自然理解为好像在这种意义上适合于人的理解一样。但是康德的基本观点是当我们研究自然中的有机生命时，我们为了解释实际上存在的事物，必须使用目的王国的理论理念。然而，作为道德学家，使用一个像自然王国的目的王国的实践理念，为了将某种不存在但是作为我们努力的结果能够

---

① 康德. 道德形而上学奠基 [M]. 杨云飞译，邓晓芒校. 北京：人民出版社，2013：74.

存在的东西带入实存，由此目的论概念在自然中给我们提供了一个自然世界和自由世界之间的桥梁。

Paton 认为关于目的王国的实现，我们要考虑的不是康德系统的完成或完满，也不是他的目的学说的细节，而是在道德行动中实现目的王国的可能性。除非自然能被看作展现一个神圣意图并由此作为一个神圣元首统治下的自然王国，否则这是不可想象的。一个努力实现在这个世界中的目的王国的善人行动，好像自然被一个全善全能的统治者为了实现至善这一最后目的而创造和统治的自然。在此存在一个道德性的悖论：绝对的责任的目的是一个理想，这个理想只有当一个神圣元首将目的王国和自然王国统一起来才能实现。康德认为，证明这一条件的满足是超出人的理性能力的。理论理性最多能做到证明这样的假设既不自相矛盾也不被经验性排除。但这个假设对纯粹实践理性而言是一个必要的悬设，不能与无条件的道德法则分离。

三、目的王国是自由目的论的形而上学基础

康德的自由目的论思想涉及多本著作，特别是《奠基》和《道德形而上学》。目的王国的主要内容集中于《奠基》，自由目的论的学说部分集中于《道德形而上学》。从著作之间的联系和思想内容之间的联系两个方面，我们可以探究目的王国何以成为自由目的论的形而上学基础这个问题。

首先，我们来看"道德形而上学"与"道德形而上学的基础"之间的联系。什么是形而上学？按照康德的说法：形而上学是一门"本来的、真正的哲学"，一门关于人类知识的"第一原则"的科学。[①] 形而上学在种类上必须与其他科学（特别是经验性科学）区分开来，在起源上必须与其他理性科学（亦即数学）区分开来。康德的形而上学在具体内容上有广义和狭义之分，广义的形而上学是包括批判在内的一切纯粹理性的哲学，狭义的形而上学是除掉作为入门和预习的批判之后所剩下的"纯粹理性的科学性的哲学系统"[②]。这种哲学系统按照人类理性的立法对象的不同被区分为"自然形而上学"和"道德形而上学"。自然形而上学涉及纯粹理性的思辨运用，包含"出自单纯概念的"有关万物之理论知识的"一切纯粹理性原则"；道德形而上学涉及纯粹理性的实践运用，包含"先天地"规定

① 参看康德. 纯粹理性批判 [M]. 邓晓芒译，杨祖陶校. 北京：人民出版社，2004：636.

② 参看康德. 纯粹理性批判 [M]. 邓晓芒译，杨祖陶校. 北京：人民出版社，2004：635.

"所为所不为"并使之成为必然的那些原则。

自亚里士多德将形而上学界定为"关于存在的和原因的哲学"以来，形而上学（也就是自然形而上学）一直在存在论意义上，以研究存在的本原和原因为己任。但是在康德这里，形而上学发生了研究对象的转变，从存在转变为认识。自然形而上学研究的对象是万物的理论知识，亦即我们如何认识一切存有之物的知识。道德形而上学是康德的独创，以往的道德学研究要么混进心理学的成分，要么混进人类学的成分，康德在此将一切属于经验性的东西都排除在道德形而上学之外。只有出自纯粹理性的、不以任何人类学为根据的纯粹道德学才能作为道德形而上学而存在。虽然在康德的时代，道德形而上学的确立与自然形而上学相比，没有那么急切，但也是不可或缺的、必不可少的。如果没有正确评价道德善恶的至上标准，道德本身就会遭受各种各样的败坏。因而，在道德哲学中，一种纯粹的哲学即道德形而上学必须先行。

道德形而上学是康德酝酿已久的思想。最早在 1765 年致兰贝特的信中，康德就表达了写作《实践哲学的形而上学原理》的想法。可惜由于构建批判哲学体系的复杂性和急迫性，这个原理的写作一再被搁置。直到 32 年以后，康德才达成所愿出版了以《道德形而上学》为题的晚年著作。有些学者认为经历了 32 年的思想酝酿，康德出版的《道德形而上学》已经与他之前所设想的思想有所改变。① 另一些研究者从建筑术的角度，考察康德思想前后的变化，他们认为康德的道德形而上学自始至终都是一个"一致"的概念②。在此，我们并不考察康德所承诺的道德形而上学与这本晚期著作之间的思想是否一致的问题，我们要关注的是现存的《道德形而上学》一书对于我们当前所要探讨的主题——康德的"自由目的论"思想有什么关系。为了厘清这一点，我们将对《道德形而上学》和《奠基》之间的关系做简单的梳理。

---

① 代表人物有 Jens Timmermann 和 Mary J. Gregor。Timmermann 认为康德的《道德形而上学》一书只能被看作是一种"拼凑理论"的著作，而并非一个"统一的哲学论著"，与康德在《奠基》中承诺给读者的那本书并不一致。Gregor 认为康德在《道德形而上学》中的思想陷入了混乱，因为他在考察道德形而上学的先天原则时，没有区分"纯粹知识"和"先天知识"，使得"先天原则"存在含糊不清的地方。（参看 Jens Timmermann. *Kant's Groundwork of the Metaphysics of Morals: A Commentary*[M]. University of St Andrews, 2007: 171；Mary J. Gregor. *Laws of Freedom*[M]. Barnes & Noble, 1963: 4.）

② 参看刘作. 康德的道德形而上学是一个一致的概念 [J]. 武汉科技大学学报（社会科学版）2011 年第 3 期.

康德在《奠基》的导言中说"因为打算将来出版一部《道德形而上学》，我现在以这部《奠基》作为先导"，"现在这个《奠基》要做的，不过是寻找并确立道德性（Moralität）的至上原则"。① 毋庸置疑，《道德形而上学》是在道德性的最高原则稳固之后才能建立起来的。康德在《道德形而上学》的前言和导论中开门见山，直接从与自然法则不同的自由法则（道德法则）入手，以法学法则和伦理法则为基点展开理论的建构。在《奠基》中，康德站在善良意志自我立法的角度上确立"道德性的最高原则"。他强调善良意志的最高价值、出于义务而义务的纯然动机以及人出于理性本性作为自在目的的自律，他从道德中排除了任何经验性的质料，悬置了人的感性欲求和感性爱好。在《道德形而上学》中，康德从作为感性本性和理性本性统一体的人的立场开始。除了法权论对人与人之间交往的自由的规定，他突出阐述了人的德性能力，德性是人在遵循自己的义务时准则的力量。因为人的感性本性总是驱使着人违背法则，所以才会有德性力量强制自己履行义务，但这种强制是一种自我强制。也许有人会认为，《道德形而上学》是对《奠基》所确立起来的道德法则的实际运用，但是我们认为这种说法并不准确。结合康德酝酿道德形而上学的思想历程，我们可以看到，康德重建道德形而上学体系才是他的初衷。康德自始至终关心的、要解决的就是作为有限的理性存在者的人自身及人与人交往过程中的道德问题。《奠基》无疑是重要的环节，但是我们不能避重就轻，本末倒置，而湮没《道德形而上学》的地位。对此，曾晓平对康德道德形而上学的理解颇有见地。他认为，"康德道德形而上学的著作似乎并不仅仅只有《道德形而上学》，而且还有《永久和平论》等另外几部短篇著作；通常被我们看作'道德形而上学'著作的 *Grundlegung* 并不属于作为未来形而上学之一部分的道德形而上学本身，而是和《纯粹实践理性批判》一样属于批判哲学的范围……*Grundlegung* 与《道德形而上学》的关系只是一者是基础的奠立、另一者是在所奠定的这个基础之上建立的形而上学大厦的关系"②。这种理解和整个康德批判哲学与形而上学之间的关系的理解保持一致，康德批判哲学的目标就是建构包含自然形而上学和道德形而上学的未来的形而上学体系。

在理清了《奠基》与《道德形而上学》的关系之后，我们从具体内容

① 康德 . 道德形而上学奠基 [M]. 杨云飞译，邓晓芒校 . 北京：人民出版社，2013：7，8.

② 曾晓平 . 关于康德道德形而上学的两个基本问题 [J]. 湖北大学学报（哲学社会科学版）1998 年第 5 期 .

上来看目的王国与康德在《道德形而上学》中提出的两个目的学说之间的联系。目的王国作为一个理性存在者的系统联合实质上处于理知的世界，也就是本体界。人作为有限的理性存在者，处于现象界和本体界之间。为了成为目的王国的成员，人必须独立于自己的感性本性、完全基于理性本性实现意志自律，彰显自由。当人作为自在目的进入目的王国的时候，"实质上只是为人的各种目的的满足提供了一种资格"①。康德并不是要贬低人的感性本性，并不像斯多亚派那样使人为了道德而成为"禁欲主义者"。他是要凸显人之为人在于人的理性本性，在于人的自由，在于人的尊严。尊严是世界上超越于一切价格之上、没有任何等价物能够替换、且自身就具有内在价值的东西。"德性和具有德性能力的人性，就是那种独自就具有尊严的东西。"②在保证人之尊严的前提下，人的感性爱好必须以人的道德为前提，人的一切行动必须以人的道德性为最高目的。在这种意义上，目的王国本质上就是一个资格体系，凸显人之为人的存在资格，以人作为最高目的为前提从事人类活动。在具体的行动中，目的王国中的"目的公式"表现为一条限制性的消极原则。首先它不否定人将人格中的人性作为手段来使用，但是限制人与此同时也必须将人格中的人性作为目的；其次，作为自在目的的人格中的人性或理性本性是一个形式目的，里面包含彰显人性尊严的最高价值和绝对价值，它只是要求人们在行动时，无论如何要以此作为最高的限制条件，并没有对人们的行动提出更为具体的要求。

况且，康德不止一次地强调目的王国是一个道德理想，这个理想是供人向往并追求的。反过来说，虽然目的王国只是一个理念，但却是"一个实践的理念，它能够、也应当对感官世界现实地有其影响，以便使感官世界尽可能地符合这个理念"③。因此，目的王国指向感官世界，这个感官世界不是一般的自然世界，而是人的纯粹理性实践运用的对象。在这个感官世界中，每个人的自由任意都必须在道德法则的规定之下既与自己，也和每一个别人的自由任意普遍而系统地统一起来。康德称之为有理性存在

---

① 曾晓平.自由的危机与拯救——康德自由理论研究[D].武汉：武汉大学，1995：64.

② 康德.道德形而上学奠基[M].杨云飞译，邓晓芒校.北京：人民出版社，2013：72.

③ 康德.纯粹理性批判[M].邓晓芒译，杨祖陶校.北京：人民出版社，2004：614.

者在感官世界中的一个 "corpus mysticum"①。Auxter 认为这是副本世界。②
在这个世界中，人能够做的就是以道德性的法则为基础，基于人的感性本
性和理性本性的统一体，出于道德动机而采取具体的行动。康德对这些行
动准则的具体规定就在德性学说和幸福学说中体现出来。康德正是立足于
这个感官世界提出道德目的学说的。

第三节　道德目的学说

如果说目的王国系统是康德立足于"理想的人"提出的目的系统，那
么，道德目的系统是康德立足于"现实的人"提出的目的系统。康德建构
的《道德形而上学》包含法权学说和德性学说两个部分。其中，法权学说
涉及人的外在自由，与目的无关；德性学说涉及人的内在自由，为我们建
构道德目的系统提供了理论基础。这一节首先说明德性学说何以被称为道
德目的学说，然后研究作为质料的"同时是义务的目的"，分析作为形式
的德性学说的至上原则，最后以德性义务系统为基础研究道德目的系统的
构成。

一、德性学说与道德目的

康德的德性学说是将内在自由置于法则之下的义务学说，但是它也在
某种意义上被康德界定为道德目的学说。

（一）德性学说何以被称为道德目的学说

德性学说以人的德性能力为基础。什么是德性？"德性就是人在遵循
自己的义务时的准则的力量"③。人作为有限的理性存在者，既有感性本性
的诉求，又受理性本性的规定。人的自然偏好构成了与道德决心相冲突的

---

① 参看康德.纯粹理性批判 [M].邓晓芒译，杨祖陶校.北京：人民出版社，2004：
614.
② 参看 Thomas Auxter. *Kant's moral teleology*[M]. Mercer University Press, 1982: 86.
③ 康德.康德著作全集第 6 卷 [M].李秋零主编.北京：中国人民大学出版社，2010：
407.

障碍，德性作为一种道德上的勇气，就是反抗心中道德意向的敌人①（即自然偏好）的力量。这种阻碍与反抗都是在行动准则的层面上展开的。自然偏好被纳入人的行动准则是一种本能，德性为人设定的反抗自然偏好的准则是一种自我强制，这种强制不是法权义务的外在强制，而是一种内在强制，这种强制依据内在自由的原则。

康德说："义务概念自身就已经是通过法则来强迫（强制）自由任性的概念。"② 义务的本质是强制，强制来源于法则，法则呈现为道德命令式，以"无条件的应当"宣布了一种强制。对人而言，强制有外在和内在之分。表面上看，外在强制的对象是人在现象界中的行动，只要求人将一个行动规定为义务。实质上，外在强制是"一种与按照普遍法则而协调一致的外在自由的障碍相对立的阻抗（外在自由的障碍的障碍）"③。因为外在自由并非现象界中为所欲为的行动自由，而是指每一个人的自由任意的外在自由的运用。虽然这种外在自由表现在现象界中的行动上，但是强制的根本在于对自由任意的强制。所谓"外在自由的障碍"是指在人与人的交往过程中有出现干涉或破坏相互之间的行动自由的可能性。这种对人的自由的妨碍，必须通过另一种"对妨碍的妨碍"才能够在逻辑上保证"外在自由"本身的有效性。需要注意的是，法则对人的强制是遵循由内而外的秩序，人只有通过准则才能达成行动，法则对人的强制也只能通过规定准则来实现。所以，外在强制是法则对人的准则的形式的规定，义务的形式原则在道德法则的普遍公式即"要如此行动，使你的行为准则能够成为一个普遍法则"中显示出来。外在强制只要求每个人的行为准则具有可普遍化的形式，而无关乎准则的质料，无关乎行动的目的和动机。

相比之下，内在强制是在保证外在强制之外，对自由任意的内在自由实施的强制。康德说："人毕竟是一个自由的（道德的）存在者，义务概

---

① 无论德性还是德性所反对的那个"敌人"都先天地存在于人的本性之中，"这里把人的本性仅仅理解为（遵从客观的道德法则）一般地运用人的自由的、先行于一切被察觉到的行为的主观根据，而不论这个主观的根据存在于什么地方。"（康德．康德著作全集第 6 卷 [M]．李秋零主编．北京：中国人民大学出版社，2007：19.）在此，人的本性的具体含义是：人在现象界中可察觉的行为的主观根据，这种主观根据处于本体界中，指向人对自由的一般的运用，特别是在遵从客观的道德法则的情况下。在这种意义上，德性概念本身也体现了这种强制的"内在性"和"自我性"，与法权学说的外在强制并不在同一个层面上。

② 康德．康德著作全集第 6 卷 [M]．李秋零主编．北京：中国人民大学出版社，2010：392.

③ 康德．康德著作全集第 6 卷 [M]．李秋零主编．北京：中国人民大学出版社，2010：408–409.

念所包含的就只能是自我强制（仅仅通过法则的表象），如果所考虑的是内在的意志规定（动机）的话；因为只有这样，才有可能把那种强制（即便它是一种外在的强制）与任性的自由结合起来，但这样一来，义务概念也将是一个伦理学概念。"[①]内在强制源于人的感性本性和理性本性的冲突。人本性中的感性冲动很自然地成为心灵实施义务的障碍和反抗的力量，人的理性必须意识到它并且马上战胜它，才能无条件地出于法则命令自己做有道德的事。内在强制具体体现在为自由任意的准则提供了一个质料，即为自由任意提供了一个作为目的的对象。正如康德所区分的，法权学说只涉及法权，与外在自由的形式条件相关。伦理学（德性学说）还必须提供一种质料（即纯粹实践理性的一个目的）作为自由任意的一个对象，这个目的不是一般的目的，而是同时被表现为客观必然的目的，也就是对人表现为义务的目的。这个目的就是所谓的"道德目的"，也被称为"同时是义务的目的"。

设定这个目的的原因是人作为有限的理性存在者，人的感性偏好很容易将人诱导到可能与义务相悖的目的上，为了阻止它们的影响，立法的理性必须再次设置一个相反的、完全不依赖于爱好、而且是先天给予的目的。拥有这个目的对人而言是一项义务，因为"我也有责任使包含在实践理性概念中的某种东西成为我的目的，因而在任性的形式规定根据（就像法权包含着这一类东西一样）之外还拥有一个质料的规定根据，即一个目的，它可能与出自感性冲动的目的相对立：这就会是一个本身就是义务的目的的概念；不过，这种目的学说不可能属于法权论，而是属于伦理学，惟独伦理学才在自己的概念中带有按照（道德）法则的自我强制"[②]。在这种意义上，康德将自己的伦理学或德性学说称为"纯粹实践理性的目的系统"[③]，也就是基于先天原则的道德目的的学说。道德目的学说的质料是作为德性义务的"同时是义务的目的"，道德目的学说的形式是德性学说的至上原则，道德目的学说的系统建构以德性义务系统为基础（见附录图六）。

（二）道德目的的概念

康德所说的道德目的是"我们有责任拥有的目的"或者"法则规定

---

① 康德. 康德著作全集第 6 卷 [M]. 李秋零主编. 北京：中国人民大学出版社，2010：393.

② 康德. 康德著作全集第 6 卷 [M]. 李秋零主编. 北京：中国人民大学出版社，2010：394.

③ 参看康德. 康德著作全集第 6 卷 [M]. 李秋零主编. 北京：中国人民大学出版社，2010：394.

我们应该拥有的目的"，简称为"同时是义务的目的"或"本身是义务的目的"。

目的作为自由任意的一个对象，是自由任意自愿选取的。自由任意的特点是：除非我自己愿意，否则没有人能够强迫我将某物作为我的目的。众多感性偏好诱导的目的都是出于我自己的意愿而设置的。现在这个"同时是义务的目的"亦即"我们有义务去拥有一个目的"也必定是建立在我的任意自由的基础之上的。义务概念本身就包含着通过法则对自由任意的强制性，要使一个目的成为我的义务，毕竟是通过一个自我强制完成的，我自己强制自己去拥有一个目的，这并不与"我的"自由相冲突。确切地说是纯粹理性自身强制自由的任意将纯粹理性中的某物作为自己的目的，这恰恰体现出一种更高层次的自由。康德举例说，"一个决心足够坚定、灵魂足够坚强的人，不会放弃已开始的娱乐，哪怕人们向他展示他由此将招致如此之多的损害，但是想到他这样做就会疏于职守或者冷落了一个患病的父亲，他就会毫不迟疑地、尽管不乐意地放弃自己的意图，这正好证明他的最高程度的自由，即他不能反抗义务的呼声"①。

对于义务和目的的关系，康德认为人们可以通过两种方式来思考：要么从目的出发，发现"合乎义务的行动准则"；要么从义务出发，发现"同时是义务的目的"。法权学说走了第一条路：每个人都可以根据自己的兴趣爱好为自己设置目的，但是行动的准则却是先天确定的，也就是行动者的自由必须按照一个普遍法则与任何他人的自由并行不悖。伦理学则走了第二条路：首先确定义务的概念，然后按照义务概念导向目的，这种目的是我们按照道德法则应当给自己设定的目的，从这个目的出发去建立行动准则。在伦理学中，如果义务概念要导向目的，就我们应当按照道德法则给自己设置目的而言，义务概念将不得不建立准则。康德认为这种导向目的的义务叫作"德性义务"。

那么什么是德性义务？康德做了进一步的区分：每一个义务都对应一种行动的法权，亦即权限，但并不是所有的义务都对应着一个他人强制某人的法权，那种对应着一个他人强制某人的法权的义务就是法权义务（只要求行动的准则与法则相一致）。同样，每一种伦理责任都对应一种德性概念，但并不是所有的伦理义务都因此就是德性义务。由此伦理义务又分为两种：一种不涉及一个特定目的（任意的质料或对象），仅仅涉及意志

---

① 康德. 康德著作全集第 6 卷 [M]. 李秋零主编. 北京：中国人民大学出版社，2010：395.

的道德规定根据的形式，亦即那种不仅仅与义务相一致而且出于义务而义务的形式；另一种就是德性义务，"只有一个同时是义务的目的才被称为德性义务"①。德性义务必须具备两个条件：（1）涉及道德的意志规定的形式的东西，必须出于义务而发生；（2）必须涉及道德的意志规定的质料的东西、任意的客体，亦即一个目的。因此，有多少种德性义务，就对应多少种德性，第一种伦理义务虽然只有一种却对所有的道德行动有效。

法权学说的法则既可以是出于行动者自己的意志的法则，也能够是出于他人意志和一般意志的法则，就其为行动立法而言，法权义务被归属为完全义务，具有狭义的责任。与之不同，德性学说的法则只能出于自己的意志，因其为行动的准则立法，德性义务被归属为不完全的义务，只具有广义的责任。"因为如果法则要求行动的准则，而不能要求行动本身，那么，这就是一个信号，即法则为遵循（遵从）留下了自由任性的一个活动空间（latitudo），也就是说，不能确定地说明应当如何通过行动为同时是义务的目的而发挥作用，以及发挥多少作用。"②康德说"责任是服从理性的绝对命令式的一个自由行动的必然性"，"义务是某人有责任采取的行动……义务（在行为上看）可能是同样的义务，尽管我们可能以不同的方式有责任"③。由此，义务和责任的关系在于，义务是责任的质料，义务越严格，责任越完全；义务越宽泛，责任就越不完全。对于法权义务而言，法则已经明确规定什么样的行动是义务。换言之，人遵循法权义务时应该如何行动，就像是实证法中的法律条文一样，将人在什么样的情况下应该做什么、怎样做，不应该做什么、不应该怎样做等都规定得清清楚楚，任何一个人只要想遵守法律，就能够遵守法律。相比之下，伦理义务为行动背后的准则立法，人只要出于对道德法则的敬重，将纯粹实践理性提供的、具有客观必然性的目的作为自由任意的动机而去行动，就是具有道德性的。但是这种法则不能明确规定人在行动中应该做什么或怎么做，只要以法则或者对法则的敬重为行为的动机，就已经保证了人的行动道德性。至于你在具体表现在现象界的行动中发挥多少作用，或者做多少，都具有一定的自由度。比如，你将行善作为行动的动机，那么你在行善的行动中

---

① 康德. 康德著作全集第 6 卷 [M]. 李秋零主编. 北京：中国人民大学出版社，2010：396.

② 康德. 康德著作全集第 6 卷 [M]. 李秋零主编. 北京：中国人民大学出版社，2010：402-403.

③ 康德. 康德著作全集第 6 卷 [M]. 李秋零主编. 北京：中国人民大学出版社，2010：229，230.

究竟是给那人捐了一千元钱还是只给他买了一碗面，都是具有道德性的，只要你将他人的幸福作为你的行为动机。同一个伦理义务就体现为各种德性义务。总而言之，德性义务作为"同时是义务的目的"本质上既是义务，又是目的。从义务来看，它属于一种行动，但这种行动并非外在的现象界中的行动，而是人的心灵中内在的道德行动。从目的来看，它属于自由任意要实现的对象或者规定人行动的动机。之所以强调目的，是因为德性义务建立在人行动的内在规定根据之上，而非外在的行动之中。

（三）两种道德目的：自己的完善与他人的幸福

简言之，同时是义务的目的就是我们在法则的规定下有责任拥有的目的。康德认为这样的目的只有两种："自己的完善"和"他人的幸福"。人们不能把这些目的颠倒过来，变成"自己的幸福"和"他人的完善"。因为人有义务全力促成自己的幸福是自相矛盾的，对幸福的追求是人出于感性本性的必然追求，并无命令之说；而他人有义务促进自己的完善，根本用不着我对他的完善做出努力。不管怎样，自己的完善和他人的幸福都必须是人的行动应该产生的结果，只有这样才能指导人们的现实行动。在此，我们首先从"目的"概念的角度分别阐释自己的完善和他人的幸福，然后分析基于它们所产生的德性义务。

在康德哲学中，完善是核心概念之一，但是它曾遭受了一些误解，原因在于这个词存在歧义。康德区分了量的完善和质的完善，前者作为质料上的完善，被理解为"一个隶属于先验哲学、合并起来构成一个事物的杂多之全体性的概念"①。也就是说，只有当构成一个事物的所有杂多都合并在一起构成全体性时才能达到量的完善。这种完善是一个事物的多与一的关系或者说部分与整体的关系，其中的一是由多构成，整体由部分构成。后者作为形式上的完善"属于目的论的，这样它就意味着一个事物的诸性状与一个目的的协调一致"②。它表达的并非构成事物的质料，而是统摄事物质料的那些形式性的性状与作为一个目的的那个事物之间的关系，这种关系就是合目的性。量的完善只能是一种，质的完善可以有许多种。

"自己的完善"是康德在"质的完善"意义上使用的。一般而言，在人身上所说的完善就具有道德性，人的道德性就是自己所要达到的完善。为了这个目的，人要做的就是培养自己的各种能力，发展自己的自然禀

---

① 康德. 康德著作全集第 6 卷 [M]. 李秋零主编. 北京：中国人民大学出版社，2010：399.

② 康德. 康德著作全集第 6 卷 [M]. 李秋零主编. 北京：中国人民大学出版社，2010：399.

赋，主要包含知性的文化和意志的文化。

知性的文化是指人对知识或行动的认识。康德认为知性是人最高的认识能力，关于义务的概念也是由知性产生的。人一方面有义务努力脱离动物性越来越上升到人性，借助于人性才能为自己设定目的；另一方面不断通过教导弥补自身的无知，纠正自己在认识上和行动上的失误，努力使知性的文化成为行动的目的，以便与人性相称。意志的文化是对人的意念或动机的纯化和提升。就人作为有理性而按照目的行动的存在者而言，人在日常生活中有义务将自己的意志提升到最纯粹的意向，这才能时刻以道德法则作为行动的动机，出于义务而行动以达到内在的道德完善性。这种出自义务来服从法则去行动的行为才具有内在的道德实践的完善性，"这种完善性由于是他自己心中的立法意志对据此行动的能力施加的作用的一种情感，因此是道德情感"①。由此，意志的文化最终落实到道德情感的文化，只有出自对道德法则的敬重感才具有道德完善性，才体现道德情感的合目的性。

由自己的完善引出的德性义务有两项：自然完善和道德完善。自然完善是"促成由理性提交的目的的所有一般能力的培养"②，人有义务培养一般的自然能力。因为这些能力能够达成理性所提交的各种目的，这些能力是人区别于动物的重要标志。只有具备了这样的达成理性目的的能力，人才能与动物彻底区分开来，将自己从动物性升华到人性。康德指出，一般而言的人性就是设置目的的能力，这些目的不仅包含着道德目的而且包含着感性目的。但是德性义务因其为行动准则立法而只能具有广义的责任，那么人在知性能力或者自然禀赋的培养方面究竟应当走多远，达到怎样的程度，并不能得到明确规定。因为法则只能够规定人出于道德法则而培养知性禀赋的动机，而不能规定人的行为结果，所以这样的义务处于开放式的处境之中。由此得出的关于行动准则的理性法则是："培养你的心灵力量和肉体力量以适应你可能碰到的一切目的"③，但是人在现象界中的未来究竟会遇到哪些目的，这是法则或人都无法确定的。于是父母们为了使孩子将来应对可能遇到的目的而学习各种各样的熟巧，无疑属于自己完善的

---

① 康德. 康德著作全集第 6 卷 [M]. 李秋零主编. 北京：中国人民大学出版社，2010：400.

② 康德. 康德著作全集第 6 卷 [M]. 李秋零主编. 北京：中国人民大学出版社，2010：404.

③ 康德. 康德著作全集第 6 卷 [M]. 李秋零主编. 北京：中国人民大学出版社，2010：405.

这个层次。

道德完善要求人出自义务而尽义务，使法则成为自己行动的动机。因而这里的完善要求的是人行动的道德性，即道德意向。因为人同时处于本体界和现象界之中，外在的行动很轻易就能满足合法性的要求，但是这些合法则的行动很有可能是出于不道德的动机。因而，道德意图的纯粹性和道德意向的纯洁性在判断一个道德行动的过程中至关重要。康德熟谙人世，他说："毋宁是那制止一种犯罪冒险的软弱，被同一个人视为德性（它提供了坚强的概念），而且有多少人可以度过漫长无罪的人生，他们只能侥幸地避开了如此多的诱惑；就每一次行为而言，究竟有多少纯粹道德的内容处于意向中，对他们自己来说依然是隐秘的。"① 对每一个人而言，道德完善更加重要却更加艰难。因为人的感性本性时刻烦扰着心灵，意志的文化就变成一个时刻要进行的练习。

总体来看，道德完善（亦即意志的文化）在层次上高于自然完善（亦即知性的文化），在道德要求上更加根本。在某种意义上，道德完善甚至可以作为自然完善的前提条件。因为前者更体现为定言命令，后者更像假言命令所涉及的东西。自然完善如果不以道德完善作为根本的限制条件，人当然可以成其为人，但未必能成为真正的人格，体现真正的人格性。

康德将幸福② 作为一种义务去追求完全是出于道德的考虑。因为痛苦、匮乏以及各种令人讨厌的事情对人们违背自己的义务产生重大的诱惑，而"富裕、强大、健康和一般而言的福祉，是和那种影响相对立的，它们看起来也能被视为同时是义务的目的"③，这样可以间接地促进人们遵守义务。能够成为我的道德目的的幸福只能是他人的幸福。我有义务使其他人看作构成幸福的目的成为我的目的，促进他人的富裕、强大、健康和一般而言的福祉，以此间接地促进他人的道德性。

---

① 康德. 康德著作全集第 6 卷 [M]. 李秋零主编. 北京：中国人民大学出版社，2010：405.

② 在康德这里，幸福只具有一种含义就是"自然幸福"。他认为有些人所谓的"道德幸福"是一个自相矛盾的概念。（参看康德. 康德著作全集第 6 卷 [M]. 李秋零主编. 北京：中国人民大学出版社，2007：4.）因为对自己的体现人格和道德性的所作所为的满足都属于自己的完善之列；其次，道德与幸福属于不同种类的概念，道德是人出自理性本性必然追求的目的，幸福是人处于感性本性追求的目的；再次，虽然二者都可以作为理念而存在，但是幸福概念本身被界定为"一切爱好的总和"或"生活中最大总量的快意"。

③ 康德. 康德著作全集第 6 卷 [M]. 李秋零主编. 北京：中国人民大学出版社，2010：401.

　　由他人的幸福引出的道德义务包含促进他人的自然福祉和促进他人道德上的福乐两个方面。在促进他人的幸福中，行善是最重要的义务。虽然善意或者善心在每个人那里都可以是漫无边际的，但是采取具体行动的行善变得非常困难。除了要牺牲某些情欲之外，行善的动机往往并不纯正。有人行善为了"大善人"之名，有人行善是出于怜悯之心，亦有人行善是被逼无奈，但只有出自义务的行善才是将他人幸福作为同时是义务的目的的根本要求。康德在此对行善的论证也成为人们诟病的一点，为什么我们要行善，"由于我们的自爱不可能与被他人爱（在危难时得到帮助）的需要相分离，所以我们使自己成为他人的目的，而且这种准则永远只有通过取得一个普遍法则的资格，因而通过一个意志，才能让人有责任也使他人对我们成为目的，所以，他人的幸福就是一个同时是义务的目的"[①]。这很容易被人误解为：将他人的幸福作为我的同时是义务的目的的原因就在于我在将来处于危难之中的时候也能够得到他人的帮助。但事实上，康德是出于人性的考虑而将他人的幸福作为同时是义务的目的。即便人与人处于交互目的与手段的关系之中，这条原则要强调的是将他人的幸福作为一个人的义务首先是在能够普遍化的过程中完成的。也就是法则规定每一个人都将他人的幸福作为自己的一个道德目的去行动，每一个行善的动机都是出于对道德法则的敬重。当然这种德性义务也只具有广义的责任，一个人在行善的道路上能够走多远，并不是法则所能规定的。法则仅仅规定人将他人的自然福祉作为自己行动的目的，至于具体怎样做以及在促进他人福祉上做到什么程度，取决于每个人的具体情况。在此康德也明确指出"以牺牲自己的幸福（真正的需要）来促成他人的幸福，本身就会是一个自相矛盾的准则"[②]，所以在规定人行善的道路上，不能明确划定一个界限，必须留有一定回旋的余地。

　　至于他人道德上的福乐，康德认为这只是一种消极的义务。因为道德上的内疚或者痛苦，本来只能由他本人的不道德行动造成。由于这些痛苦起源是道德的，在结果上是自然的。所以虽然"防止别人受到内心责难的困扰"本来就不是我的义务，而是别人自己的事情，但是，我的不作为可能会加深别人做不道德的事之后感到的道德上的痛苦，所以我也有义务去安慰他，使他重新站起来。

① 康德.康德著作全集第6卷[M].李秋零主编.北京：中国人民大学出版社，2010：406.
② 康德.康德著作全集第6卷[M].李秋零主编.北京：中国人民大学出版社，2010：406.

二、道德目的学说的原则

在阐明道德目的学说的质料是德性义务即"同时是义务的目的"之后，我们来研究道德目的学说的形式，即德性学说的至上原则。

德性学说的至上原则："你要按照一个目的准则行动，拥有这些目的对任何人而言都可以是一个普遍法则。"[①]表面上看，这条原则与道德法则的普遍公式类似，它要求准则成为一个普遍法则，这无疑涉及一个行动准则的合法性问题。但这里的准则是一个"目的准则"，目的准则与一般准则的不同之处在于它在义务的形式法则之外加入了一个质料即"同时是义务的目的"。每个人都要按照一条对任何他人而言可以成为普遍法则的"目的准则"去行动，其中能够普遍化的目的准则就是将"同时是义务的目的"作为人的自由任意的对象，规定自由的任意采取行动去实现它。

这条原则的具体要求是：你要按照一条对任何人而言都可以成为一条普遍法则的目的准则去行动，其中能够普遍化的目的准则就是将同时是义务的目的作为规定人的自由任意的对象，规定自由的任意采取行动以实现它。具体而言，就是将自己的完善和他人的幸福作为道德行动的目的，不仅要出于义务促进自己的自然完善和心中的道德性的培养，而且要以他人自然的福祉和他人道德上的福乐为义务。但是这样的德性义务在实施的过程中都是广义的义务，亦即你对自己的完善和他人的幸福究竟能够促进多少或发挥多大作用并没有一个确定责任的规定。因为德性义务是为行动的准则立法，而不是为行动立法，所以只要行动的动机纯正，从同时是义务的目的开始，就实施了德性义务，而无须对行动的后果做出规定；其次，自己的完善和他人的幸福作为同时是义务的目的本身处于自然之中，它们的最终完成取决于诸多的自然因素，并不能完全在人的控制之内，所以是不完全的义务。

同样与目的相关，德性学说的这一原则与《奠基》中的目的公式有着必然的联系。康德说："按照这一原则，人无论对自己还是对他人都是目的，而且他既无权把自己也无权把他人仅仅当做手段来使用（这时他毕竟可能对他人也漠不关心），这还不够；相反，使一般而言的人成为自己的目的，这本身就是人的义务。"[②]从思想上来看，德性学说的至上原则

[①] 康德. 康德著作全集第 6 卷 [M]. 李秋零主编. 北京：中国人民大学出版社，2010：408.

[②] 康德. 康德著作全集第 6 卷 [M]. 李秋零主编. 北京：中国人民大学出版社，2010：408.

和"目的公式"具有一致性，它们可以互相促进，无论哪一个原则得以遵守，都能够凸显另一个原则的重要性和有效性。但是这两个原则具有不同性质，起着不同的作用，前者囊括了各种德性义务，后者则以定言命令式表达了伦理义务。

首先，在《奠基》中被康德称为"质料原则"的"目的公式"在此只能被称为"形式性原则"。因为在《奠基》中，康德为了使道德法则更接近直观、更易于理解，分别引入了三个变形公式，其中目的公式相比于自然公式的普遍形式而言包含着一个作为质料的自在目的概念，因而被理解为道德法则的质料性公式。然而道德形而上学以道德法则的确立为前提，在出于义务而行动的基础之上，康德又区分了法权义务和德性义务，前者只涉及行动的合法则性，后者还涉及行动的道德性。康德说德性义务是在自由任意的形式规定根据（法权包含着这一类东西）之外还拥有一个质料的规定根据。所谓的形式规定根据就是目的公式作为道德法则的一个变形公式从形式上对自由任意给予了普遍性的规定，所谓质料的规定根据就是德性学说的至上原则从质料上将同时是义务的目的规定为自由任意的对象。

其次，自在目的公式是一条限制性的形式性原则：第一，它不否定人将人格中的人性作为手段来使用，但是要求人在此同时也必须将其作为目的；第二，作为自在目的的人格中的人性或理性本性是一个形式目的，里面所包含的就是彰显人性尊严的最高价值和绝对价值，并没有对人们的行动提出更为具体的要求，只是要求人们在行动时无论如何要以此作为最高的限制条件。相反，德性学说的至上原则是提出明确要求的质料性原则：第一，它从人的道德行动的动机即准则出发，要求人将同时是义务的目的作为自由任意的对象以规定任意去行动；第二，它给人们明确指出拥有自己的完善和他人的幸福这样的目的对任何人而言都是一个普遍法则。据此，人无论对自己还是对他人都是目的，你既没有权利把自己当作手段，也没有权利把别人当作手段，相反，每一个人都将成为你的目的，你有义务使每一个人（不仅你自己也包括他人）成为你的目的。因此，这条原则是建立在人的内在自由之中的积极原则。

最后，虽然目的公式和德性学说的至上原则都作为一个定言命令式，但是它们的可能性是不同的。前者作为定言命令的变形公式，通过分析意志的质料即可得出。后者作为一个定言命令式虽然不能做任何证明，但可以从纯粹实践理性出发做一种演绎："在人与自身及他人的关系中能够是目的的东西，就是纯粹实践理性面前的目的；因为纯粹实践理性就是一种一般的目的能力，所以就这些目的而言漠不关心，亦即对它们毫无兴趣，这是一个矛盾，因为那样的话，它也就不会规定行动的准则（后者在任何时候都包含着一个目的），因而就会不是实践理性了。但是，纯粹理性不能先天地要求任何目的，除非它把这样一些目的同时宣布为义务；这些义务在这种情况下就叫做德性义务。"①这个所谓的"演绎"看似简单却不清晰，康德的思路大致是这样的：

（1）理性要成为实践的，就必须规定行动的准则；行动的准则任何时候都包含着一个目的；因而，理性要成为实践的，就必须为行动的准则规定一个目的。

（2）既然纯粹实践理性作为一种一般的目的能力，任何时候都对目的感兴趣，因而说它对行动的目的漠不关心，则是一种自相矛盾。

（3）既然纯粹实践理性与"人与自身以及人与他人的关系"中"能够是目的的东西"存在必然联系，那么这些目的只能是纯粹实践理性提供的目的。

由此得出，纯粹实践理性只有把一些目的同时宣布为义务，才能先天地要求目的，这种目的就是同时是义务的目的，它们都成了德性学说的至上原则的基石。

正是在这种意义上，康德指出德性学说的至上原则是综合的。构成德性义务的要素除了法则、实现法则的能力、规定准则的意志之外，还包含着为意志规定了一个应当实现的目的概念，这个目的不是别的，就是"纯粹实践理性自身具有的，纯粹实践理性最高的、无条件的目的（但毕竟始终还是义务）就被设定在：德性就是它自己的目的，就它为人作出的功德而言，它也是它自己的酬报"②。除了抽象形式的伦理义务之外，还要按照普遍的法则将一个同时是义务的目的加在这一形式之上。因此，德性学说最终要得出的结论是：人理应有德性，因为仅凭德性本身自己作为自己的目的，其价值就远高于一切用处和一切经验性的目的，以及它本来可能为自己带来的好处。

三、德性义务系统

"同时是义务的目的"概念本身具有特殊性，这使得以它为基础既可

---

① 康德．康德著作全集第 6 卷 [M]．李秋零主编．北京：中国人民大学出版社，2010：408.

② 康德．康德著作全集第 6 卷 [M]．李秋零主编．北京：中国人民大学出版社，2010：409.

以建构一个义务系统也可以建构一个目的系统。康德在《道德形而上学》中建构了德性义务系统，我在这里要建构的是道德目的系统。道德目的系统的建构可以参照德性义务系统来进行。因此，我将先研究德性义务系统的划分原则和基本内容，然后以此为基础建构道德目的系统。

（一）德性义务系统的划分原则

"自己的完善"和"他人的幸福"作为义务只具有广义的责任，并且具有相对的抽象性，并不足以构成整个系统的具体内容。康德的德性学说应当建立在更加明确的划分原则之上。

对于德性学说的划分，康德采用了一贯的形式与质料相区分的原则，但是对这种划分的说明，康德是参照德性学说与法权学说的对比来陈述的。他说，就德性学说的形式而言，德性学说必须要与法权学说区分开来，虽然德性学说和法权学说共同构成了总的道德论，但是它们属于不同的类属：（1）对德性义务而言，任何外在的立法都是不可能的，但对于法权义务而言，立法既可以是内在的也可以是外在的；（2）虽然一切义务都以法则为基础，但是对于德性义务而言，法则不仅为行动立法，更重要的是为行动的准则立法，而对于法权义务，法则只关乎行动本身，与行动的内在动机没有关系；（3）由此就能够得出，德性义务必须被设想为只具有广义责任的义务，而绝不能像法权义务那样成为狭义的义务。

从德性学说的质料来看，"德性论必须不仅被确立为一般的义务学说，而且也被确立为目的学说"①。因为人有责任把每一个作为自在目的的人格视为自己的目的，不仅要将自己而且要将他人都同时设想为自己的目的，而不仅仅作为手段。当然，德性学说的质料归根结底来源于"同时是义务的目的"，这个概念既作为义务存在，又作为目的存在。从义务来看，倾向于体现内在立法的形式，但从目的来看，更侧重于体现自由任意的内在自由。相比之下，法权学说只能被确定为义务学说，因为它可以容纳任何种类、任何性质的目的，或者说，它与人的行动目的无关。

由此，从义务原则的形式中，我们看到的是行动的合法则性，从义务原则的质料中，我们看到的是合目的性。相比之下，法权义务只具有合法则性，德性义务同时具有合法则性和合目的性，但是只有合目的性才能代表它的特征。所以当康德将合法则性与合目的性区分开的时候，他又重申了伦理义务和德性义务的区别："并非每一种德性的义务承担（obligatio

---

① 康德.康德著作全集第 6 卷 [M]. 李秋零主编 . 北京：中国人民大学出版社，2010：422.

ethica［伦理的承担义务］）都是一种德性义务（officium ethicum s. Virtutis［伦理的或者德性的义务］；换句话说，对一般法则的敬重还没有建立一种作为义务的目的，因为只有后者才是德性义务。"① 从行动的动机上来看，对道德法则的敬重仅仅属于一种伦理义务，还不足以与自由任意的对象建立联系，也就是不能产生一个同时是义务的目的，而只有同时是义务的目的才是德性义务。前面我们已经指出，在德性学说中，伦理义务只有一个，但是德性义务却有多种，只有那些能够对我们来说是目的的客体，拥有它们成为我们要履行的义务时，才归属于德性义务。因此，康德认为伦理学的一切划分都仅仅关涉德性义务，而将建立于外在立法的法权义务和那种建立于道德情感的义务排除在外。

对德性学说的系统建构，康德采用了建筑术的方法。他说："实践理性为了在一种伦理学中建立其概念的一个体系而构建的划分（建筑术的划分），现在可以按照两种原则、或分别或结合在一起来进行，一个原则按照质料来表现承担义务者与赋予义务者的主观关系，另一原则按照形式来表现一个体系中伦理法则与一般义务的客观关系。"② 其中，形式的划分就是对纯粹实践理性概念的划分，这些概念本身就属于实践理性自己的义务；而伦理学作为科学则应该从属于质料原则的划分。德性学说本身就是基于其质料或目的而确立起来的，所以伦理学系统的一切划分都按照质料原则进行。由于德性义务的质料着眼于承担义务者和赋予义务者的主观关系，所以伦理学按照质料原则的划分是按照主体及其法则的区别展开的。这样，德性义务就可以区分为人对人的义务和人对非人类存在者的义务，前者还区分为人对自己的义务和对他人的义务，后者被区分为人对人下存在者的义务和对人上存在者的义务。以这个划分为基础，我们将逐一考察德性义务。

（二）人对自己的义务

在伦理学系统的划分中，人对人的义务占据了最重要的部分。因为德性本身是属人的，就人作为主体被区分为自己和他人而言，人对人的义务包括人对自己的义务和人对他人的义务。康德认为，对自己的义务是一个人意识到对他人的义务的前提。如果我自己不同时赋予自己责任的话，我不可能认识到自己对他人也负有责任。

---

① 康德. 康德著作全集第 6 卷 [M]. 李秋零主编. 北京：中国人民大学出版社，2010：423.

② 康德. 康德著作全集第 6 卷 [M]. 李秋零主编. 北京：中国人民大学出版社，2010：424–425.

　　为什么存在"人对自己的义务"？从概念本身来看，对自己的义务好像是一个自相矛盾的概念。因为在这里赋予义务者和承担义务者都是同一个主体，"我"既是主动发出强制的主体，又是被动地接受强制的客体，由此"我""主动地"接受了"被动性"的强制。此外"赋予责任者（auctor obligationis）在任何时候都能够解除被赋予责任者的责任（terminus obligationis）；因此（如果二者是同一个主体）他根本就不对他加给自己的一种义务负有责任：这包含着一个矛盾"①。然而对自己的义务毕竟作为一个事实而存在，那个对每一个人都有效的普遍法则毕竟出自我自己的纯粹实践理性，我通过自己的实践理性赋予自己强制的同时也承受着这种强制。解决这种看似的矛盾还是诉诸人的双重本性，"作为这个义务的主体，人在双重的性质中看待自己：首先，作为感官存在者，也就是说，作为人（属于动物物种之一）；但然后，也作为理性存在者（不仅仅是有理性的存在者，因为理性按照理论能力也完全可以是一种有生命的形体存在者的性质），它不是任何感官能达到的，而只能是在道德实践关系中被认识到，在道德实践关系中不可理解的自由特性通过理性对内在立法意志的影响使自己显露出来"②。在人的实践的自我意识中，他能够区分出理性的自我（本体的人）和感性的自我（现象的人），前者是那个赋予责任的主体，后者是那个承担义务的客体。虽然仅凭理论理性就能够意识到这两者的存在，但是只有在道德实践的关系中，才能够使得具有自由特性的实践的人显现出来。

　　义务的划分原则，本来只能针对义务的客体进行。但人既是义务的承担者又是义务的赋予者，并且在这两种角色中，人既可以被看作有理性的自然存在者，又可以被看作纯然理性的道德存在者。因而康德分别从主客两个方面区分了"人对自己的义务"。

　　在主观上，作为义务主体的人被区分为具有动物性的道德主体和纯然道德性的存在者。在客观上，义务可区分为限制性（或否定的）义务和扩展性（或肯定的）义务，前者基于义务中形式性的东西，后者基于义务中质料性的东西。康德说"就人的本性的目的而言，前者禁止人违背这种目的而行动，因此只关涉道德的自保，后者命令使任性的某个对象成为自

---

① 康德.康德著作全集第6卷 [M].李秋零主编.北京：中国人民大学出版社，2010：426.

② 康德.康德著作全集第6卷 [M].李秋零主编.北京：中国人民大学出版社，2010：427.

己的目的，关涉人自身的完善化"①，义务的形式禁止人违背人的本性的目的而行动，义务的质料使人有责任将人的本性中的目的作为自由任意的对象实现出来。从本质上来看，这两种义务的划分基于作为最高的限制条件的自在目的和作为自由任意的对象的同时是义务的目的之间的区分。在自在目的的限制下，人要做的只是"不为的"义务，亦即阻止或禁止那些违背自在目的的行为；在以同时是义务的目的为对象的命令下，人要做的是"有为的"义务，亦即运用那些许可的力量将人本性中的目的尽可能地实现出来，以促进人的完善。由此，前者属于人的道德健康，为的是保持人的自己本性的自然完善；后者属于人的道德富足，"这种富足在于拥有一种足以实现一切目的的能力，这是就这种能力是可以获得的并且属于其自己的陶冶（作为实际的完善）而言的"②。总而言之，人对自己的义务按照形式来看的原则是：按照自然生活，保持自己本性中的自然完善；而按照质料来看的原则是：完善你的本性中的目的，使你自己比你按照自然而言更加完善。在后面的具体论述中，凡属限制性的义务就是对自己的完全义务，凡属扩展性的义务就是对自己的不完全义务。

按照上述划分原则，当人被看作具有动物性的道德主体时，源自自然的动物性本性要求人按照自然冲动去生活。人的自然冲动包含保存自身的冲动、保存种族的冲动、保存人按照自然所分配的动物性的生活享受的能力的冲动；与这三者相冲突的恶习就是自杀、人对性偏好的非自然使用以及人对自己各种遵循自然目的的能力的无度使用，这三种恶习就是人要禁止和限制的对象。当人仅仅被看作纯然道德性的存在者时，他要履行的义务源于人的尊严神圣不可侵犯，"其意志的准则与其人格中人性的尊严协调一致"③。人必须出于维持其人格中的人性而按照道德法则行动，以维护人自己的内在自由为己任，不得将自己作为没有绝对价值的物品来对待；与此义务相悖的恶习是说谎、吝啬和假谦卑。这些恶习都属于禁止的义务。以上这些都是人对自己的完全义务，主要以自在目的为最高条件，兼顾人的感性本性和理性本性，排除了任何例外。

相比之下，对自己的不完全义务是以自由任意的目的为基础的，亦即

---

① 康德. 康德著作全集第 6 卷 [M]. 李秋零主编. 北京：中国人民大学出版社，2010：428.

② 康德. 康德著作全集第 6 卷 [M]. 李秋零主编. 北京：中国人民大学出版社，2010：429.

③ 康德. 康德著作全集第 6 卷 [M]. 李秋零主编. 北京：中国人民大学出版社，2010：429.

以同时是义务的目的为出发点，分别从人作为动物性的道德存在者的自然完善和人作为纯然理性的道德主体的道德完善给出义务。

就人的自然完善而言，人在实用意图上负有对自己的义务。康德认为发展自己的能够达成各种可能目的的手段的自然能力，无论是精神的、灵魂的还是肉体的能力对人而言都是义务。因为人"作为一个能够有目的（使对象成为自己的目的）的存在者，必须把自己的能力的使用不单单归功于自然本能，而是归功于他借以规定这种分量的自由"①。对这些能力的培养，并非着眼于它们能够给人带来的好处，而是出于纯粹实践理性的命令、出于人对本性的目的发展的道德反思，为人更好地从事道德活动提供扎实的自然基础。其中精神的力量就是"其实施惟独通过理性才有可能的力量"②。它们因其先天地从原理中派生出来而具有创造性，包含数学、逻辑学和自然形而上学，后面两者被归入理论哲学，它们有助于智慧的学问达到目的。灵魂的力量是"供人为了满足随意的意图而使用的知性和规则来支配，并就此而言被按照经验的导线来引导的力量"③。记忆、想象力都属于这种力量，它们为各种各样的意图提供工具。肉体的力量就是构成人身上的质料的那些东西，它们是人的目的得以实施的前提，因此"持续不断地、有意识地活跃人身上的动物性，就是人对自身的目的"④。

就人的道德完善而言，人在纯然道德的意图中负有对自己的义务。康德认为，这种义务首先要求主观意向的纯正性，如果其中掺杂了任何感性的意图或者畏惧惩罚的负面情感，那么义务的动机都是不纯正的。只有法则单独充当动机，行动不仅合乎义务而且出于义务才是具有道德性的。其次涉及道德完善性，"亦即涉及他的全部义务和他自己这方面道德目的的完备性之实现的整个道德目的"⑤。由于道德目的的多样性，导致德性义务的多数性，每一种德性义务的实现都以整个道德目的为最后目的。康德将这两个方面的诫命总结为"你们要圣洁"和"你们要完善"。对于完善性

---

① 康德.康德著作全集第 6 卷 [M].李秋零主编.北京：中国人民大学出版社，2010：455.

② 康德.康德著作全集第 6 卷 [M].李秋零主编.北京：中国人民大学出版社，2010：455.

③ 康德.康德著作全集第 6 卷 [M].李秋零主编.北京：中国人民大学出版社，2010：456.

④ 康德.康德著作全集第 6 卷 [M].李秋零主编.北京：中国人民大学出版社，2010：456.

⑤ 康德.康德著作全集第 6 卷 [M].李秋零主编.北京：中国人民大学出版社，2010：457.

而言，正如康德前面所说，德性义务是为行动的准则立法，属于不完全的义务，负有广义的责任。因为人对自己的义务是追求这些完善性，并非要实现这些完善性，况且人的有限性毕竟为此生实现这种完善性造成了不可避免的障碍。康德认为"这种完善性在客体（人们应当使其实施成为自己目的的理念）方面虽然是对自己的狭义的和完全的义务，但考虑到主体却是对自己的广义的，仅仅不完全的义务"①。

总体来看，当客观的划分与主观的划分被联系起来时，康德是在客观划分的前提之下又进行了主观的划分，那么在人对自己的义务中又划分了完全的义务和不完全的义务。

（三）人对他人的义务

对他人的义务康德也区分为两种，一是对纯然作为人的他者的义务，另一种是人们相互之间就其状态而言的伦理义务。前者主要包含爱的义务和敬重的义务，后者则着眼于人与人的德性原则在经验事例或经验质料中的运用。

康德认为对他人的义务"最高的划分可以是这样的划分：就你通过履行义务而同时使他人承担责任而言对这些他人的义务，和其遵循并不以他人的责任为后果的对这些他人的义务。第一种履行是（鉴于他人）有功德的，第二种履行是应尽的义务"②。有功德的义务使他人也成为责任的承担者，而应尽的义务并不牵涉他人责任的后果。爱和敬重分别伴随着这两种义务，它们可以分别存在，你可以爱一个很少值得敬重的他者，也有必要敬重一个几乎不配得到爱的邻人，但是"它们在根本上按照法则来看是任何时候都彼此结合在一个义务之中的；只不过是，时而这种义务，时而那种义务构成主体心中的原则，另一种义务以附属的方式与之相联结"③。在德性义务中，爱和敬重都是必不可少的情感。就敬重而言，它作为一种道德情感在人履行义务的过程中就起着重要作用，因为义务曾被界定为由敬重法则而来的行动必然性。在对他人的义务中，敬重仅仅是"通过一个他人的人格中的人性之尊严来限制我们的自我评价的一个准则，从而是在实

① 康德. 康德著作全集第 6 卷 [M]. 李秋零主编. 北京：中国人民大学出版社，2010：457.

② 康德. 康德著作全集第 6 卷 [M]. 李秋零主编. 北京：中国人民大学出版社，2010：458-459.

③ 康德. 康德著作全集第 6 卷 [M]. 李秋零主编. 北京：中国人民大学出版社，2010：459.

践意义上的敬重（observantia aliis praestanda［显示对他人的敬重］）"①。爱作为人类的一般情感具有三个方面的含义：作为审美情感，对他人的完善性感到愉快；作为病理学情感，对感性爱好的满足而感到愉快；作为道德情感，对实践的善行感到愉快。只有第三种才是德性义务中体现的爱。

爱与敬重作为义务虽然共存，但是它们具有以下区别：首先，虽然它们在人们彼此存在的外在关系中必不可少，但是它们具有相反的作用，互爱的原则使人与人相互吸引，敬重的原则使人与人彼此保持应有的距离，它们的共同作用维持人际关系的平衡。其次，对他人的敬重的义务本质上是消极的，亦即不使自己凌驾于他人之上，但作为纯然的德性义务却是狭义的完全义务；相比之下，爱的义务具有积极性却是广义的，法则不能规定人对他人的爱达到什么程度或者维持多长时间。简言之，爱邻人的义务被表述为"使他人的目的（只要这些目的不是不道德的）成为我自己的目的的义务"②，这侧重于从义务的质料或者说从同时是义务的目的的角度来阐释；敬重他人的义务被表述为"不要把他人贬低为仅仅是达成我的目的的手段（不要求他人为了醉心于我的目的而放弃自己）"③，这是从义务的形式或者自在目的的角度或人的尊严方面来界定的。通过爱他人，我为他人做出贡献；通过敬重他人，我使自己承担义务，通过限制自己使得他人作为人不失去其自身中的任何价值。

具体而言，爱的义务又被划分为行善的义务、感激的义务和同情的义务。行善就是将他人的幸福或福乐作为自己的目的的准则，尽自己的能力去帮助那些身处困境的人们得到他们希求的幸福，除此之外没有别的目的。这义务虽然基于每一个身处困境的人都希望得到他人的帮助而获得幸福，但是从根本上是由于人作为理性存在者所具有的互相帮助的本性。感激是对一个向我们提供善行的那个人的人格所表达的崇敬，它是从接受善意者的立场来看的义务。这种义务通常与对行善者的敬重情感结合在一起，联系起来看，行善者对接受者只存在爱的关系，接受者对行善者却同时存在爱（感激）和敬重。即使行善者的纯然善意并未产生有形后果，也值得接受者承担感激的义务，感激可区分为实际的感激和纯然感情上的感

---

① 康德．康德著作全集第 6 卷 [M]．李秋零主编．北京：中国人民大学出版社，2010：460.

② 康德．康德著作全集第 6 卷 [M]．李秋零主编．北京：中国人民大学出版社，2010：460.

③ 康德．康德著作全集第 6 卷 [M]．李秋零主编．北京：中国人民大学出版社，2010：460.

激。严格来说，感激的义务并非对行善者的回报之爱，而只是对行善者的敬重。道德上的同情简单来讲就是同甘共苦，即对他人的快乐或者痛苦状态感到愉快或不快的情感。这种易感性虽然在人的本性中自然存在，但是可以"被设定在就其情感而言互相传达的能力和意志之中，或者只是设定在对快乐或者痛苦的共同情感（humanitas aesthetica［审美的人性］）的易感性之中，这是自然本身给予的"①。在这里，康德将易感性区分为基于实践理性的、自由的、同情性的易感性和基于自然本性的、不自由的、传达性的易感性，只有前者才负有责任，才属于对他人的同情的义务。与这些爱的义务相对立的恶习有妒忌、忘恩负义和幸灾乐祸，这些恶习是人履行爱的义务的障碍，必须主动地加以克制。

对他人的敬重就是对他人人格中人性的尊严的承认，这也是对一种绝对价值和最高价值的承认。每一个人的人性本身都具有一种尊严，因而人不能被任何人（无论是他人还是自己）纯然当作手段来使用，而是在任何时候都必须同时当作目的来对待，任何与侵害人性的尊严相关的行动都与敬重的义务相悖。在此康德对敬重义务的阐释使用了反证法，亦即通过阐释与敬重相对立的恶习来反证敬重的义务。与敬重完全对立的行为就是蔑视他人，蔑视就是将一个事物评判为没有任何价值的东西，蔑视他人就是"拒绝给他人一般人应得的敬重"②。这种蔑视任何时候都是违背敬重义务的，因为每一个人的本性都具有尊严，都值得敬重。相比之下，在内心中对他人的轻视虽然在生活中不可避免，但是表现在外在行动中就会对人造成伤害。康德认为如果一个人不履行纯然爱他人的义务，被评判为无德性或者过失；但如果一个人不履行对每个人而言应有的敬重的义务，那就是恶习或者是恶行。这些恶习不仅对道德没有任何贡献，而且甚至取消了通常有助于主体的道德补充的那些有价值的东西。以蔑视为基础，伤害对他人的敬重之义务的恶习有三种：傲慢、毁谤和嘲讽。简单来讲，傲慢总是要求别人敬重自己，但自己却不敬重别人；毁谤是直接地、不怀任何特殊意图地散布侵害他人尊严的流言蜚语；嘲讽源于轻率的责难欲和纯然使他人成为公众笑柄的癖好，往往使他人的错误成为自己取乐的对象。这三种恶习都是人在履行对他人的敬重的义务时要克服的。

除了爱和敬重是人对他人的义务之外，人与人之间的交往状态也存在

---

① 康德. 康德著作全集第 6 卷 [M]. 李秋零主编. 北京：中国人民大学出版社，2010：468.

② 康德. 康德著作全集第 6 卷 [M]. 李秋零主编. 北京：中国人民大学出版社，2010：474.

伦理义务。但是这些义务不能构成德性学说的一个特殊篇章，因为它们往往是德性原则在经验事例中的运用，具有不规则性和偶然性，不能充当德性学说的形而上学初始根据。

最后，康德在德性学说的要素论中用友谊做出总结："友谊（在其完善性上来看）就是两个人格通过相同的彼此的爱和敬重而结合。"①友谊本质上毕竟是一个实践上必要的纯然理念，人与人通过友谊共同达到配享幸福的状态，当然这样的友谊并非为了私人利益的好处，而是为了纯然道德的意图。

（四）人对非人类存在者的义务

按照逻辑关系，非人类的存在者要么是在人之下的存在者，要么是在人之上的存在者，前者是无人格的，后者虽然有人格但却无法在外感官中显现出来，也就是人不可见的对象。康德将无人格的人下存在者区分为三个等级：（1）纯然的自然物，亦即无机物；（2）具有繁衍能力但却没有感觉的自然物，即低级的有机物；（3）在自然界中赋有感觉和欲求能力的自然物，即较为高级的有机物，例如矿物质②、植物和动物。由此，康德对于人下存在者的义务也是具有针对性的。首先对于那个构成自然的美的、但无生命的自然物而言，人不应肆无忌惮地毁坏它们；其次对于有生命、有感觉但却无理性的存在者而言，人应当放弃采用粗暴、残酷的方式对待它们。

人上存在者主要指上帝。上帝是我们的一个理念，"这个理念完全是从我们自己的理性中产生的，是由我们或者是以理论的意图，即为了解释世界整体的合目的性，或者也是为了在我们的行为中用于动机，而自己制作的"③。在后一种意义上，我们不可避免地要把理性的理念运用到道德法则上，所以拥有宗教就是我们应当履行的一项义务。

按照以上的内容，我们可以通过一个图勾画出康德德性学说的义务系统（见附录图七），以便更加清楚地看到康德的划分脉络。

---

① 康德. 康德著作全集第 6 卷 [M]. 李秋零主编. 北京：中国人民大学出版社，2010：480.

② 康德将矿物质也归为有机物之列，并且认为矿物质赋有感觉和任意能力，这基于当时自然科学的发展状况。

③ 康德. 康德著作全集第 6 卷 [M]. 李秋零主编. 北京：中国人民大学出版社，2010：454.

四、道德目的系统

由德性义务系统的图示我们可以清晰地看到，康德的德性义务系统在形式上严格遵循纯粹理性的原则，按照建筑术的方法建构；在内容上分别通过禁令（针对完全义务）和命令（针对不完全义务）对人的行动给予了规定。既然德性义务系统中呈现出来的义务同时又出于"同时是义务的目的"，我们就可以从道德目的的角度对这个系统给予一种全新的理解，并以此为基础将其展示为一个道德目的系统。在建构德性义务系统的时候，我们按照理性原则采取由一到多、由上至下的思维方式。现在，我们将进行逆向思考，由多到一、由下至上，从最基础的目的上升到最高的、最后的目的。

正如康德所言，自己的完善作为一个相对较高的目的是通过另外两个目的（即自然完善和道德完善）实现的。康德将义务划分为完全的义务和不完全的义务①，前者表达为禁令，后者表达为命令；前者是从义务的形式出发，作为消极的义务，旨在实现道德的自保，后者从义务的质料出发，作为积极的义务，旨在达到道德的繁荣（ad melius esse, opulentia moralis）。对于道德目的，我们将遵循康德的划分，从道德的自保和道德的繁荣两个方面展开。

就道德的自保而言，人作为动物性存在的自然完善和作为纯然道德存在的道德完善都是人的道德目的。为了人作为动物性存在者的自然完善，人有三个源自自然本性的目的：自我保存、物种保存和保持人理智地使用各种自然能力。与德性义务相联系，禁止自杀就是为了自我保存。康德说："人对自己在其动物性的性质上的虽然不是最重要的，但却是第一个义务，就是在其动物本性上的自保。"②因为生命的保存是保持人格的最基本前提，只要人活着，人就不能放弃自己的人格性，就不能通过毁灭自己而企图摆脱自己应当负有的一切道德责任。禁止性愉快上的自取其辱是为了保存物种。在两性同居中，自然的目的就是种族繁衍，也就是物种的自我保持。人不能为了一种"非自然的"的性愉快在利用另一个人的人格的同时给自己的人格性带来羞辱。康德说"在食品享用方面的动物式无度是

---

① 刘作在《康德的义务学说研究》中指出依据康德对自我义务的划分，人对自己的完全义务的目的是为了"保存"人的人格性禀赋，人对自己的不完全义务的目的是为了"实现"人的人格性的禀赋。（参看刘作. 康德的义务学说研究 [D]. 武汉：武汉大学，2011：131.）

② 康德. 康德著作全集第 6 卷 [M]. 李秋零主编. 北京：中国人民大学出版社，2010：430.

对享用品的滥用，由此理智地使用它的能力受到妨碍或者被消耗殆尽……由于吃食物太多而处在这样一种状态中，他对于在使用其力量时需要熟练和思考的行动来说有时就麻木了"[①]，因而禁止在使用享用品或者哪怕是食品方面的无度是为了理智地使用人的各种遵循自然目的的能力，对人的自然能力的正确使用旨在更好地实现道德目的。

为了人作为纯然道德存在的道德完善，人有三种道德目的：诚实、豁达和维护尊严。从义务来看，禁止说谎是为了维持诚实的德性。在康德看来，无论外在的说谎还是内在的说谎，都在根本上伤害了其人格中的人性所具有的尊严。说谎就是伪善，伪善被看作道德上的首恶。作为道德的存在者，人必须对自己承担诚实的义务。禁止吝啬是为了维持道德上的豁达或大度（liberalitas moralis）。道德上的吝啬并非物质上的浪费和抠唆，而是人要按照他真正需要的尺度去生活。相比之下，道德上的豁达积极地运用各种手段达成在自己的需要限度之内的舒适生活，既不浪费又不抠唆。禁止阿谀奉承是为了维护人的尊严。人作为一种纯然道德实践的存在者，其人格性拥有尊严，即一种绝对的内在价值。除了敬重之外，我们不能用任何其他的方式或情感对待每一个人格。阿谀奉承或卑躬屈膝在现象上造成自己低人一等的错觉，在本质上是对自己尊严的践踏。

以道德的繁荣为目的，人对自己的自然完善的义务是为了促进文化的发展，人对自己道德完善的义务是为了实现人的道德性。在文化方面，培养精神力量有助于理论科学达到其目的；培养灵魂能力为实现各种各样的意图提供手段；肉体能力的培养为人的目的的实施提供了质料性前提。在道德性的完善方面，无论是命令道德意向的纯洁性还是实施道德目的的完善性都是为了实现人的德性，即作为准则的道德力量。

将他人的幸福作为我的目的去实现，就是将他人的自然福祉和道德上的福乐作为我的目的去实现。与这两个目的相对应的目的是爱的义务和敬重的义务，它们被结合在人与人交往的友谊之中。另外，人对非人类存在者的义务在本质上都是为了人自己的目的，其中人对人下存在者的义务是为了激发和促进人的道德情感。比如自然美可以象征道德善，对动物的同情可以激发人对人类关系的反思。人对人上存在者的义务即拥有宗教反过来对道德具有极大的启示效益。（但是这两项不会在道德目的系统中出现，因为它们是人通过反思得出来的，并不能构成实际的道德目的。）

---

① 康德. 康德著作全集第 6 卷 [M]. 李秋零主编 . 北京：中国人民大学出版社，2010：436.

道德目的系统（见附录图八）的最后目的就是人的德性。德性作为人道德上的勇气，是内在自由，"构成了人最大的、惟一的、真实的战斗荣誉，它也被称为真正的智慧，亦即实践的智慧，因为它使人生存于世的终极目的成为自己的目的"①。

总结来看，意志自由是康德自由目的论的出发点和归宿。人类的一切目的都肇始于自由。一方面，自由是目的因，表现为纯粹意志（纯粹实践理性）的绝对自发性。这种绝对自发性直接体现为人格中的人性，即设定客观目的的能力。人凭借这种能力作为自在目的而实存，并通过普遍的自我立法进入目的王国系统。另一方面，自由是最高目的，表现为自由任意的绝对自发性。这种绝对自发性体现为人对抗感性爱好的道德勇气。人将同时是义务的目的作为行动的对象，以凸显人的道德存在方式在于内在自由。自由目的论以一个目的王国系统作为其形而上学基础。目的王国系统由作为自在目的的每一个理性存在者构成，自在目的是一切可能目的本身的形式主体，以自在目的为基础的目的王国是一个处于理知世界的资格体系。由于理知世界的自由概念应当使通过它的法则所提出的目的在感官世界中成为现实；又由于人本身是感性和理性的统一体，人的感性本性决定了人追求行动结果的局限性；这就导致自由目的论必须包含为人的内在自由提供法则，以便为人的行动提供指导的学说部分。自由目的论的主要内容是道德目的学说，它以同时是义务的目的为质料，以德性法则为至上原则，本身具有先天性和普遍必然性。

---

① 康德. 康德著作全集第 6 卷 [M]. 李秋零主编. 北京：中国人民大学出版社，2010：418.

第四章 实用目的论

在《道德形而上学》中，康德将"实用目的学说（亦即技术性的、主观的、真正实用的、在目的选择中包含明智规则的目的理论）"作为"道德目的学说"的对立面提出来。道德目的学说依据先天原则，以凸显德性为最后目的。实用目的学说依据经验性原则，以幸福为最后目的。实用目的学说处于通俗道德哲学的阶段，属于经验性的人类学领域。这一章我们将结合康德对实用目的的相关论述阐明作为实用目的的学说之最后目的的幸福概念，尝试性地总结实用目的论的主要内容，探讨康德对实用目的论的批判。

第一节 作为实用目的的幸福

出于人不可避免的感性本性，人们在实践上必然要追求的一个实用目的——幸福。幸福学说构成了实用目的学说的主要内容。

一、幸福与实用目的

在康德以前，很多哲学家都关注幸福。有些哲学家从人的感性本性出发，将趋乐避苦看作人的本性，认为幸福就在于获得快乐和逃避痛苦。这种幸福思想起源于古希腊的德谟克利特。德谟克利特是最早的自然主义幸福论者。他认为，人是自然的产物，幸福是人的自然需要，"对人，最好的是能够在一种尽可能愉快的状态中生活，并且尽可能地少受痛苦"①。但是，同为自然的产物，人与动物的根本差别在于人不仅能追求肉体的快乐，同时还能追求精神的安乐，幸福就是来源于物质世界的一种精神享受。人在幸福面前具有主观能动性，节制或适度是人获得幸福快乐的方法。到希腊化罗马时期，以伊壁鸠鲁学派为代表的享乐主义者提出，欲望

---

① 转引自冯俊科. 西方幸福论——从梭伦到费尔巴哈 [M]. 北京：中华书局，2011：72.

是人的自然本性，肉体欲望的满足或感官的享受才是真正的快乐。快乐既是幸福生活的开始，也是幸福生活的目的，人生活中的一切取舍都从快乐出发，以达到真正的幸福，即肉体无痛苦、灵魂无纷扰。除此之外，他们还指出，快乐与痛苦是一对相互依存、相互转化的矛盾。快乐与美德不可分割，明智（幸福的原则）作为一切善中最大的善，产生一切美德，由此提出幸福就是德性、幸福就是至善等著名论断。

这种幸福思想发展到近代呈现出丰富多彩的局面，不仅有感觉主义幸福观，还有情感主义幸福观和功利主义幸福观。持感觉主义幸福观的哲学家强调感官的快乐和欲望的满足。培根认为，万事万物最明显地表现出两种欲望，即保存自己和繁殖自己，七情六欲乃自然之理，没有这些就没有幸福。同时，他指出人是社会的动物，提出"全体福利说"，为社会全体的福利服务。霍布斯提出人性是自私的，人有欲望与憎恶，就有爱恨。人生只在于追求个人的幸福，国家的产生也是为了满足个人对自身利益和幸福的追求。洛克提出"人人欲望幸福"的观点，幸福与痛苦都是外物作用于人的感官而产生的。一切情感都是苦乐的体现，幸福就是快乐，快乐能支配人们的欲望与追求。与霍布斯不同，洛克还看到理性或意志对暂时幸福和长久幸福的影响。以莎甫茨伯里、哈奇森等人为代表的情感主义伦理学派认为，情感是人的一种天生本能，天然情感是最高的快乐和幸福，会将人的行为引向公众的好处、引向幸福。"天然的、仁慈的、宽宏的情感"展现了人的天然本性，表现出一种和谐的、均衡的美。由此，他们主张心灵的快乐高于肉体的快乐，心灵的满足是最大的幸福，心灵所产生的高度热情可以使人们向一种更高的目标前进，追求更大的快乐和幸福。英国功利主义的主要代表边沁则认为，人类受到苦乐的统治，任何行为的评价标准都是看其是否能够增加人的幸福，趋乐避苦是人追求幸福的功利原则。但是，苦乐只有量的区别，没有质的不同，苦乐的强弱、久暂等都关系到人的幸福原则。他提出了"最大幸福"或"最大福利"原则，倾向于一种快乐主义的功利主义。

有些哲学家从人的理性本性出发，更注重人的理性能力和精神快乐，在幸福问题上带有浓厚的理想主义特征。古希腊的赫拉克利特认为，符合理性或"逻各斯"的人生才是理想的人生，人的精神快乐高于肉体快乐，人生的目的在于追求理想的幸福生活。苏格拉底认为，"未经省察的人生是不值得过的"。他主张，人们"认识自己"，只有充分认识到自己的心灵，才能够享受到幸福。"因为知道自己的人，会知道什么事情是适合他们的，并会辨别他们所能做的事情与他们所不能做的事。"①因此，他贬抑人的肉体享受，提倡灵魂不朽的安乐，并强调幸福是人的一种精神享受。柏拉图提出，人由肉体和灵魂构成，灵魂高于肉体，精神高于感官。灵魂本身包含理性、意志和情欲三部分，在人追求幸福的过程中起着最为重要的作用，人的真正的幸福在于人的德性与智慧。因此，他在一定程度上贬抑了人的感性幸福的合理性。亚里士多德主张，幸福是人心灵的活动，人的幸福在于完善自己。他提出"至善即是幸福""生活得好、做得好就是幸福""幸福的手段在于中庸"等论断，并强调人的各种功能得到最充分的发挥就是幸福。虽然他并不反对人对感性幸福的追求，但要求感性幸福必须在理性的控制之下，并认为最高的幸福是理性的沉思。在希腊化和罗马时期，斯多亚学派反对伊壁鸠鲁学派的享乐主义幸福观，主张德性应建立在人的自然理性和共同人性之上。好的生活就是按照理性本性追求精神幸福，自然、道德、幸福三者是一致的。人应顺应自然、弃绝情欲以获得真正的幸福，最终走上禁欲主义的道路。理性主义幸福观发展到近代，更加强调理性的重要性，但同时也考虑到人性中的其他因素，融入更加丰富的内容。笛卡尔强调，人的感觉变幻莫测，感官刺激永无止境，人必须用理性对情感加以控制和调节，尽可能地过最幸福的生活。他指出，幸福的秘诀在于"一个人除了自己的思想是自己可以支配的之外，对于其他一切都不要再有奢望"②，所以人应当尊崇理性，把理性当作获得最大幸福的主要手段。斯宾诺莎认为，人性像其他事物的本性一样在于自保，人性中最基本的三种情感即痛苦、快乐和欲望都具有自私的性质。人只有通过认识真理，把握自然和人的本质，用理性控制情感，才能获得幸福。莱布尼茨则认为，幸福是一种持续的快乐状态，因为幸福是一种欲望，而欲望需要刺激，这种刺激是快乐与痛苦的交替，此消彼长。感觉和欲望只能把我们引向快乐，理性和意志才能把我们引向幸福。

还有一些哲学家深受宗教神学的影响，否定现世生活，宣扬来世幸福。他们提出，幸福是人的超验信仰。中世纪的奥古斯丁认为，人是为了上帝而存在的，真正的幸福在于爱上帝，在于对某种信仰的不断追求和永恒的向往。人间充满了痛苦和不幸，所以幸福存在于来世。人应当自觉忍耐，向上帝忏悔，才能在上帝的指引下到达上帝之城，获得真正的幸福。托马斯·阿奎那作为中世纪第一个系统地阐述幸福思想的人，最先在神学

---

① 转引自冯俊科. 西方幸福论——从梭伦到费尔巴哈 [M]. 北京：中华书局，2011：62.

② 冯俊科. 西方幸福论——从梭伦到费尔巴哈 [M]. 北京：中华书局，2011：215.

背景下探讨人与幸福的关系。他认为，万事万物的最终目的都是上帝，真正的幸福绝不在于肉体上的快乐，而在于去追求一个最高的目的和最完善的境界，即来世、天堂的幸福。他还专门讨论了公共幸福和个人幸福，并提出君主执行神的命令来指导公共幸福，公共幸福比个人幸福更重要，个人幸福应服从公共幸福。侧重于人的超验信仰的幸福思想具有极端的禁欲主义倾向，中世纪以后发起文艺复兴运动的思想家们要求努力挣脱宗教的束缚，反对禁欲主义和天国幸福的说教，主张顺应人的自然本性，追求和享受现世的幸福。

康德对幸福的探讨是从人的实用目的开始的。他认为，实用目的与人的实践活动相关，它涉及的不是人的道德性实践，而是人的技术性实践。一切通过自由而可能的就是实践的。自由是意志的属性，实践的活动都是通过意志而可能的东西。现在，通过意志而可能的实践要么是技术性实践，要么是道德性实践。如果规定意志的是自然概念，那么相应的实践就是技术性实践；如果规定意志的是自由概念，那么相应的实践就是道德性实践。在康德看来，只有道德性实践才是其实践哲学的研究对象，技术性实践在内容上与理论哲学中的原理完全相同，只是在表象方式上存在差异。这样一来，与理论哲学有联系的实践原理既与道德的实践原理区分开来，又与单纯的理论原理区分开来，被命名为"技术性的实践原理"，指导人们把他们想要的东西实现出来。技术性实践可以区分为可能的实践和现实的实践。现实的实践活动就是以幸福为目的的活动，幸福是实用目的学说的研究对象。康德在《奠基》中区分假言命令和定言命令时已经说明，人类行动的目的或意图可以按照逻辑上的可能性、现实性和必然性做出区分。"定言命令"将某个行动自身独立地表象为客观必然的目的，"假言命令"表明行动为着某种可能的目的或现实的目的而存在。任何一门科学的"实践部分"都在研究：如果某个目的对我们而言是可能的，那么我们应当如何实现它。人自然冲动的驱使采取的行动，首先指向无限多的可能目的，"人们能够把只是通过某个理性存在者的力量而可能的东西，设想为对于任何一个意志也是可能的意图"①。每个人在日常生活的经验世界中都会产生各种各样的欲求，就要设定各种各样的目的。这些目的不仅无限多样而且变动不居，具有主观性、经验性和相对性。这就导致日常生活中的"可能目的"，无法成为实用目的学说的研究对象。那么，剩下的就

---

① 康德.道德形而上学奠基 [M].杨云飞译，邓晓芒校.北京：人民出版社，2013：43.

只有"现实的目的"。在所有有依赖性的理性存在者那里，有一个现实的目的是人们按照其自然必然性而具有的意图，即对幸福的追求。幸福构成了实用目的论的研究对象和主要内容。

二、幸福概念及其原则

幸福究竟是什么？按照康德对幸福概念本身的界定，我们可以从三个层面来理解。第一，从人的感性层面来看，幸福包含两个相互依存的基本要素：爱好的满足和愉快的享受。第二，从人的理性层面来看，人不可避免地产生作为整体的幸福概念。第三，当人们执着于用自己的理性去把握幸福，费尽心机地实现作为整体的幸福目的时，却发现这样的幸福并不是一个明晰的知性概念，而只是人在现象界中永远都无法达到的一个幸福理念。

（一）幸福概念

康德在其著作中对幸福内容的讨论，有两种表述最有代表性：其一，"幸福是对我们的一切爱好的满足（按照满足的多样性，这幸福是外延的，按照满足的程度，幸福是内包的，而按照满足的持续性，幸福则是延伸的）"[①]；其二，"关于幸福，每个人毕竟相信，生活中最大总量（就数量和持久性而言）的快意可以称之为真正的、甚至是最高的善"[②]；从中我们可以看出幸福的两个要素——爱好的满足与愉快的享受。

爱好是人的习惯性的感性欲求，"欲求（appetitio）是一个主体通过有关某种自身力量的未来结果的观念，而对自身力量的自决"[③]。通常的感性欲求叫作意向，因此爱好在任何时候都表现出一种需要。就人的感性本性而言，与欲求能力必然伴随着的是愉快或不愉快的情感，爱好得以满足，人就会感到愉快，反之，则不愉快。既然爱好的满足是使人感到愉快的东西，也叫作快适，愉快的享受是人对快适的享受，在这种意义上，爱好的满足与愉快的享受具有某种一致性。二者分别从两个不同的方面述说同一个东西，但我们只能从爱好的满足分析出愉快的享受，却不能从后者分析出前者。因为愉快的情感源于各种各样的经验，不同的事物给人带来的愉快感会使人产生不同的爱好。

如果说爱好的满足是康德从人的欲望能力方面对幸福做出的规定，那么愉快的享受则是他从人的愉快或不愉快的情感能力方面对幸福给予的说

---

① 康德.纯粹理性批判[M].邓晓芒译，杨祖陶校.北京：人民出版社，2004：612.

② 康德.判断力批判[M].邓晓芒译，杨祖陶校.北京：人民出版社，2007：43.

③ 康德.实用人类学[M].邓晓芒译.上海：上海世纪出版集团，2005：165.

明，在这里有一个获得幸福的发生机制：人的某种本能或欲望首次或偶然地得到满足，使人感到愉快。继而，人会出于感性本性，为了获得同样的愉快去欲求之前偶然经验到的对象的满足。如果这种欲求成为习惯，就称之为人的爱好，并进入一个追求幸福的循环：爱好→满足→愉快→爱好→满足→愉快……即爱好要求满足，获得愉快，并进入重复的过程。在其中，爱好的满足充当了幸福的内容，愉快的情感既是追求幸福的根据和目的，又是评判幸福与否的标准。

虽然爱好的满足与愉快的享受对于幸福概念都必不可少，但从根本上说，愉快的享受是我们追求幸福的深层次根源。因为"一切爱好和任何感性的冲动都是建立在情感上的"①，人第一次偶然地体验到的愉快是幸福循环的根本原因。由于每个人体验到愉快的方式、种类、程度等都各不相同，每个人的爱好和快意也随之不同。因此"每个人要将他的幸福建立在什么之中，这取决于每个人自己特殊的愉快和不愉快的情感，甚至在同一个主体中也取决于依照这种情感的变化的各不相同的需要"②。然而，一旦进入了幸福循环，爱好的满足和愉快的享受就变为幸福的两个相互规定、相互依存的因素。爱好的满足离不开愉快的享受，因为后者是前者的规定根据和内在动力。愉快的享受也离不开爱好的满足，因为前者是后者的必然结果和直接目的。因此，对幸福而言，二者必不可少。值得注意的是，从这两方面对幸福的界定源于人的感性本性，以低级欲求能力和感性情感为出发点，所获得的幸福倾向于幸福感，倾向于人的主观感受性，是康德对幸福的主观性理解。

然而，幸福并不止于此。康德认为，作为一个理性存在者，人不可避免地会产生作为整体的幸福概念，我们必须在人的理性本性的基础上对幸福概念加以界定和理解。首先，幸福是一切爱好的总和。它并不是一次伴随着快意的爱好的满足，也不是对多次愉快的体验，而是对人的整个生命存在的爱好的满足。幸福作为一个整体概念，要将一切爱好都囊括在内。其次，幸福是"生活中最大总量（就数量和持久性而言）的快意"，③快意就是享受。康德认为我们的享受有两种，一种是来自大自然的慷慨（如人之本能或感性冲动的满足所带来的享受），另一种是人通过自身主动性和自己的劳动而争取到的，即用我们自己的双手创造出来的（如居住在宽敞舒适的房屋、穿着漂亮的衣服所得到的享受）。虽然获得享受的方法、途

① 康德.实践理性批判 [M].邓晓芒译，杨祖陶校.北京：人民出版社，2003：100.
② 康德.实践理性批判 [M].邓晓芒译，杨祖陶校.北京：人民出版社，2003：31.
③ 康德.判断力批判 [M].邓晓芒译，杨祖陶校.北京：人民出版社，2007：43.

径不同，但最终所获得快意或享受是相同的。因为康德认为从人类心理学来看，人的愉快感只具有量的差别，没有质的差别。在此意义上，康德在75年前就反对密尔将"定性分析"引入边沁以"定量计算"为主的享乐主义的功利主义所做的努力①。由此，幸福又可以被理解为一种持续性快意的状态，这种状态是有限的理性存在者（即人）才能追求的。动物虽然也要求本能或感性冲动的满足，也伴随有满足的愉快。但是它并不会产生一个作为整体的幸福概念，也没有追求整体幸福的能力。至于神，亦没有幸福可言。神存在于本体界，全知全能，没有任何感性的束缚或牵绊。

事实上，幸福作为一个整体，是人在感性世界必然追求的唯一目的。人，就其感性本性而言，具有各种各样的欲求，会产生各种各样的爱好。但就其理性本性而言，人的理性不仅能够设置目的、选择手段以实现目的，还"把我们的爱好向我们提出的一切目的都在一个惟一的目的、也就是幸福里面结合起来，并使达到幸福的手段协调一致"②，权力、财富、荣誉、健康等都被归于幸福名下。虽然每个人可能会将不同的东西认作幸福，但是他们都将幸福作为现象界中（感觉世界）的唯一目的，深深地扎根于人心中，没有人会对它视而不见。在此意义上，可以说，人们对幸福的追求具有普遍性和必然性。

Daniel O'Connor 认为康德真正想要赋予幸福概念的定义是"幸福是人的各种主观目的的协调或整合"③，这种"协调或整合"正是理性的作用。每个人因其处于经验世界都有各种不同的主观目的，这些目的有的协调一致，有的相互冲突，为了达到幸福，人会对各种目的进行整合或协调，达到最佳状态获得最大的快意，在此意义上来说，幸福是可以被我们创造出来的。在大自然面前，我们不只接受它的慷慨，享受源于感性冲动的满足所带来的自然幸福，还可以通过协调或整合自己的各种主观目的去创造幸福。Nicholas White 在《幸福简史》一书中指出，康德继承了自柏拉图以来西方哲学史上对幸福的一贯看法，即幸福是人在考虑和兼顾各种目的的协调时所达到的最佳状态。在此意义上，幸福可被理解为人对其生命或生活状态的一种总体评价。康德也说，幸福是"一个有理性的存在

---

① 参看 Daniel O'Connor. *Kant's Conception of Happiness*[J]. Value Inquiry 16: 189–205(1982): 190.

② 康德 . 纯粹理性批判 [M]. 邓晓芒译，杨祖陶校 . 北京：人民出版社，2004；609.

③ 参看 Daniel O'Connor. *Kant's Conception of Happiness*[J]. Value Inquiry 16: 189–205(1982): 189.

者对于不断伴随着他的整个存在的那种生命快意的意识"①。既然是一种意识，就可以是一种反思，是人对他自己整个生命生活的整体评价和反思。

不幸的是，当人们执着于用自己的理性去把握幸福，执着于费尽心机实现作为整体的幸福目的时，却发现这样的幸福并不是一个明晰的知性概念，而只是人在现象界中永远都无法达到的一个幸福理念。"幸福的概念并不是这样一种概念，例如说人从他的本能中抽象出来、并从他自己身上的动物性中拿来的概念；而只是对某种状态的理念，他想要使该状态在单纯经验性的条件下与这理念相符合（而这是不可能的）。"②因此，幸福不是知性的概念，而是有限的理性存在者通过他的与想象力和感官知觉缠绕着的知性，自己为自己构想出来的理念。人在现象界中永远也达不到它，原因在于：第一，"幸福的概念是一个如此不确定的概念，以至于每一个人尽管期望得到幸福，却绝不能确定地一以贯之地说出，他所期望和意欲的究竟是什么。原因在于：属于幸福概念的一切要素都是经验性的，也就是说都必须借自经验，尽管如此幸福的理念仍然需要一个绝对的整体，即在我当前的状况和任一未来的状况中福祉的最大值"③。幸福概念的模糊性来源于它自身，它的两个要素：爱好的满足、愉快的享受；一个植根于低级欲求能力，以各种本能和感性冲动的满足为根据，充满不确定性、盲目性和奴役性；一个深深植根于感性的情感，以获得由感官所带来的愉悦为目的；由此，人的幸福被死死地限制在充满偶然性和被动性的感性经验上，无法形成一个具有普遍必然性的确定概念。第二，归属于幸福名下的一切爱好的满足的总和，人的理性毕竟不能形成一个确定的和可靠的概念。"因此毫不奇怪，一个惟一的、就其许诺的东西和能够得到满足的时间而言确定的偏好，比一个游移不定的理念更有分量。"④"即使我们想把这个概念要么贬低到我们的种类完全与自己协和一致的那种现实的自然需要上，要么在另一方面想把它进一步提高到达到想像目的的熟巧这样的高度：但毕竟，人类所理解的幸福及事实上成为他所特有的最后自然目的（而非自由目的）的东西却永远不会被他达到；因为他的本性不具有在任何地方停止并满足于占有和享受的性质。"⑤况且，人的幸福行为往往处

---

① 康德.实践理性批判 [M]. 邓晓芒译，杨祖陶校.北京：人民出版社，2003：26.
② 康德.判断力批判 [M]. 邓晓芒译，杨祖陶校.北京：人民出版社，2007：285.
③ 康德.康德著作全集第 4 卷 [M]. 李秋零主编.北京：中国人民大学出版社，2005：425.
④ 康德.康德著作全集第 4 卷 [M]. 李秋零主编.北京：中国人民大学出版社，2005：406.
⑤ 康德.判断力批判 [M]. 邓晓芒译，杨祖陶校.北京：人民出版社，2007：286.

于自由的选择中。一个平常乐善好施的人经常把自己对乞丐的施舍当成一种幸福。但当他碰巧身上只有用来买一张喜剧门票的钱时，就可能会拒绝帮助乞丐，而此时他显然选择了看喜剧的幸福。归根到底，幸福的不确定性源于人自身的有限性。人作为现象界的有限的理性存在者，服从自然因果律，被经验性和偶然性包围着，不可能全知全能或无所不知。人可以无限地趋近幸福理念，却永远达不到它。第三，从幸福的语义学来看，德语"Glückseligkeit"中的"Glück"，英语"happiness"中的"hap"是"运气、好运"的意思，相当于汉语中"幸福"的"幸"，指人的掌握能力之外的神秘力量。这在康德哲学中指向自在之物，在基督教中指向上帝及其意志，在中国传统文化中指向"天"，所谓"谋事在人，成事在天"。尽管人具有创造幸福的能力，但是幸福能否达成还要依赖于自然的赏赐或恩惠。然而大自然并没有将人类作为自己特殊的宠儿，给人类特别的恩惠，而是像对待一切其他动物一样对待人类。地震、火山爆发等自然的破坏作用的伤害打断人类的幸福生活。人身上自然素质的矛盾性使他们与自己的同类通过统治的压迫或战争的残暴而陷入绝境，往往与向往的幸福相距甚远。甚至人的生命本性也昭示着人不能实现幸福的理念。快乐与痛苦都是人天生的情感，快乐是生命的提升情感，痛苦是生命的阻碍情感。生命的过程是快乐与痛苦交替呈现的过程，痛苦是生命力中不可缺少的刺激。对于生命而言，永远的快乐或永远的痛苦都不可能。因为那意味着死寂，所以人在其生命存在中不可能达成幸福。

由此可见，在康德的伦理学中，幸福并不是一次爱好的满足或多次愉快的享受，也不是一个能够被人的理性（知性）把握的明晰概念，而是人作为感性存在者必然向往的一个幸福理念。李秋零在《康德论幸福》一文中指出，正是康德对爱好的狭义理解，导致康德对幸福的狭义理解，这种理解将幸福牢牢限制在感性世界，为幸福的实现留下了难题。[①]

（二）幸福的原则

幸福的原则在康德那里也叫作自爱的原则。就个人而言，幸福的原则具有主观性，它们基于每个人不同的感性欲望和对欲求对象的愉快或不愉快的情感。就人类整体而言，幸福的原则又具有普遍性，每个人都受到感性欲望的驱动。一切质料性的实践原则都隶属于自爱或自身幸福这一普遍原则之下。所以，"普遍的"幸福原则具有质料性、主观性、经验性和偶

---

① 参看李秋零.康德论幸福 [J].宗教与哲学（第七辑），北京：社会科学文献出版社，2018.

然性等特点。

幸福的原则将欲求能力的一个质料（客体）预设为意志的规定根据，欲求能力的质料是主体所欲求的具有现实性的对象。按照幸福原则行动的目的使欲求对象成为现实，从中获得愉快的情感。这种愉快感只表达质料与主体的关系，具有主观必然性，导致幸福的原则具有主观性。由于"一切质料的实践规则都在低级欲求能力中建立意志的规定根据"①，幸福的原则只与人的低级欲求能力相关，即与动物性的任意和自由的任意相关，往往建立在感性冲动或本能之上。出于人的感性本性，与欲求能力必然伴随着的是愉快或不愉快的情感。"当我们追问欲求能力的规定根据，并将这些根据建立在可从任何某物那里期待的快意中时，问题的关键根本不在于这个令人快乐的对象的表象来自何处，而只在于它令人快乐到什么程度。"②按照幸福的原则行动时，无论他被哪一种质料的哪一个表象刺激起来，对他来说完全一样。他唯独关心的只是可以获得多么强烈的快意，能维持多久，如何容易获得以及多么经常的重复等。所以，幸福原则起作用时的差别往往在于人的愉快程度，即人的情感上的量的差别。

从本源上说，幸福的原则"仅仅建立在某种愉快或不快的感受性（它任何时候都只能被经验性地认识，而不能对于一切有理性的存在者都以同样的方式有效）"③之上。由于人是有限的理性存在者，其有限本性决定他有感性方面的需要，这种需要必然涉及其欲求能力的质料，"也就是某种与作为主观基础的愉快或不愉快的情感相关的东西"④。在幸福原则中，对欲求对象的愉快或不愉快的情感成为推动人行动的动机。但由于我们无法先天地知道哪些质料会使我们感到愉快，哪些质料会使我们感到不愉快，所以，只能通过经验获得有关欲求对象与我们的愉快感的知识，这导致幸福的原则在任何时候都是经验性的。在现象界中，我们追求幸福时所遵循的幸福原则往往作为"一个主观上必要的法则（作为自然规律）在客观上就是一个极其偶然的实践原则，它在不同的主体中可以且必定是很不相同的，因而永远不能充当一条法则，因为在对幸福的欲望上并不取决于合法则性的形式，而只是取决于质料，亦即取决于我在遵守法则时是否可以期望快乐，和可以期望有多少快乐"⑤。

①　康德. 实践理性批判 [M]. 邓晓芒译，杨祖陶校. 北京：人民出版社，2003：26.
②　康德. 实践理性批判 [M]. 邓晓芒译，杨祖陶校. 北京：人民出版社，2003：27.
③　康德. 实践理性批判 [M]. 邓晓芒译，杨祖陶校. 北京：人民出版社，2003：25.
④　康德. 实践理性批判 [M]. 邓晓芒译，杨祖陶校. 北京：人民出版社，2003：31.
⑤　康德. 实践理性批判 [M]. 邓晓芒译，杨祖陶校. 北京：人民出版社，2003：31.

因此，幸福的原则在我们日常生活中只是劝告或建议，劝告我们做什么才能获得最大的幸福。康德把为自己的最大福祉选择手段时的技巧，称为最狭义的明智，明智的规范也是为自己获得最大幸福而选择手段的命令式。"行为仅仅为了别的目的作为手段是善的"①，这个"别的目的"就是幸福。"作为促进幸福的手段的行为，表现其实践必然性的假言命令式就是实然的"②。明智的命令是现实的，是理性为了达到人人都欲求的幸福意图，而对意志发布的实然的实践原则，也是理性为达到感官向我们推荐的那些目的而为人提供的实用规律。康德认为，明智有两层含义，第一层是世俗的明智，即"一个人影响他人、为自己的意图利用他人的技巧"③；第二层是私人的明智，即"为自己的持久利益把所有这些意图统一起来的洞识"④。世俗的明智可以归结为私人的明智，因为前者也是为了维护自己的最大利益而利用他人。

虽然明智的规范是理性为达到幸福而采用的行动（手段）规则，但是由于幸福是一个如此不确定的概念，以至于尽管人人都期望得到幸福，却绝不能确定地、一以贯之地说出他想要的究竟是什么。即使幸福作为一个整体的概念，"即在我当前的状况和任一未来的状况中福祉的最大值"⑤，理性也很难提出明确的应对措施。人类自身的有限性决定了人无法按照确定的原则去实现幸福，只能接受或听从经验的教导而行动。例如使用特定的食谱，生活要节俭，做人要彬彬有礼等。人们只要按照经验的建议行动，通常最有助于获得幸福。因此，明智也只是通过经验积累起来的，作为理论哲学的补充，属于现象界的知识。

---

①　康德. 康德著作全集第 4 卷 [M]. 李秋零主编. 北京：中国人民大学出版社，2010：
　　421.

②　康德. 康德著作全集第 4 卷 [M]. 李秋零主编. 北京：中国人民大学出版社，2010：
　　423.

③　康德. 康德著作全集第 4 卷 [M]. 李秋零主编. 北京：中国人民大学出版社，2010：
　　423.

④　康德. 康德著作全集第 4 卷 [M]. 李秋零主编. 北京：中国人民大学出版社，2010：
　　423.

⑤　康德. 康德著作全集第 4 卷 [M]. 李秋零主编. 北京：中国人民大学出版社，2010：
　　425.

第二节　实用目的建议

幸福是每个人必然追求的目的，由于其概念本身的主观性、经验性和不确定性，以幸福为对象的实用目的学说，无法像道德目的学说那样构成一个完备而严谨的目的系统。从最底层的逻辑来看，幸福的具体内容还是要还原为爱好的满足和愉快的享受。在《学科之争》和《实用人类学》中，康德对人们达到幸福的实用建议进行了较为深入的思考。在这里，康德将幸福具体指向健康①，包括身体的健康与心灵的健康，并针对可能产生的疾病提供相应的治疗方案。

一、身体健康的建议

基于身心之间的交互关系和相互影响，康德在《学科之争》中论述了哲学治疗与医学治疗的区别。他说，医学致力于治疗人身体上的疾病，身体的健康是实现精神健康的手段。相反，哲学能够通过治疗精神上的疾病，通过精神的健康实现身体的健康，这就是养生学。

康德认为，胡弗兰德的养生学是一种延长生命的艺术。基于人的感性本能，人们有两种自然愿望：长寿和健康。人们乐意这两种愿望并存，希望长寿的同时保持健康。但是，对长寿的希望是无条件的。依据人的自然本能，即使不健康，处于疾病之中，人们也期望长寿。任何对死亡的期望都是违心的抱怨。相比之下，健康不那么容易判定。有些人感觉自己健康却不一定真的健康，有些人经常生病反而容易长寿。养生学在"延长生命"而不是"享受生命"的艺术中，展现自己的技巧或知识。为了长寿，养生学建议人一方面要拒绝安逸，避免生命力因缺乏锻炼而熄灭，另一方面要防止过劳，避免生命力因超负荷运载而耗尽。

与胡弗兰德不同，康德提出的是哲学的养生学、心灵的治疗术。"只有人心中的理性通过一种自己给予自己的原理来控制感性感觉的那种力量。"②与此相对的是纯然经验性的机械治疗术，即从身体之外寻求药物或者手术等有形手段寻求治疗方案。最著名的养生学原则，是斯多亚派提出

---

① 这里的健康指向广义的健康，Klemme 认为广义的健康除了医学上认定的没有疾病之外，还包括康德在《实用人类学》中讨论的内容，即人之心灵能力的原则和手段。诸如为了健康，人的心灵能力应该怎么做或应该避免做什么。（参看 H. F. 克勒梅. 康德实践哲学 [M]. 钱康、杨丽、李彬译，上海：东方出版中心，2022：19.）

② 康德. 康德著作全集第 7 卷 [M]. 李秋零主编. 北京：中国人民大学出版社，2010：97.

的"坚忍并且节制"①。康德认为，养生学不仅仅是否定性地、预防疾病的艺术。它还以人的一种心灵能力为前提，这种心灵能力能够"通过纯然的坚定决心来控制其病感"②。基于纯然坚定的决心，康德提出了两条维持健康的养生学原则。

第一条是通过转移注意力的方式摆脱病感，主要适用于忧郁症、失眠等疾病。忧郁症也被称为"疑心病"③，即"胆怯地沉溺于自己一般而言病态的感觉，而没有一个确定的客体（因而不去尝试通过自己的理性去控制它们）"④。这种软弱叫作癔症，癔症是想象力的产物。在癔症中，患者相信自己有病，并且因为缺乏控制病感的能力而沮丧。康德认为，对于这种癔症患者，不能要求他通过自己的纯然决心控制其病感。他之所以忧郁，就是因为他自己缺乏这种纯然的决心。正确的建议是，如果患者找不到出现癔症的任何原因，那就无视这种忧郁，把自己的注意力转移到他要做的其他事情上。康德分享了自己的经历，他说自己因为身体的构造而具有一种忧郁症的自然素质，这种忧郁导致他早年厌烦生命却又无法消除忧郁，后来他通过转移注意力的方式来控制它。

在睡眠方面，一个人不能按时按点睡觉或者不能保持清醒都属于病感。对此，唯一的养生学建议也是转移注意力。"在感知到或意识到某个兴奋的念头时马上把注意力由此转移开（就好像人们闭上眼睛，把眼睛转向另一边一样），然后通过打断每一个意识到的念头，逐渐地产生一种表象的混乱，由此对自己身体（外在）状况的意识就被打消，并出现一种完全不同的秩序，即想象力的一种不自觉的活动。"⑤失眠使人烦躁不安，斯多亚派建议失眠的人努力把自己的念头固定在一个无关紧要的客体上，从而把注意力从烦躁不安的感受上引开。梦是一种健康的睡眠状态，在梦中，身体松弛下来，生机运动却受到最内在的激发。

感冒会引起鼻子堵塞，呼吸困难或者咳嗽都会影响睡眠。康德认为，

---

① 康德.康德著作全集第7卷[M].李秋零主编.北京：中国人民大学出版社，2010：97.

② 康德.康德著作全集第7卷[M].李秋零主编.北京：中国人民大学出版社，2010：94.

③ H. F. 克勒梅.康德实践哲学[M].钱康、杨丽、李彬译，上海：东方出版中心，2022：17.

④ 康德.康德著作全集第7卷[M].李秋零主编.北京：中国人民大学出版社，2010：99.

⑤ 康德.康德著作全集第7卷[M].李秋零主编.北京：中国人民大学出版社，2010：101.

仅凭直接的心灵运用就能够对抗这两种病感。具体做法是：把对这种刺激的注意力使劲集中在某种客体上，将它完全转移，从而阻止空气的喷出。当然，这需要相当坚定的决心，才能进行心灵运作。紧闭双唇呼吸的习惯导致的直接结果，是在睡眠中一旦偶尔张开双唇，人就会惊醒。这种习惯的间接结果，是防止在睡眠和做梦中被迫的咳嗽。这样就通过纯然决心的力量防止疾病。康德曾经在该熄灯时发觉自己口渴，他通过深呼吸或者扩胸运动等相反的刺激，消除口渴这种病态的刺激。在痛风甚至抽搐或癫痫发作时，康德使用纯然的决心把注意力从病痛中引开，并逐渐完全消除它们。

第二条原则是节制，节制分为身体上的节制和思维上的节制。身体上的节制表现在饮食上。身体健康的年轻人可以在时间和量上征询胃口的享受，老年人在胃口上喜欢比较粗糙的食物、刺激性的饮料，但是这样的饮食并不健康。饮食方面的坚定决心是"把这种刺激控制在对应当配给固体食物的流食的自然需要的尺度内，在老年甚至会由自然本能来抵制大量享用流食"①。例如，过量饮水影响睡眠。午饭还没有消化的时候不应该再吃晚餐。食物还未被消化却想进食的刺激就是一种病感，人们应该通过一种坚定的决心来控制它。思维上的节制用于"不该思维的时候思维造成的病感"。饮食的时候思考使头和胃同时工作，这样会导致忧郁症。走路的时候思考使得头和脚同时工作，这样会导致眩晕。生命力被大脑的工作从承受负担的胃或脚引开了，病感就产生了。养生学控制这种病感的建议是，"让胃或者脚的机械活动与思维的精神活动交替进行，在这段（用于恢复的）时间里阻止有意的思维，听凭想象力的（与机械活动类似的）自由活动"②。这就是思维时注意养生的一种普遍的坚定决心。

总结来看，在身体的安康上，想要长寿就必须要维持健康。为了健康，心灵通过纯然的坚强决心转移注意力或节制的方式控制病感，人们通过心灵的健康达到身体健康的目的。此外，康德还区分了两种病感，一种是生理上、身体上的，另一种是社会公民参与上的。后一种病感主要针对老年人。人都希望长寿，但是长寿的人最终会在其他人那里遭受白眼，这恰恰不是最令人愉快的事情。某人自诩老年健康，但老年人毕竟是死亡候选人。老人常被归入病人之列，因为生理上的无能不仅阻碍着对生命力的

---

① 康德. 康德著作全集第 7 卷 [M]. 李秋零主编. 北京：中国人民大学出版社，2010：104.

② 康德. 康德著作全集第 7 卷 [M]. 李秋零主编. 北京：中国人民大学出版社，2010：104.

滥用和耗费，同时也阻碍着对生命力的正常运用。毋宁说，老年人在最低层次即动物性生存方面是健康的，他们在公民性生存方面则是有病，即对社会无用。

二、心灵健康的建议

在《实用人类学》的前言中，康德指出，人类文化中一切进步都是为了把知识和技巧用于世界，世界上一切知识和技巧都是为了用于人。"人是他自己的最终目的"①。关于人的系统知识要么是生理学的，要么是实用方面的。生理学关涉大自然使人成为什么，实用知识关涉人作为自由行动的存在者使自己成为什么，或者能够并且应当使自己成为什么。实用知识包含着作为世界公民的人的知识。作为世界公民，人类不仅能够认识世界，而且能够拥有世界。这一切都依赖于人之心灵的健康，即人的心灵能力的正常运转和发挥。人有三种心灵能力，即认识能力、情感能力和欲求能力。为了保存和发展这三种能力，康德对于心灵能力的发展和可能出现的心灵疾病给予了相应的研究和反思。

第一，认识能力。

人对自我认识的实用建议。拥有自我意识是人之为人的首要条件，对自己的思维使人作为人格具有尊严，但是要警惕自我主义。自我主义包含三种僭妄：知性的僭妄、鉴赏的僭妄、实践兴趣的僭妄。唯有多元主义能够与自我主义相抗衡，多元主义要求我们把自己当作一个纯然的世界公民来看待和对待，不要把自己当作"整个世界囊括在自己"的自我之中的人。人能够自主地意识到自己的表象，表现为注意和抽象。注意能力有一个特别坏的习惯，是情不自禁地盯着别人的缺陷，此时发挥抽象能力，就是明智的。抽象能力是思维能力的一种自由、心灵控制自己表象状态的专权。通过锻炼抽象能力，人才能获得心灵的坚强。通过自我观察，理性能够有条理地整理自己对自我的知觉。在人际交往中，这种自我观察很重要，但必须表现出从容不迫、不露锋芒，否则会让人觉得尴尬或矫揉造作。例如，人们应该在大庭广众之下举止自然、真诚表现，不要在外表上装模作样、乱讲排场。在对自己进行内部观察时，"千万不要去窥探自己思想情感不由自主的历程的一种内在历史"②。因为这样的观察会导致头脑

---

① 康德.康德著作全集第7卷 [M].李秋零主编.北京：中国人民大学出版社，2010：114.

② 康德.康德著作全集第7卷 [M].李秋零主编.北京：中国人民大学出版社，2010：126.

混乱，陷入顿悟主义或恐怖主义。在观察心灵中不同的表象活动时，不要窥视想象力无意间的创造活动，否则会导致郁郁不乐。思维的原则在想象力之后，内部经验在时间中流动，没有观察的持久性可言。人的心灵拥有模糊的表象，模糊表象的领域不可测度，占据着人心灵中的最大领域。模糊表象能够激发想象力的兴趣在其中尽情地游戏。虽然知性能够意识到模糊表象的欺骗性，却无法使自己摆脱它们使自己陷入荒唐境地的影响。例如，在性爱中，想象力甘愿陷入享受其对象的黑暗之中。一个垂死之人在模糊表象的影响下把自己的墓地指定为一个花园或者一棵大树，这在知性看来是不明智的，他并没有把秀丽的风景作为一个选择条件。人靠衣装马靠鞍，模糊表象可以通过外表的伪装欺骗理智，使它难以看到事实的真相。神秘主义是模糊表象在学术上的典型代表，理智只有拨开迷雾，才能看到清晰的概念。

正确认识感性的实用性。说起人的认识能力，我们把一切敬重都给了知性，称它为高级认识能力。感性作为低级认识能力背负着坏名声。毋庸置疑，我们无法摆脱感性的被动性，感性的被动性构成其一切弊端的根源。人的内在完善性在于在自己的权利范围内使用一切能力，以便使这一切能力服从其自由的任意。这都要求知性的统治。然而没有感性，知性就缺乏立法和使用的材料。人们指责感性搅乱表象力、不服从知性的统治、欺骗心灵却不易被察觉。康德一一为感性做了辩护。首先，感性并不搅乱表象力。感官知觉只是内在现象，知性把它们整理为经验。因此，经验表象的混乱责任在于知性的玩忽职守。概念的清晰性、情感的丰富性和意志的情趣性一股脑地由知性展现出来，切莫忘记感性为知性提供的丰富材料。其次，感性并不掌控知性。感性在涉及共通感的事情上表现出重要性，并非感性对知性的僭妄统治。因为，对于箴言神谕等心血来潮的判断，依赖于"关于一个发生的事件中怎么办才是正当的和睿智的"[①]预设，第一个判断即感性判断通常是正确的判断。最后，感官并不骗人，感官的判断永远正确。因为感官根本不做判断，错误的判断永远只能是知性做出的。诸如海市蜃楼这样的感官幻相，是知性把现象当成经验知识导致的。

康德承认，感官表象有一些消极的负面影响。感官表象会给知性造成错觉，有的是自然的错觉即幻觉，有的是人为的错觉即欺骗。幻觉的虚幻性能够被心灵认识，并且能够继续存在，心灵还利用幻觉做游戏以获得快

---

① 康德. 康德著作全集第 7 卷 [M]. 李秋零主编. 北京：中国人民大学出版社，2010：138.

意，比如透视画。欺骗一旦被心灵识破，就会立刻消失，比如各种各样的魔术戏法。人们常常容忍幻觉却不想被感官表象欺骗，因为幻觉诱惑、欺骗、愚弄人。在一种健全的心灵状态中，还有一种感官错觉叫作迷惑。迷惑使感官显得自相矛盾。迷惑戏弄人，使人不相信自己的感官。然而，感官表象也有积极的正面表现的一面。有些作为道德假象的感官表象是被允许的，比如扮演或伪装成一个文明的、有道德的人。康德认为，越文明，人们越能够伪装，伪装成一个拥有庄重无私之外表、爱慕敬重别人的道德人。这些道德外表的伪装，似乎欺骗了我们内心的爱好，实际上走在返回顺从道德法则的路上。它不是欺骗，而是一种无害的幻觉。进一步来说，由于无聊而厌恶生存，由于劳动而感到生命的沉重，这都是源自安逸（不劳而乐、不劳而获）、极其有害的自然偏好。有些人在无目的的苟活中，凭借没有干任何坏事而自鸣得意，这种意向本身对于道德目的而言具有欺骗性。类似的意向在艺术活动中表现为消遣（消磨时光），实质上是浪费时间。这种意向在对付感性偏好上毫无建树。然而，这些欺骗却是被允许的。因为它们有利于引向道德行为。比如掩饰情欲的庄重（作为幻觉）有益于两性双方的人格平等。招人喜爱的彬彬有礼、礼貌客气促进朋友之间的善意交往。尽管"交往中的一切人类德性都是辅币"[①]，但是它们有朝一日也能够变成有现实价值的纯粹筹码。真正需要警惕的是，在道德善的外表之下，必须毫不留情地去除那个随处可见的自爱。自爱才是掩盖在欺骗之下的恶行的根源。

人具有五种外部感官，它们各司其职，维持心灵活动的健康。触觉感官是唯一能够直接进行外部知觉的感官，它最重要、最可靠，同时也最粗糙。它为我们知觉一个对象的形状提供了必要前提。听觉感官和视觉感官都是间接知觉的感官。听觉可用来表达内在的情感。音乐是听觉感官的一种合规则活动。音乐可以在一个空间中向所有在场的人传达情感，达到一种社会性享受。视觉感官最高贵，"它在所有感官中离触觉感官这种知觉的最受限制的条件最远，并且不仅包含着知觉在空间中的最大领域，而且它的器官最少感到受刺激（因为若不然，它就不会是纯然的看了），因此更接近一种纯粹的直观（被给予的客体的直接表象，没有掺杂明显的感觉）"[②]。这三种外部感官通过反思把主体导向对外部对象的认识。与这三

---

① 康德. 康德著作全集第 7 卷 [M]. 李秋零主编. 北京：中国人民大学出版社，2010：145.

② 康德. 康德著作全集第 7 卷 [M]. 李秋零主编. 北京：中国人民大学出版社，2010：149.

者相比，味觉和嗅觉感官的主观性甚于客观性。前面三种感官的感觉是力学影响的感觉，味觉和嗅觉是化学影响的感觉。前三者是知觉的感官，停留于表面，后两者是享受的感官，是最内在的吸收。恶心是对感官享受的否定。比如吃得多了或者吃得不合适感觉恶心，抑或者肮脏的东西引发的恶臭令人作呕。

适度是感官上的实用原则。太强或太弱的刺激都不利于感官作用的发挥。比如强光之下人睁不开眼睛，光线太弱人看不清东西。人应当锻炼自己的五种感官，人的感官感觉越敏感，人就能更好地控制自己的情感，继而感觉更加幸福。一个感官孱弱的人，幸福感相对较低。在感官的培养和锻炼上，嗅觉感官最吃力不讨好。康德认为，为了享受而培养它、提高它是不值得的。因为，与嗅觉带来的快意相比，有更多恶心的对象出现，何况嗅觉带来的快乐享受短暂易逝。当然，嗅觉作为健康的消极条件具有一定的重要性，比如它可以分辨有害气体或腐败的食物。相比之下，味觉具有一定优越性，它有利于享受时的社交。病人可以通过食物的享受改善心情，饥饿使人对食物的享受感升级。任何一种感官的缺陷都是令人遗憾的。如果不幸降临，那么听觉感官可以由视觉感官来补偿。但这对于后天缺失的听觉感官更加有效。对于先天丧失的听觉，补偿难度非常大。根据经验，一个耳聋的老人更加在乎视觉的补偿。许多盲人还可以在社交中侃侃而谈，一个耳聋的人通过视觉看到别人的各种表情猜测别人的情绪，导致自己闷闷不乐、猜疑不满，最终落得寂寞。在嗅觉和味觉感官中，烟草或槟榔果等使人成瘾的东西，是一种纯然的感官刺激，能构成独特的自娱自乐的方式，"用一再被重新激起的感觉和转瞬即逝但又一再更新的刺激，来充实时间的空闲"[①]。

通过对比、新颖、变换和提高等方式可以不断增强感官感觉的刺激程度。但是，康德告诫年轻人，在娱乐、饮宴、爱情等方面要适度地控制享受、推迟满足。斯多亚主义和伊壁鸠鲁主义都告诫过我们，让享受总是保持持续增长，节省生活情感中的消耗会让你更加富有。"把享受控制在自己手中这种意识和一切理想的东西一样，要比一切通过一下子被消耗殆尽并这样放弃整体的总量的东西更加有益、更加全面"[②]。感官能力因酒醉、睡眠、昏厥、窒息和真正的死亡而被削弱、受阻甚至完全丧失。康德

---

① 康德.康德著作全集第7卷 [M].李秋零主编.北京：中国人民大学出版社，2010：153.

② 康德.康德著作全集第7卷 [M].李秋零主编.北京：中国人民大学出版社，2010：158.

认为，睡眠无疑是人为了重获外部感觉积聚力量的一种重要的放松方式。人应当正确地看待死亡。死亡是"生命力的一种纯然机械的反应，也许是逐渐从一切痛苦解脱出来的一种平和的感觉"①。我们只能在别人身上察觉到死亡，我们并不能体验到死亡的感觉。所有那些恐惧死亡、害怕死亡的人，都不是害怕"死亡本身"，而是害怕"死去、死了"的思想。这种思想是一种无法消除的幻觉。应当明确的是，"我不在这种思想是根本不能存在的；因为如果我不在，我就也不能意识到我不在"②。也就是说，以第一人称说话来否定自己，主体自己否定了自己，这是一个矛盾。

此外，康德也提到内部感官，即人"在他被他自己的思想活动所刺激的时候对他所承受之事的一种意识"③，它的基础是内部直观。内部感官不是人类学的对象而是心理学的对象。人们相信在自身中能够知觉到一个灵魂，它是居住在人里面的特殊实体，被想象为纯然的感觉能力和思维能力的心灵。灵魂是内部感官的器官。当内部感官屈服于幻觉，把心灵现象当成外部现象，把想象当成感觉，人就会陷入狂热；若把心灵现象看作灵感、另一个存在者，就会造成视灵术。狂热和视灵术都会造成心灵的疾病。我们应该预防心灵疾病，不要陷入狂热，不要用白日梦欺骗自己，不要陷入变态的视灵术，它们都是虚构。

想象力是即便对象不在场也能够直观的能力。想象力从五种感官那里获得自由创作的素材，使人的生活更加丰富。想象力不由自主的想象是幻想，经常把幻想看作经验的人是一个幻想家。想象力在睡眠中的自由活动是做梦。做梦是"大自然的睿智安排，为的是在基于任性的身体运动亦即肌肉运动中止时，通过与不由自主地创作出来的事情相关的激情来激起生命力"④。千万不要把梦中的一切当作某个未知世界的启示。想象力的游戏帮助人们放松心情，赶走疲惫。使用麻醉品可以激起或者平息想象力。麻醉品中有一些是削弱生命力的毒品，比如鸦片；另一些可以加强生命力、提高生命力的情感，比如发酵饮料、各种酒类。使用这些反自然的人工手段一定要遵循节制的原则。鸦片和烧酒本身是有害的东西，人们应该远离

---

① 康德 . 康德著作全集第 7 卷 [M]. 李秋零主编 . 北京：中国人民大学出版社，2010：159.

② 康德 . 康德著作全集第 7 卷 [M]. 李秋零主编 . 北京：中国人民大学出版社，2010：160.

③ 康德 . 康德著作全集第 7 卷 [M]. 李秋零主编 . 北京：中国人民大学出版社，2010：153.

④ 康德 . 康德著作全集第 7 卷 [M]. 李秋零主编 . 北京：中国人民大学出版社，2010：168.

它们。葡萄酒和啤酒（具有营养成分）能够让人打开心扉，放松心情，促进社交，但是人们应当避免过度饮用。醉酒之后的无所顾忌、行为不谨慎，甚至对健康的损害等都会削弱人的幸福。

通过想象力，人们能够记忆过去，预见未来。记忆帮助我们不断地积累经验。重复的经验产生熟巧，经验性的预见就是对类似情况的评判与期待。展望未来要么是预感，要么是预期。预感是对尚未存在的事物即将出现的神秘感觉，预期是通过反思事件前后的因果关系对未来事物的出现产生意识。必须清醒地认识到，一切预感都是幻影，并且时常使人忧心忡忡。预见可以分为预言、预卜和预示。自然的预言基于经验法则，反自然的预卜违背已知的经验法则，超自然的预示源于一种超自然的灵感、神的影响。在这里，我们要警惕那些声称算命、占卜的人，他们通过占星术、炼金术、飞鸟占卜、解剖占卜等方式的预卜，本质上是为其服从的宗教或神的意志服务的，最终都会陷入神秘主义的牢笼。"一个民族不可转移的命运毕竟是由它自己招致的，因而是由它的自由任性造成的；对这种命运做出预报的一切预示，除了由于该民族毕竟不能逃避它，因而预知对它来说毫无用处这一点之外，自身就有荒唐之处。"[①]

感性的正常发挥是不能缺乏的，它为人认识世界和拥有世界提供了最初条件。但是，如果一个人仅仅听凭感性的引导，那么即便他成年以后，仍旧非常幼稚。知性才能照亮他前进的道路。

健全的知性及其原则。一个健全的灵魂必然包括知性、判断力和理性。对于这三种高级认识能力，康德在三大批判中从先验人类学的立场上阐述很多，这里康德的论述视角从实用方面展开。他认为，如果从"是否能够有效实践目的"这方面来评判认识能力的话，那么，"一个正确的知性、熟练的判断力和缜密的理性，构成了理智认识能力的整个领域"[②]。正确的知性是首要的理智能力，它包含着概念对其目的使用的适宜性，它力图用最少的手段满足自己的目的。奸诈和阴险也是强大的知性运用，它们是极受限制的人们惯常的思维方式。虽然狡猾的欺骗一般只会奏效一次，我们也要警惕奸诈或阴险带来的伤害。这三种能力的职能分工明确，康德举例说，仆人和国家公务员需要知性以服从命令，军官需要判断力以便面临具体情况时做出决定，统帅则需要理性以便在评判各种情况的基础上想出规则。自然的知性可以通过概念的教导而丰富。判断力不能被教导，只能被练习。理性合规则地、完善地实践运用就是智慧。智慧不能被灌输，只能从自身中产生。人大约到 20 岁时，能够在熟巧（即实现任意意图的能力）方面完全运用自己的理性。大约到 40 岁时，人才能称得上聪明，能够为了实现自己的意图而利用他人。大约到 60 岁，人才能达到智慧，在这个阶段，人会看出以前的自己有多么愚蠢。遗憾的是，此时生命即将殆尽。

灵魂在认识能力方面的缺陷要么是心灵的疾病，要么是心灵的孱弱。心灵的疾病有两大类，一类是癔症、忧郁症、疑心病，另一类是精神失常、狂躁症。癔症患者能够意识到自己的思想活动不正常，自己的理性无法控制自己的思路回到正途。癔症患者的情绪起伏不定、变幻莫测。精神失常的患者能够自主随意地思维，但是他思维的主观原则违背客观的经验法则。精神失常的表现多种多样，它在感性表象上表现为荒唐（即没有能力把自己的表现置入可能的经验联系之中）或妄念（即把想象力在合乎经验可能性原则基础上错误创作的表象视为知觉）；在认识能力上表现为狂妄（即判断力的失常）或癫狂（理性的失常）。对待癔症，我们可以通过纯然的决心力量转移注意力或者节制（前面已经讲过，这里不再赘述）。精神失常的人往往被送入疯人院。他们缺乏自理能力，日常生活都需要别人来照料。

心灵的孱弱可以表现为"头脑迟钝"（缺乏机智）、"愚笨"（既缺乏判断力又缺乏机智）、"头脑简单"（知性只能把握很少的东西）。头脑简单的人在学习上是无能的，愚笨的人不能被用来做事，傻瓜会为了无价值的目的牺牲有价值的东西。需要注意的是，无知和老实都不是愚笨。无知是缺乏足够的经验积累。老实是实践理性的范畴，表示出自原理对义务的遵循。心灵的完全孱弱叫作低能，它要么甚至连动物都不如，无法运用自己的感性生命力；要么刚好只够像动物一样从事纯然机械的模仿活动。分心（精神涣散）是"注意力从某些主导的表象上由于被分布到其他不同类的表象上而移开的状态"[1]。故意分心可以放松心灵，使想象力重新自由运转；不自主的分心则是魂不守舍。无法故意分心是一种心灵孱弱，这种孱弱一旦变成习惯，就可能导致妄念。在社交中分心是不礼貌的行为，常会招致嘲笑。适当的分心使人"养精蓄锐"，有利于平衡心灵的各种力

① 康德.康德著作全集第 7 卷 [M].李秋零主编.北京：中国人民大学出版社，2010：200.

量，有益于心灵的健康。康德建议事务繁忙的人掌握这种心灵养生学的艺术，即为了聚集心灵力量而分心。但这是一种非同一般的艺术，需要强大的心灵力量。一个健全的知性在运用方面也可能伴有孱弱，要么导致正常的发育发展延迟，要么在公共事务上要通过另一个人格来代表自己。前者表现在儿童身上，儿童应在父母的监护下长大。后者表现在妇女的公民权利上，丈夫是妇女的自然监护人。使自己受监护虽然降低身份，却十分省心。政府首脑们都希望自己的臣民为了自己的利益接受持久的监护。传教士严格持久地使信徒维持在受监护状态之中。

总而言之，认识能力中有三种天赋的才能，即生产性的机智、洞察力和思维的原创性（即天才）。机智捕捉闪念，判断力追求理解，洞察力重在发现，天才着重发明。认识能力的全部运用最终归结为三个方面：（1）知性追问："我想要什么？"（2）判断力追问："这取决于什么？"（3）理性追问："从中会产生什么？"不同的头脑回答这三个问题的能力不同。但是，第一个问题仅仅要求头脑的清晰，第二个问题则要求敏锐的判断力。知性积极地排除错误，判断力消极地防止错误，理性堵塞错误的源泉，并通过原则的普遍性为知性保驾护航。康德总结道，对于任何一个思考者而言，能够成为永恒命令的认识能力准则是："1. 自己思维。2.（在与人们的交流中）站在每个他人的地位上思维。3. 任何时候都与自身一致地思维。"[①]第一条原则是否定的，摆脱强制的思维原则；第二条原则是积极的，与他人融合共存的思维原则；第三条原则是前后一贯地、彻底的思维原则。这三条原则对应着康德的启蒙观，即最初含义"破除成见、自己思考"；扩展含义即"借助换位思考走向更普遍的立场"；终极含义"充分换位思考之后回到自身的理性一惯性"[②]，正如康德所说，"人内心中最重要的革命就是，'人从他自己咎由自取的受监护状态中走出'"[③]，启蒙的目标是理性的成熟，成熟的标志是每个人勇敢地独立思考。

第二，愉快和不快的情感能力。

康德把愉快和不快的情感划分为感性的愉快和理智的愉快，感性的愉快包括通过感官的快乐和通过想象力的鉴赏愉悦。理智的愉快要么通过可

---

① 康德. 康德著作全集第 7 卷 [M]. 李秋零主编. 北京：中国人民大学出版社，2010：223.

② 参看杨云飞. 康德哲学中启蒙思维的是三个层次与启蒙的三重含义 [J]. 中国人民大学学报 2022 年第 4 期.

③ 康德. 康德著作全集第 7 卷 [M]. 李秋零主编. 北京：中国人民大学出版社，2010：223.

展示的概念来表现，要么通过理念来表现。

　　首先，正确认识快乐与痛苦。快乐由感官引起，与之相对的不快叫作痛苦。快乐是提高生命力的情感，痛苦使生命力受阻。快乐与痛苦辩证统一：任何快乐之前必有痛苦先行；快乐与快乐之间必有痛苦，同样痛苦与痛苦之间必有快乐。健康的状态并非持续的快乐或持续的痛苦，而是痛苦之后快乐来临让人感受到的生命力提升。"痛苦是能动性的刺激，而在这种能动性中我们才感到我们的生命；没有这种刺激就会出现没有生命的状态"①。康德举例来说，赌博之所以吸引人，是因为担心与希望的心灵状态不断变换。戏剧的诱人之处在于麻烦与冲突的不断解决，打动观众的内心，让观众感受到生命力的提升。爱情小说必须以婚礼作为结尾。因为嫉妒或吃醋是爱情的痛苦，"爱情痛苦的结束同时就是爱情的结束"②。享受生命的最佳方式是工作，因为工作是辛苦的，休息则使人感到快活。即使没有什么积极的痛苦，也会有无聊和空虚这样的消极痛苦不断刺激着人的生命力。时光的飞逝总是伴随着快乐，对时间的关注实质上是在关注快乐。有些人因其人生的大部分时间是无聊的而感觉备受折磨，却在临终时抱怨人生短暂。生命期间的"心满意足"，人无法触及。因为生活中绝对的心满意足指的是没有行动、毫无动机的平息，这样的状态意味着死亡。伊壁鸠鲁提出的享乐原则备受指责，其实它的真正含义应当是"智者永远快活的心情"③。在日常生活中，有的人镇静，漠然对待生活，既不让自己快乐也不让自己忧伤。有的人乖张，使自己在不明原因的情况下突然高兴或悲伤。有的人多愁善感，情不自禁地受到别人苦乐状态的刺激。康德认为，多愁善感的人是一种情感的孱弱（软弱），愚蠢且幼稚。他的情感是"空无行动的同感，即以同情的方式让他自己的情感与别人的情感共鸣，让自己纯然承受性地受刺激"④，这既愚蠢又幼稚。

　　人们故意把痛苦当作只是阻碍生命的东西而预先忧心忡忡，这是不明智的。事实上，人们不必为任何事情心焦。凡是人力不能改变之事，都应该从思想中排除。想要使那些已经发生过的事情不曾发生，是毫无意义

---

① 康德. 康德著作全集第 7 卷 [M]. 李秋零主编. 北京：中国人民大学出版社，2010：225-226.

② 康德. 康德著作全集第 7 卷 [M]. 李秋零主编. 北京：中国人民大学出版社，2010：226.

③ 康德. 康德著作全集第 7 卷 [M]. 李秋零主编. 北京：中国人民大学出版社，2010：229.

④ 康德. 康德著作全集第 7 卷 [M]. 李秋零主编. 北京：中国人民大学出版社，2010：230.

的。另一方面，在我控制能力之外的事情上，改善自己以达到目的，荒唐而可笑。需要铭记于心的明智原则是：每一个人一旦下决心去做某件事情，就应该把自己的意志和实现这种意志的足够强烈的情感结合起来。陶冶是一种使自己感到快乐的方式，即进一步提高自己更多地享受快乐的能力，主要体现在科学上的快乐，艺术美上的快乐。快乐的准则是：应当如此获得快乐，使得自己总是处于生命力的上升状态。据此，康德告诫年轻人，要热爱劳动；要拒斥享乐，不要过早让享受磨钝对享乐的敏感性。

此外，我们还可以从道德上的善恶来评判"对待快乐和痛苦的方式"。比如苦味的快乐，一个人会因继承了高额遗产而感到快乐，但他同时会对这种快乐感到内疚。毕竟在道德上应该尊重逝者。抑或甜蜜的痛苦，一位寡妇丧夫的同时成为富翁，她是不需要人来安慰的。因为那些安慰显得矫揉造作、不合时宜。人们通过合法手段获得的快乐是双倍的快乐。例如，劳动挣的钱比赌博赢来的钱至少让人的快乐更持久。通过比较别人的痛苦来提高自己的快乐，或者通过比较别人的苦难而减轻自己的痛苦，这都使人变得不那么可爱。但这些都是纯然心理的作用，与道德无关。康德总结说，"平息一切痛苦的最彻底而且最容易的手段，就是人们也许能够使一个有理性的人产生的思想"①。一般而言，生命在因为幸运的机遇造成的生活享受中没有自己的价值，唯有它被指向实现某种目的的运用中才具有价值。换言之，生命的价值取决于智慧的作用，而不依靠运气。

其次，积极有益的鉴赏。鉴赏（口味）的运用要么是辨别的鉴赏，比如品尝食物的甜或苦；要么是精鉴赏，比如评判品尝到的甜或苦是否使人快适。当鉴赏被当作一种感性评判能力，它依据的规则是经验性的，不要求普遍性和必然性。各个国家在饮食方面的鉴赏规则大不相同。有一种依据先天必然性规则的精鉴赏，适用于每一个人，这就是反思的鉴赏，体现在艺术品中。这种鉴赏是"在想象力中对外部对象作出社会评判的能力"②。在这里，心灵在与其他人的社交中进行自由的游戏。精鉴赏带来的愉快普遍有效，具体的内容将在第五章《自然目的论》中展开。鉴赏有一种从外部促进道德性的倾向。在社交场合中温文尔雅、举止得体、端庄大方、有教养的人，他本身虽然不能被直接评判为有道德的人，却毕竟包含着善的外表或善的仪态，甚至包含着这个道德善的外表本身带有价值的偏

---

① 康德. 康德著作全集第 7 卷 [M]. 李秋零主编. 北京：中国人民大学出版社，2010：233.

② 康德. 康德著作全集第 7 卷 [M]. 李秋零主编. 北京：中国人民大学出版社，2010：235.

好。在人类学的考察中，时尚鉴赏是人的一种自然倾向，它表现为"与某个更重要的人物比较并对其行为方式的模仿。这种模仿本身构成了时尚法则。虽然这种时尚被认为是虚荣（其意图没有内在价值）、愚蠢（强制自己接受榜样的引导），但是成为一个入时（追随时尚）的呆子总比做一个不入时（因循守旧）的呆子要强。一切时尚都是变化无常的生活方式，一旦模仿成为习惯，人们就不再关注鉴赏。因此，新颖使时尚充满活力，独创性层出不穷。艺术鉴赏旨在某种心境中唤醒心灵并使之活动起来，表现为雄辩术和诗艺。"一首好诗是振奋心灵的最有力的手段。"[①]诗人通过思想的快乐游戏驱除人的忧虑。在鉴赏中，我们要拒斥奢靡。奢靡（奢侈）是在带有鉴赏的社交活动中过度铺张豪华，有悖于共同体的福利。这种过度豪华如果没有鉴赏，就是公共的纵情享乐，它一方面造成不必要的浪费，导致贫穷；另一方面导致疾病。幸福的生活是与社交相适应的舒适享受。奢靡恰恰损害着幸福的生活。

第三，欲求能力。

欲求是通过某种主体力量的未来结果的表象对自身力量的自决。习惯性的感性欲求被称为爱好。徒有表象却不采取行动去促进的欲求是愿望，愿望可能是空洞的（主体感觉自己没有能力实现）。消磨时间的空洞愿望是渴望。对象不确定的欲求被称为飘忽的愿望，它可以驱使主体走出当前状态，却不知道走向哪里。对于欲求能力而言，正常的心理状态是服从理性的统治，服从理性的心灵才是自由的、健康的。威胁或破坏心灵健康的欲求是激情和情欲。情欲是主体的理性很难或者根本不能驯服的爱好。激情是主体处于当前的愉快或不愉快的情感之中，思考（接受还是拒绝当前的情感的理性理念）还未被引起的欲望状态。人屈服于激情和情欲，就是心灵的疾病，它们都拒绝理性的统治。二者在程度上同样激烈，在性质上根本不同，因而在预防方法和治疗方法上也有区别。激情与情欲相对置。激情是"由于使心灵失去自制（animus sui compos）的那种感觉而惊异"[②]。激情是冲动的、来去匆匆的，它能通过情感迅速达到一种使思考失效的状态。因此，激情是不审慎的。无激情意味着健全知性的淡薄。头脑清醒的人都具备这种品行，不让激情扰乱自己的平静思考。一个人在愤怒的激情之下没有马上采取行动，这意味着他不会再行动，并且很容易忘记自己此

---

① 康德.康德著作全集第 7 卷 [M].李秋零主编.北京：中国人民大学出版社，2010：242.

② 康德.康德著作全集第 7 卷 [M].李秋零主编.北京：中国人民大学出版社，2010：246.

前的愤怒。

相比之下，情欲从容不迫并且深思熟虑，哪怕它有强烈的目的动机。一个人怀有仇恨的情欲却能够静观其变，以便站稳脚跟，选择良机报复对手。康德认为，面对激情，我们可以从容不迫。面对情欲，我们要异常小心。激情无须治疗，睡一觉醒来就好。情欲则需要精神病医生的治疗，尽管医生在多数情况下无法开出根治的药方。一般情况下，激情多的时候，情欲就少；激情开诚布公，情欲阴险狡诈；激情就像酒醉，酒醒则愈，情欲却是妄念，根深蒂固。例如，爱一个人还能保持正常的眼光，迷恋一个人却可以忽视对象的任何缺点。激情表现出精神失常，在个别情况下，有些人也许会期望激情的发生，以便达到自己的目的。但是没有人会期望有情欲，因为情欲与自由势不两立。

一般而言，一个人产生激情的原因是由于缺乏情感的比较思考。比如一个富人看到仆人打破了一个珍贵的酒杯而震怒，如果他在此时能够"把这一种快乐的损失与他作为一位富人的幸福状态向他呈献的所有快乐的总量相比较的话"[1]，他就会淡然处之。大自然仍把激情植入人心中，是大自然的智慧，即在理性还没达到足够坚强之前，暂时施加约束，使向善的道德动机加上生理上的感性刺激的动机，作为理性的临时替代品而造成兴奋。

激情可以分为高兴和悲伤，放纵的高兴和悲痛不已都是对生命有害的激情。惊惧的激情打乱心灵的镇静，诧异的激情却能唤起心灵的集中思考。愤怒是惊惧的激情，它能够迅速激发抗争灾祸的力量。灾祸引起的恐惧使人担忧且不安。羞怯也是一种激情，它是人担心某位在场之人的蔑视而感到的畏惧。作为心灵疾病的激情可以分为亢奋的激情和衰退的激情。前者能够激发生命力，使人耗竭精力。后者能够放松生命力，使人恢复元气。大笑和痛哭是激情的两种外在表现，它们作为生命的宣泄方式都能使人的心情再次开朗。面对危险，我们不只是由于恐惧而忍耐（心灵希望通过习惯使承受的苦痛不那么明显），还需要有勇气（心灵通过思考镇定地承担危险）。勇气作为激情可以被理性唤起，这就是真正的勇敢即德性的强大。大自然通过笑的激情和哭的激情机械地促进健康。对于愤怒，我们可以使用痛骂这种相当安全的消化手段来缓解。但是，痛骂可能会招致对象的反抗，破坏和谐。相比之下，善意的笑更有益于健康。笑带动那些与

---

[1] 康德. 康德著作全集第 7 卷 [M]. 李秋零主编. 北京：中国人民大学出版社，2010：249.

消化相关的肌肉颤动，能够更好地促进消化。哭通过与流泪相伴随的抽泣产生的吸气动作来缓解痛苦。善意而坦诚的笑属于欢快的激情使人合群，恶意的笑比如冷笑具有敌意。空洞而机械的笑令人乏味，并不能给社交增加情趣。在社交中不笑的人，要么郁郁寡欢，要么是书呆子。在社交中开别人的玩笑并不是挖苦的取笑，对这种玩笑有所准备并予以类似的回击，会使社交更加欢快活跃。心灵在激情方面的掌控原则是不动心，这是斯多亚派提出的一个完全正确崇高的道德原则。哲人必须永不激动。因为激情使人盲目。在一个足够坚强的灵魂中，有一种不动心的自然天赋是在道德意义上对幸福的淡泊。有这种天赋的人受到大自然的照顾，更容易成为一位智者。

　　情欲是"阻碍理性在做某种选择时将之与一切偏好的总和作比较的那种偏好"[①]。情欲因其与最冷静的思考相配合而在心灵之中根深蒂固，极大地损害着自由。情欲作为一种心灵疾病，排斥一切药方，并且蛊惑心灵拒绝改善。情欲常以主体的某个原则为前提，根据爱好给主体规定的目的去行动。情欲任何时候都与理性结合在一起。情欲不属于纯然的动物，也不属于纯粹的理性存在者，只属于人这样的有限的理性存在者。一切情欲永远都只是人对人的欲望。人对事物只可能有偏好，不可能有情欲。情欲对于纯粹实践理性而言是痼疾，多半无法治愈。患者在主观上不愿意被治愈，在客观上摆脱那能够治愈它们的原理的统治。情欲无一例外是恶的心境，即使最善良的欲望一旦转化为情欲，它就在实用上有害，在道德上可鄙。激情对于自由和自制的损害是一瞬间的，情欲则完全放弃自由和自制，并在奴隶意识上找到了自己的满足和愉悦。然而，理性必然呼吁内在自由，毕竟要挽救自由。

　　情欲可分为自然偏好的情欲和文化偏好的情欲。自然偏好的情欲包括自由偏好和性偏好，两者都与激情相结合。自由爱好在自然人那里是一切爱好中最强烈的偏好，因为自然人不可避免地与人相处。康德认为，婴儿哭着来到世上，似乎是因为他不能自由控制自己的肢体；野蛮人之间持续战争的目的是为了维护自己领地的自由；游牧民族和狩猎民族因其不被束缚于土地的自由而感到的高贵等都是这种爱好的表现。文化偏好的情欲指求名欲、统治欲和占有欲，它们执着于一个指向某个目标的准则。为了能够按照自己的目的驾驭和规定别人，而把别人的偏好纳入自己的控制，这

---

① 康德.康德著作全集第7卷[M].李秋零主编.北京：中国人民大学出版社，2010：260.

相当于占有别人，把别人当作实现自己意志的纯然工具，"对影响别人这样一种能力的追求就成为情欲"①。影响别人的能力有三种：声誉、强力、钱财。一个人只要占有了它们就能够呼风唤雨，对付任何人，把他用作自己实现目的的手段。求名欲是人的一种可以通过其意见对他人施加影响的弱点；统治欲是人的一种可以通过其恐惧对他人施加影响的弱点；占有欲是人的一种可以通过其利益对他人施加影响的弱点；它们都充斥着奴隶意识。它们仅仅是为了占有种种手段，以便用来满足一切直接与目的相关的偏好。它们具有理性的外表，只有理性才能建立自由概念。情欲却与理性相抵触，情欲的产生只能归咎于人。一个人把另一个人仅仅作为实现自己目的的手段，就是对人格和自由的滥用。这些情欲最终只能指向人，也只有通过人来满足。这些情欲努力寻求与自由相适合的能力。复仇欲是由于遭遇不公而产生的仇恨，是出自人之本性的不可遏制的一种情欲。"哪怕它是恶意的，却毕竟是理性的准则凭借着所允许的法权欲（复仇欲是它的类似物）而与偏好交织在一起，并且正因为此，它是最强烈、最根深蒂固的情欲之一。"②

求名欲、复仇欲等永远不会得到完全满足，因此，它们都是心灵疾病。这些疾病只能缓解，不能根除。求名欲是人对声望、名声的追求，仅仅流于表面。康德认为，对于这种傲慢，人们只需要加以奉承，通过蠢人的情欲来控制他。傲慢是一种与其本来的目的相违背的求名欲。傲慢的人都是促狭鬼的工具，被叫作呆子。统治欲源自"受他人统治的恐惧"，为了摆脱他人的统治而有能力抢占自己控制别人的先机。但这对于他人而言毕竟是不公正的、糟糕的做法。钱财本身只是用于人们勤劳的交换。在对钱财的纯然占有中，人们拥有了一种实力，并相信这种实力足以补偿任何其他实力的欠缺。康德认为，求名欲令人可恨，统治欲令人可怕，占有欲令人可鄙。此外，妄念的偏好也是一种情欲。人把欲望中的一种动机的妄念理解为实践的内心幻觉，也就是把动因中的主观因素当成客观因素。这种情欲源自大自然的智慧，大自然为了翻新人的活动，维持享受中的生命力，给人植入这种偏好。人们在游戏中的活跃状态，无论是小朋友的游戏（打球、摔跤、赛跑等），男人的游戏（下棋、打牌），还是市民的游戏（掷色子、法老牌）都包含着妄念的偏好。

---

① 康德.康德著作全集第 7 卷 [M].李秋零主编.北京：中国人民大学出版社，2010：266.

② 康德.康德著作全集第 7 卷 [M].李秋零主编.北京：中国人民大学出版社，2010：265.

第四，社交有益于健康。

康德认为，最高的自然的善是健康。在健康状态中，劳动之余的休息是不掺杂任何厌恶的最大感官享受。懒惰、怯懦和虚伪是与此相悖的三大恶习。其中，健康的人没有劳动就想休息的懒惰，最为可鄙。自然的善和道德的善不能掺杂。至善构成了文明人即具有感性的道德存在者的全部目的。在社会交往中，把幸福与德性结合起来的思维方式是人道。人们应当用德性法则限制过舒适生活的偏好。善于交际是一种德性，但交往的偏好常变成情欲。

康德认为，与德性最为协调的舒适生活就是在好朋友的圈子中举行盛宴。音乐、跳舞和赌博本身就构成无言的社交。社交的快乐，不仅有肉体的满足（美食与美酒），而且有精神的享受（交谈的情趣）。如果为了提高社交享受而铺张浪费，这是一种虚假的善于交际，是破坏人道的舒适生活。康德反对铺张浪费，反对浮夸、虚伪。在社交中，人与人最基本的信任非常重要。人们有义务对宴会上的交谈保持沉默，不要宣扬宴会上发生的事情或谈论的内容。在宴会上，如果有人说了我好朋友的坏话，我会为他辩护，甚至用强有力的表达为他辩护。但是，我不会让这种流言蜚语传播出去。"这不仅是必须引导着交谈的社交鉴赏，而且是对于人们在交往中坦诚交流自己的思想来说，应该充当其自由的限制性条件的原理。"①

最后康德还提出了一些增加情趣的社交规则：（1）选择的话题要有趣，并且能够引发别人的适当补充；（2）谈话中可以出现短暂的休息，但是不能出现死寂；（3）在一个话题聊尽兴之前不要转变话题；（4）切莫固执己见；（5）在无可避免的严肃争吵中，要注意控制自己的激情，以便表现出相互尊重和善意。

总结来看，实用目的只有一个，就是幸福。在日常生活中，幸福可以具体指向身体的健康和心灵的健康。康德认为，医学研究并治疗生理方面的疾病，哲学养生术可以通过治疗精神的疾病实现身体的健康。心灵的健康主要通过心灵能力的正常运转和心灵疾病的治疗来实现。虽然实用目的学说并没有严格的体系，但是我们还是可以尝试勾勒出它的理论轮廓（见附录图三）。

---

① 康德.康德著作全集第 7 卷 [M].李秋零主编.北京：中国人民大学出版社，2010：274.

第三节　康德对实用目的论的批判

自由目的论是纯粹理性的目的学说，具有先天性和纯粹性。实用目的论是一般实践理性的目的学说，具有经验性和偶然性。自由目的论基于人的理性本性，实用目的论基于人的感性本性。然而，人是有限的理性存在者，是感性本性和理性本性的统一体。据此，实用目的论对于自由目的论有其独特的意义。

一、实用目的活动是人的生存方式

归根结底，康德的目的论以现实的人（有限的理性存在者）为前提。现实的人是感性和理性的统一体，是地上的理性存在者，是既服从自然必然性又拥有自由的存在者。人作为感性存在者，生活在感觉世界即现象界中，必须通过满足肉体需要以维持生命。人类最强烈的自然冲动是对生命的爱和对性的爱。前者为了保存个体，后者为了保存物种。"人的第一种肉体规定性就在于人保存自己作为动物种类的类的冲动。"①长寿和健康是人在生命存在中追求的最初目的，生命的存在是人之幸福和人之道德的根本前提。先有生存，才有自由。如果没有人，人的道德无从谈起。

在道德意义上，人对幸福的追求最终由感性欲望所规定，没有道德价值。但是从人类学意义上来看，追求幸福是人的理性活动，体现着人的自由。人心灵中的各种能力为人追求幸福、创造幸福提供了可能性条件。人的认识能力告诉我们什么是幸福、怎样获得幸福；愉快或不愉快的情感能力用于感受幸福、判断人是否幸福；欲求能力则与幸福直接相关，不仅有感性欲求直接欲求幸福，而且能通过实践活动实现幸福。虽然理性的真正使命并非照料人的幸福，"一个开化了的理性越是意在生活与幸福的享受，人离真正的满意就越远"②，甚至许多人还会产生某种程度的厌理症。但这并不是说，理性在幸福面前全然无能为力。相反，理性在人追求幸福的过程中起着重要的作用。首先，幸福概念是理性产生的，理性所要求的幸福不是转瞬即逝的感觉，而是对我们的全部实存的心满意足。理性"在教人明智的训导中，把我们的爱好向我们提出的一切目的都在一个惟一的目的、

---

① 康德. 康德著作全集第 7 卷 [M]. 李秋零主编. 北京：中国人民大学出版社，2010：320.
② 康德. 康德著作全集第 4 卷 [M]. 李秋零主编. 北京：中国人民大学出版社，2010：402.

也就是幸福里面结合起来，并使达到幸福的手段协调一致"①。其次，理论理性（知性）在现象界为自然立法，为人的幸福提供了认识基础和满足手段。人类认识自然所获得的知识的实际利益，就在于通过发展科学技术求得人类最大的幸福。再次，理性的实践运用与幸福息息相关。一般实践理性为人提供技艺实践的规则和实用实践的原则（即明智）；纯粹实践理性虽然在道德实践领域并不用于追求幸福，但也会出于道德的考虑而照料幸福。

从另一方面来看，人对幸福的追求甚至为人追求道德提供了可能性。轻盈的鸽子只有在空气的阻力下才能自由地飞翔。同理，道德只有在追求幸福的阻力下才能产生。康德在《道德形而上学》"德性论"中说得很清楚，德性是人战胜感性偏好的勇气。如果没有感性偏好的存在，那么人无所谓道德。如果没有对幸福的追求和向往作为道德的阻力，人也无所谓道德。更何况，康德一开始就没有否定人作为感性存在者的幸福意图，而是要将幸福限制在道德的前提之下，使道德成为人配享幸福的资格和条件。"根据我们作为依赖于感性对象的存在者的本性，幸福对于我们来说是首要的，是我们无条件地欲求的东西。而根据我们赋有理性和自由的存在者的本性（如果人们愿意这样称呼我们生而具有的东西的话），幸福远远不是首要的东西，更不用说无条件地是我们的准则的对象了。毋宁说，这种首要的东西是配享幸福，即我们的所有准则与道德法则的一致。"②道德正如人的理性本性高于感性本性一样高于幸福，是人的最终追求和最终目的；但这并不是说，在理性本质论的立场上，幸福与道德就是毫不相干的两个目的。尽管同时处于两个世界，人毕竟是一个统一体，经验告诉我们，幸福有利于保证道德的实现，是人从事道德活动的物质基础。通常，一个不幸福的人很难坚定不移地、一以贯之地出于道德而道德，因此人会为了道德而确保幸福。康德说，保证人的幸福是一种义务，理性可以用于照料人的幸福，满足人的感性需求。

就人的本性之善恶而言，人拥有自由，人的善恶取决于人的自由选择，是人自己造成的。康德并不简单地认为感性就是恶的，理性就是善的。他认为，人的发展是一个不断摆脱感性逐渐上升到理性的过程，也可以被看作是一个逐渐实现道德的过程。就感性本性而言，人为自我保存和种族繁衍而追求生命和异性，是一种善。人设置幸福为目的，选择手段实现幸福，也是一种善。只不过，幸福是一种自然的善、有限的善，是人这

---

① 康德．纯粹理性批判 [M]．邓晓芒译，杨祖陶校．北京：人民出版社，2004：609.

② 康德．康德著作全集第 6 卷 [M]．李秋零主编．北京：中国人民大学出版社，2010：46.

样一种有限的理性存在者才拥有的、有条件的善。理性本性自身就是善的，人的本性中向善的禀赋以理性为区分的根据，呈现出一个由动物性到人性再到人格性的上升过程。当然，人的最终目的是至善：理性自身就是实践的，亦即纯粹实践理性，作为纯粹的善的禀赋，本身就是道德的善、至上的善；幸福必须以善良意志作为条件，才具有道德价值，才配享幸福，而幸福与德行的必然综合才能构成完满的善。完满的善是至善，至善是纯粹实践理性的完整对象，是康德道德目的论的对象，这些内容我们将在第六章展开论述。

二、康德对幸福主义的批判

在自由目的论中，我们已经看到，只有自律、积极的自由才是真正的自由，自由不仅是人类行动的目的因而且是人类行动的最高目的。为了自由，为了人的尊严，为了保证道德的纯洁性和崇高性，康德站在自由目的论的立场上，对一切幸福论的道德原则展开了批判，坚决反对任何以幸福原则充当道德法则的企图。

我们知道，"惟有定言命令式才是一种实践的法则，其余的命令式全都虽然能够叫作意志的原则，但却不能叫作法则"[1]。幸福的原则深深地扎根于经验，将人对欲求对象的现实性所产生的愉快或不愉快的情感作为意志的规定根据，全部都是质料性的自爱原则。每个人都出于自己的欲望或爱好选择行动，追求所谓的幸福整体。然而幸福的概念"毕竟只是那些主观的规定根据的普遍称谓，而并未作任何特殊的规定"[2]，导致幸福原则缺乏明晰性。"每个人要将他的幸福建立在什么之中，这取决于每个人自己特殊的愉快和不愉快的情感"[3]，导致幸福原则只具有主观必然性。另外，与幸福原则紧密相关的都是低级欲求能力，意志按照感性的需要和爱好的满足去行动，而这恰恰是道德法则所要拒斥和摆脱的，与道德法则所要求的高级欲求能力即意志的自由格格不入。由此可见，幸福原则根本不具备任何充当道德法则的条件。

进一步来说，道德法则是意志自律的原则，幸福的原则全都是意志他律的原则。"意志自律是一切道德律和与之相符合的义务的惟一原则：反之，任意的一切他律不仅根本不建立在任何责任，而且反倒与责任的原

---

[1] 康德．康德著作全集第 4 卷 [M]．李秋零主编．北京：中国人民大学出版社，2010：427.

[2] 康德．实践理性批判 [M]．邓晓芒译，杨祖陶校．北京：人民出版社，2003：31.

[3] 康德．实践理性批判 [M]．邓晓芒译，杨祖陶校．北京：人民出版社，2003：31.

则和意志的德性相对立。"①自律与他律的区分是康德在伦理学上的一大创举，意志的自律是道德的最高原则，而意志的他律是道德的一切非真正原则的源泉。康德说，"意志处在其形式的先天原则和其质料的后天动机的中间，仿佛是处在一个十字路口"②。人的意志处于动物性的任意与神圣的意志之间，是一种不完善的意志，可能成为自律的，也可能成为他律的。自律是意志自己为自己提供法则，而不管意欲对象的一切性状或属性是什么。他律是意志在它的准则与它自己普遍立法的适应性之外，走出自身在它的某个客体的性状中去寻找规定它自己的法则。于是，自律的原则就是"不要以其他方式作选择，除非其选择的准则同时作为普遍的法则被一起包含在同一个意欲中"③。他律的原则"就不是意志为它自己立法，而是客体通过其与意志的关系为意志立法。这种关系无论是基于爱好，还是基于理性的表象，都只能使假言命令式成为可能：我之所以应当做某事，乃是因为我想要某种别的东西"④。由此可见，意志的自律是为道德而道德，为义务而义务，完全独立于意志之外的客体及其属性。意志的他律是为其他目的而行动，幸福的原则就是为幸福而道德，受到欲求客体及其属性的规定，不能充当道德的真正原则。

更严重的是，幸福原则可能会败坏道德。"一切爱好合起来（它们当然也可以被归入某种尚可容忍的学说中，这时它们的满足就叫作自身幸福）构成了自私（solipsismus）"⑤。这种自私要么是"对自己本身超出一切之上地关爱的自私（Philautia）"⑥，称为自爱或自矜；要么是"对自己本身感到称意（Arrogantia）的自私"⑦，叫作自大。纯粹实践理性要中止自矜，因为它会把我们心中（在道德律之先）自然产生的自矜限制在与道德法则相一致的条件下，变成一种值得保存的"有理性的自爱"。但要完全消除自大，因为自大在与德性法则相协调之前就要求一种自我尊重的个人价值，而一切个人价值的首要条件就是要建立在与道德法则相协调的某个意

---

① 康德.实践理性批判[M].邓晓芒译，杨祖陶校.北京：人民出版社，2003：43.

② 康德.康德著作全集第4卷[M].李秋零主编.北京：中国人民大学出版社，2010：407.

③ 康德.康德著作全集第4卷[M].李秋零主编.北京：中国人民大学出版社，2010：449.

④ 康德.康德著作全集第4卷[M].李秋零主编.北京：中国人民大学出版社，2010：449.

⑤ 康德.实践理性批判[M].邓晓芒译，杨祖陶校.北京：人民出版社，2003：100.

⑥ 康德.实践理性批判[M].邓晓芒译，杨祖陶校.北京：人民出版社，2003：100.

⑦ 康德.实践理性批判[M].邓晓芒译，杨祖陶校.北京：人民出版社，2003：100.

向的确定性之上。所以，自大是错误的，是违背道德法则的。不只如此，康德认为，人还会出于自己的感性本性不由自主地有一种自爱，"按照其意志的主观规定根据而使自己成为一般意志的客观规定根据"①。如果这种自爱把自己当成立法性的、无条件的实践原则，就变成自大。"于是，那惟一真正（即在一切方面）客观的道德律就完全排除了自爱对至上的实践原则的影响，并无限地中止了把自爱的主观条件颁布为法则的自大。"② 由此，道德律不可避免地让每一个人在把出自自己本性的感性偏好与道德法则相比较时感到谦卑，从而为自己唤起对道德法则的敬重。

在批判幸福原则的基础上，康德做了进一步的延伸，对以往的幸福主义分别给予了批判。按照康德的划分，以往的幸福主义有享乐主义、功利主义（合理利己主义）和情感主义（道德情感）。它们都属于意志他律，造成了德行的不真实的原则的部分根源。建立在意志他律之上的道德原则要么是经验性的，要么是合理性的。从道德的视角来看，经验性的原则都是出于幸福的原则，要么建立在自然情感上，构成享乐主义和功利主义的幸福原则，要么建立在道德情感上，构成情感主义的幸福原则。

享乐主义和功利主义的幸福原则都建立在自然情感之上，但是它们也有层次上的区别。享乐主义将福利与道德直接等同，功利主义将福利与道德间接等同，在此意义上，功利主义高于享乐主义。康德说，"自身幸福的原则是最该抛弃的"③。首先，它是错误的，从道德的角度来看，许多人自私自利，为了一己私欲做出伤天害理的事情，将自己的快乐建立在别人的痛苦之上是错误的。康德反对享乐主义者将个人幸福作为道德的基础或作为道德行为的评判标准。确切地说，"经验也与'福祉在任何时候都依良好品行而定'这种托辞相矛盾"④。伊壁鸠鲁学派认为"幸福就是德行"，即凡是能给人带来幸福的就是善的，仿佛一个人获得的幸福越多，就说明他越善，越具有德性。但是，经验告诉我们福利并没有在任何时候都由善行来决定，反而是按照恶行来定的。有很多人使用歪门邪道，为富不仁，作恶多端，反而拥有万贯家财，常享荣华富贵。这样的事实与享乐主义的借口相矛盾，因此享乐主义是幸福主义的第一个层次，其原则只会混淆善与福、恶与祸，

---

① 康德.实践理性批判 [M].邓晓芒译，杨祖陶校.北京：人民出版社，2003：102.

② 康德.实践理性批判 [M].邓晓芒译，杨祖陶校.北京：人民出版社，2003：102.

③ 康德.康德著作全集第 4 卷 [M].李秋零主编.北京：中国人民大学出版社，2010：450.

④ 康德.康德著作全集第 4 卷 [M].李秋零主编.北京：中国人民大学出版社，2010：450.

离德性最远，是最卑下的。其次，幸福原则建立在快乐之上对道德的建立没有任何帮助。康德说，"使一个人幸福和使他成为一个好人完全不是一回事，使他聪明并精于自己的利益和使他有德也完全不是一回事"①。

幸福主义的第二个层次是功利主义或合理的利己主义。功利主义往往打着"寻求最大多数人的最大幸福"的旗号，在提倡个人利益与社会利益相一致的前提下，谋求自己个人的利益。虽然功利主义没有享乐主义那样明目张胆地将道德与利益直接相关，但是他们却将道德与利益间接地联系起来。虽然倡导大众福利，但他们总企图从中获得自己的一己私利，而且往往在明智的建议下精于算计，吃小亏占大便宜。这样的幸福原则比享乐主义高一个层次，却仍然为了自己的私利，对道德的建立没有任何帮助。最后，康德点出了坚决反对享乐主义和功利主义所遵循的幸福原则的根本原因，在于它们为道德提供的动机不仅损害了德性，破坏了德性的全部崇高性，而且将德行与罪恶的动因混为一谈。享乐主义完全出于爱好和享受，根本不区分善行和罪恶。功利主义仅仅教人们如何更好地算计，表面上做了很多好事，实际上出于罪恶的企图，完全抹杀了德行和罪恶在本质上不同的动因。

幸福的原则的第二种情况是建立在道德情感之上。康德认为"把道德情感的原则归入幸福的原则，乃是因为任何一种经验性的兴趣都通过仅由某物所提供的惬意而可望有助于福祉"②。道德情感的原则比享乐主义或功利主义出于自私自利的幸福原则要高一个层次，它诉诸每个人内心的情感。一个人看到别人受苦就会情不自禁地要帮忙，并不是要从别人那里获得什么好处，而是为了满足自己道德情感的需要。因此，道德情感的原则是无功利的。但是，康德仍把它归于幸福的原则。因为道德情感也有一种经验性的兴趣，仍然针对某个对象，通过某个对象而获得快意。虽然这种快意不一定是对自己的情感，但是它还是着眼于幸福。即使不是自己的幸福，是他人的幸福，但归根到底还是幸福或福祉。康德将道德情感的原则称为第三个层次的幸福主义，即情感主义。他对哈奇森"把对他人幸福的同感原则归入他所假定的同一种道德感"③进行了批判。康德认为，哈奇

---

① 康德.康德著作全集第 4 卷 [M].李秋零主编.北京：中国人民大学出版社，2010：450-451.

② 康德.康德著作全集第 4 卷 [M].李秋零主编.北京：中国人民大学出版社，2010：451.

③ 康德.康德著作全集第 4 卷 [M].李秋零主编.北京：中国人民大学出版社，2010：451.

森所谓"同情别人的道德感官"如果像人的五官一样是一种感官，那么应该在大脑中或心灵中发现，但是并没有确实的证据证明这种感官是存在的。这也许只是像哈奇森这样只会用感觉、不能运用理性、不能思考的人的一种假设而已。即使真的存在这样的道德感官，人们也不能将其运用于道德法则。因为每个人的道德感官必定会像五官一样各不相同，天然地具有无限的差异，根本不能提供一个同样的善恶尺度。任何一个人都不能通过自己的道德感官正确地评判其他人的行为。因此，康德认为，哈奇森用道德情感的原则充当道德评判标准的企图同样是苍白无力的。

在批判道德情感原则之余，康德还做了一些保留，对哈奇森的审美主义幸福观给了一定的肯定。比起享乐主义和功利主义，审美主义虽然也是情感，也不能形成普遍的法则，但是它毕竟更加接近德性和尊严。"因为它向德性表示敬意，把对德性的满意和重视直接归于德性，而不是仿佛当面对它说，使我们依赖于它的，并不是它的美，而只是利益。"①在这里，道德感官把愉悦和尊敬直接归之于德性，而不是归之于功利。就是说，做这件事情（德行）本身就直接给我们带来了愉悦和尊敬，这样道德情感还是有荣誉的。毕竟，鉴赏的愉快比一般的愉快层次更高，美比直接的愉快或直接的满足境界更高，"美是德性—善的象征"②。在此层次上，康德肯定了审美主义对道德的积极作用。享乐主义和功利主义完全抹杀了美，剩下的只是功利，而审美主义虽然有其经验性的缺陷，却彰显了人们对道德的敬重和对美的追求。

除此之外，康德对理性主义和禁欲主义幸福观也给予了批判。他认为，斯多亚学派、莱布尼茨、沃尔夫等理性主义哲学家将道德的原则建立在完善的理性概念之上，中世纪的基督教神学家将道德原则建立在上帝的意志之上。无论（前者）是从内部的完善性规定意志，还是（后者）用外部的完善实体规定意志，都属于意志他律的原则。它们不仅不能给道德奠定坚实的基础，反而在道德的立场上否定了幸福：理性派主张在德行中必然能享受到幸福。但康德认为"他们通过他们自己本性的声音本来就已经能够被充分驳倒了"③。神学家们主张禁欲，强调来世的幸福，贬抑现世的享乐。这是泯灭人性的。本能或肉体需要是人的感性本性所必然要求满足的。总之，康德强烈反对感性主义幸福论者为了追求幸福而败坏道德，也

---

① 康德.康德著作全集第 4 卷 [M].李秋零主编.北京：中国人民大学出版社，2010：451.
② 康德.判断力批判 [M].邓晓芒译，杨祖陶校.北京：人民出版社，2007：200.
③ 康德.实践理性批判 [M].邓晓芒译，杨祖陶校.北京：人民出版社，2003：174.

不赞成理性主义或禁欲主义幸福论者一味地追求道德而贬低人的幸福。为了解决有德无福或有福无德的困境，他提出了德福一致的幸福观。

三、德福一致的幸福观

在自由目的论的视域下，康德研究实用目的及其明智建议并不是为了人的幸福，而是为了人的道德。康德认为，人只有在保证道德的前提下才能配享幸福，德福相配或德福一致只有在作为终极目的的至善中才能实现。

至善是传统目的论的对象也是康德哲学中的一个复杂问题。在传统目的论中，至善是人类追求的最高目的。苏格拉底关注的"共相"和柏拉图的"阳喻"都意指至善是真理的源泉。亚里士多德将至善转化为内在目的。中世纪神学家和近代哲学家把至善看作完满的存在，甚至直接意指上帝。康德称古人的哲学作为科学的智慧学，就是至善之学，是"对至善必须由以建立的那个概念及至善必须借以获得的那个行为的指示"①。在康德哲学中，几乎所有的重要著作都涉及至善问题②。康德对至善给予了重新的界定。

至善（höschten Gut）就其本真含义是"至高的善"。康德指出"至高"有歧义，至高的善既可以表示"至上的善"，作为一种最高条件，再也不从属于任何其他条件；又可以表示"完满的善"，作为一个最大整体，再也不是一个更大整体的一部分。至上的善就是德性（Tugend）③。"德行（作为配得幸福的资格）是一切只要在我们看来可能值得期望的东西的、

---

① 康德. 实践理性批判 [M]. 邓晓芒译，杨祖陶校. 北京：人民出版社，2003：148.

② 参看 Stephen R. Palmquist 在 *Why Is the Highest Good Rarely Mentioned in Some of Kant's Key Critical Writings? An Architectonic Explanation*. 中做了统计。这篇文章来自 Stephen R. Palmquist 的 2022 年哲学讲座。

③ Tugend 这个词，李秋零翻译为"德性"，邓晓芒翻译为"德行"。康德在《实践理性批判》中探讨至善时使用德行，在《纯粹理性批判》和《判断力批判》中探讨至善时频繁使用德性。在康德的伦理学中，德行与德性密切相关，又存在着一定的差别：德行是出于义务、遵守道德律的行为，是人在现象界的道德行为；德性是意志的道德性，是道德律本身。郁乐在剖析德行与德性的关系时指出：德性在先，德行在后；德性存于内，德行发于外；德性是动因和动机，德行是人的行为。从这方面来看，德行与德性处于同一个层次，都是至上的善、最高的无条件的善，其道德价值在于昭示人的自由与尊严。（参看郁乐. 康德德性概念与伦理学的两个基本问题 [J]. 经济与社会发展 2008 年 11 月：45）。在这里，为了与自由目的论中的德性保持一致，我们在至善的讨论中也使用德性这个术语，文本中的引用不做修改仍然沿用"德行"。

因而也是我们一切谋求幸福的努力的至上条件，因而是至上的善"①。一个人有德性，意味着他能够出于对道德法则的敬重而行动，使自己的行为准则同时成为普遍的法则，达到意志的自律，成为目的王国的立法者，在任何时候都能彰显自己人格的尊严。至上的善就是自由目的论中处于最高位置、具有绝对价值的自在目的、善良意志。

真正的至善②不是至上的善，而是完满的善。它必须包含两个性质不同的要素：德性和幸福。在讨论纯粹实践理性的对象概念时，康德明确指出善恶与福祸是不同性质的两类概念。善与恶是理性的概念，具有普遍的必然性。只要意志由理性法则规定，善与恶任何时候都意味着与意志的关系，只与行动本身或行动的准则有关，而不关乎行动的后果。福与祸是经验性的概念，具有主观性，任何时候都在表达行动与人的主观快意或不快意的状态的关系。福与祸关系到行动的后果及人的主观状态，而不管行动本身或行动准则如何。以往哲学家把这两种概念看成是同一类概念，并试图从中找出同一性。伊壁鸠鲁学派就认为凡是给我们带来幸福的东西就是善的，凡是给我们带来痛苦的东西就是恶的。但事实上，我们借以获得幸福的手段可能是卑劣的、极其邪恶的，而给我们带来痛苦的也不一定就是恶的。比如一次外科手术一定会给病人带来痛苦，但是人人都承认它是善的。在康德看来，造成这两类概念混淆的根本原因在于：当我们把善作为一条实践法则的基础，善就只能以其实存预示着愉快，并由以规定主体的欲求能力。"既然不可能先天地看出何种表象会带有愉快，何种表象却会带有不愉快，那么识别什么直接地是善或恶的关键就只在于经验了。"③于是我们会误以为，那直接与快乐的感觉相关的东西就是善的，直接与痛苦的感觉相关的东西就是恶的，继而把善与福、恶与苦等同起来。实际上，"善和恶的概念必须不先于道德的法则（哪怕这法则表面看来似乎必须有善恶概念提供基础），而只（正如这里也发生的那样）在这法则之后并通过它来得到规定"④。善的概念只能由道德法则推出来，当道德法则作为意志的规定根据时，我们的行动才是绝对善的，才具有道德价值。

---

① 康德. 实践理性批判 [M]. 邓晓芒译，杨祖陶校. 北京：人民出版社，2003：151.
② 接下来文中提到的至善，专门指代"完满的善"。至上的善会使用"至上的善"来表述。
③ 康德. 实践理性批判 [M]. 邓晓芒译，杨祖陶校. 北京：人民出版社，2003：79.
④ 康德. 实践理性批判 [M]. 邓晓芒译，杨祖陶校. 北京：人民出版社，2003：85–86.

从人的双重本性来看，德性和幸福都是善，只不过是"异质的善"①。德性是道德的善，幸福是自然的善。道德善是人出于理性本性的必然追求，就是我们讨论过的善良意志、至上的善。"在这个世界中所可能的、并且就我们而言可以作为终极目的来促进的最高的自然的善"②是幸福。幸福是一种经验性的善、有条件的善。从人的本质来看，理性高于感性。道德善应当是自然善的至上条件，德性应当是人配享幸福的资格，是人谋求幸福的至上条件。"归于幸福名下的权力、财富、荣誉、甚至健康和全部福祉以及对自己的状况的满意，如果不是有一个善的意志在此矫正它们对心灵的影响，并借此也矫正整个行动原则，使之普遍地合乎目的，它们就使人大胆，且往往因此也使人傲慢"③。人在现象界的幸福只有在人与德性法则相一致亦即配得幸福的条件下才真正成为幸福的，才能作为一个必要部分被纳入至善之中。

在康德以前，以伊壁鸠鲁学派和斯多亚学派为代表的哲学家在规定至善概念时，都把幸福与德性看作至善的两个相同因素。"因而是按照同一律寻求原则的统一性而言，遵循着同样的方法的，但在它们从两者之中对基本概念作不同的选择上却又是互相分歧的。"④它们的分歧主要在于"这两个概念谁更加根本"。伊壁鸠鲁学派认为幸福更根本，德性只是导致幸福的准则；斯多亚学派认为德性更加根本，幸福是对自己德性的意识。于是，"前者把自己的原则置于感性需要的意识中，后者则把它置于实践理性对一切感性的规定根据的独立性中"⑤。伊壁鸠鲁学派主张"幸福即德性"，把德性的概念包含在促进自身幸福的准则中，幸福就是整个至善；斯多亚学派主张"德性即幸福"，把幸福的情感包含在人对德性的意识中，德性就是整个至善。但是康德认为幸福与德性是完全不同质的，是至善概念中完全不同种类的两个要素，幸福概念及其原则属于现象界，德性概念及其原则属于本体界。一般而言，"在一个概念中必然结合的两个规定必须作为根据和后果而联结在一起"⑥，要么是分析的，即单纯形式逻辑上的联结；要么是综合的，即在先验逻辑上的实在的结合。既然幸福与德性是

---

① 参看 JR Silber. *The Copernican Revolution in Ethics*: *The Good Reexamined*[J]. Kant-Studien. 1960: 278.
② 康德. 判断力批判 [M]. 邓晓芒译，杨祖陶校. 北京：人民出版社，2007：307.
③ 康德. 康德著作全集第 4 卷 [M]. 李秋零主编. 北京：中国人民大学出版社，2010：400.
④ 康德. 实践理性批判 [M]. 邓晓芒译，杨祖陶校. 北京：人民出版社，2003：153.
⑤ 康德. 实践理性批判 [M]. 邓晓芒译，杨祖陶校. 北京：人民出版社，2003：154.
⑥ 康德. 实践理性批判 [M]. 邓晓芒译，杨祖陶校. 北京：人民出版社，2003：152.

不同性质的两个概念，则分析的方法就被否定了。那么幸福与德性只能是综合的联结：要么幸福产生德性，要么德性产生幸福。前者是不可能的。对幸福的欲求不可能作为德性准则的动因，幸福原则都是经验性的，根本不能充当道德法则，不能建立任何德性。后者也是不可能的。虽然德性准则可以作为一般幸福的原因，但是在现世中，德福相配具有很大的偶然性，有德不一定就有福。幸福的实现还要取决于人们对自然规律的知识和运用知识实现自己意图的能力。因此，至善概念是不可能的，促进至善的那条道德律就更是不可能的，这正是实践理性的二律背反所产生的幻相。

在康德看来，这种二律背反实际上是不存在的。因为人不仅是现象界的感性存在，也是本体界的理性存在。虽然至善在感性世界中是不可能的，却必然地存在于知性世界中。幸福与德性的结合"被认为是先天的，因而是实践上必然的，从而就被认识到不是由经验推出来的，而至善的可能性也就不是基于任何经验性的原则的，于是这个概念的演绎就必须是先验的。通过意志自由产生出至善，这是先天地（在道德上）必然的；所以至善的可能性的条件也必须仅仅建立在先天的知识根据之上"[1]。至善只能被设想为先天综合命题，幸福与德性是先天综合地联结在一起的。在至善中，幸福与德性缺一不可。但德性占主导地位，保持着自身的独立性，是人配享幸福的至上条件。幸福只能作为德性的回报或奖励，与德性共同构成了至善的完满性，实现了道德世界的德福一致。这样看来，至善是一个自我酬报系统，德性是原因，幸福是结果。

正如 Allen Wood 所说，有限的理性存在者的现实存在（实存或生存）是康德提出道德哲学的基本点[2]，这也是康德思考至善的出发点。人作为感性存在者，其有限性决定意志活动不能没有后果。在自由目的论中，我们看到纯粹实践理性以自身为对象，以理性、"人格中的人性"为自在目的。这种作为目的自身的善良意志要实现出来就是意志自律。然而，自律只是形式原则，还需要质料，于是，人要以"同时是义务的目的"作为行动准则的质料。但这一切都是意志的规定、行为的准则，它们仅仅构成目的行动的"一半"。目的行动要成为现实必须在现象界中展现出来，按照自然因果性产生一个行动的后果。"一个道德行动"横跨"两个世界"。行动的准则在本体界，行动本身及行动的后果在现象界。单凭一个动因不涉及后果的行动本身不会发生。正如意志规定需要形式和质料两个方面，行

---

① 康德.实践理性批判 [M].邓晓芒译，杨祖陶校.北京：人民出版社，2003：155.

② 参看艾伦·W.伍德.康德的道德宗教 [M].李科政译.北京：中国人民大学出版社，2020.

动本身也需要本体界的形式和现象界的后果才能完整。康德在谈论道德法则的时候摒弃了质料。然而，康德很清楚，人格毕竟跨两界，道德行动只有在现象界中才能够真正展现出来，人的行动需要质料。所以他在真正的道德行动中又将同时是义务的目的作为准则的质料纳入进来，使得道德行动的发生具有可能性。道德行动不只是本体界的一个决意或意向，而是实实在在的现象活动。这种发生必然进入自然因果性序列，有一个原因就有与之相应的后果。人们在现象界中的道德行动要求一个个目的的实现，都是人们在现象界中从事道德行动的意愿的实现。虽然自然机械作用会使目的的实现出现事与愿违的情形。但是，从人的道德意愿来看，人只要投奉于道德法则，就投奉于那些目的，相信那些目的能够实现。其次，纯粹理性的本性驱使它不可避免地追求无条件总体。纯粹实践理性要追求的目的总体，不仅囊括基于理性之上的目的，诸如我们在道德目的系统中所讨论过的那些目的，人的自然完善和道德完善、他人自然的福祉与道德福乐等，而且囊括基于自然爱好和感性需求之上的一切目的。最后，纯粹理性必然追求系统统一性。人的行动不是一次性的，而是日复一日伴随其整个实存的。这就导致人们对所有目的系统联合的、整体性后果的期望必不可少。至善就是感性目的和理性目的的统一体，是纯粹实践理性（即一个纯粹意志）的全部对象、纯粹实践理性之对象的"无条件的总体"①。

　　德福相配的至善不仅仅是个人的追求，同时也是社会的追求、人类共同的追求。康德说："既然德行和幸福一起构成人对至善的占有，但与此同时，幸福在完全精确地按照与德性的比例（作为个人的价值及其配享幸福的资格）来分配时，也构成一个可能世界的至善。"②就个人的人格而言，每个人都希望自己的行动能够得到公平公正的对待，善有善报、恶有恶报。就世上一般人格无偏见的理性本身而言的，至善作为道德行动的后果是纯粹实践理性本身规定的目的。有限的理性存在者的理性是具有普遍必然性的，可以通过道德法则普遍立法，创造一个人人为我、我为人人的道德世界。况且，个人是无法自存的。在这种意义上，一个可能的至善世界是我们将要创造的世界。

　　总结来看，实用目的论基于人的感性本性，以幸福作为最后目的。由于幸福概念本身的经验性、不确定性，人们达到幸福的手段只能是一些明智的建议。人们在日常生活中具体的幸福包括身体的健康和心灵的健康。

---

① 康德.实践理性批判 [M].邓晓芒译，杨祖陶校.北京：人民出版社，2003：148.
② 康德.实践理性批判 [M].邓晓芒译，杨祖陶校.北京：人民出版社，2003：152.

康德提出哲学治疗术和明智的建议作为人达到幸福的手段。实用目的论必须以自由目的论为前提才具有道德意义,人的幸福只有从属于人的道德才具有道德价值。康德在自由目的论的立场上批判了以往的幸福主义,提出德福一致的幸福观。

第五章　自然目的论

康德的自然目的论在《判断力批判》中得到了集中而系统地阐释。康德的自然目的论并不是自然本身所具有的规定，而是人运用反思判断力的原则反思自然的结果。这一章的主要任务是重构康德的自然目的论。第一节探讨康德在《判断力批判》之前对自然中的目的论问题的思考。第二节考察康德如何在审美判断力批判中寻找并确立自然目的论的先天根据，即自然的合目的性原则。第三节考察自然中的特殊事物何以作为一个自然目的而存在。第四节研究自然整体何以成为一个目的系统，揭示康德自然目的论的整体结构（见附录图四）。

第一节　大自然的意图

在《判断力批判》提出自然目的论以前，康德已经对自然中的目的论问题有一定程度的思考，主要体现在他对自然的道德意图、人类历史的自然意图等方面的讨论。

一、大自然的道德意图

McFarland 在 *Kant's conception of teleology*（1970）中指出，17 世纪的科学家在发现了统摄自然现象的法则之后，关注的问题是自然如何运作，忽视任何可能的目的（无论是上帝的还是自然的）。他们认为，即使这些目的真的存在，也没有科学价值。培根认为，目的因最终会阻碍科学的进步。笛卡尔说终极目的在自然事物中没有用处。去除了终极目的或终极原因的世界科学图景是一个由质料粒子按照机械论运行的宇宙。17、18 世纪的哲学家中除了斯宾诺莎还在怀疑"是目的在世界中起作用"之外，只有休谟的《自然宗教对话录》中给出代表性的观点，即"自然不做无用之事"。休谟对自然神学证明的论证与康德对上帝存在的证明类似。18 世纪对上帝存在的目的论论证都是设计论的，休谟和康德都拒绝本体论论证和宇宙论论证，设计论并未断定自然被某些具有价值的目的或意图主导，而是依赖于一个类比：存在于自然之中的有目的的东西的安排与人类技术产生的事物之间的类比。这个类比依赖于有机物，自然的其他安排不依赖于内在秩序原则的假设，它们不是自组织的，而必须是来自外来物的安排。在休谟之前，目的论都是外在目的论，诉诸钟表的类比。直到18世纪中叶，自然中的目的论与机械手段的目的论的类比观念才受到批判性的考察，先是休谟后来是康德。休谟认为，自然中存在意图和设计，当然，这种观点开始于自然事物与人工产品的类比。McFarland认为，康德读了休谟的《自然宗教对话录》，休谟的结论与康德的结论极为类似。休谟在此第二次打断了康德独断论的迷梦，但休谟认为，没有证据证明自然原因是一个外来理智。[①]康德在批判休谟的思想上前行的。1755年，康德在《一般自然史与天体理论》中指出，人们可以用牛顿力学解释整个世界的物质构成。但是，对于极微小的植物或昆虫等有机体，即使我们有了物质和力学原理，也很难解释它们的生成机制。康德"只能把自己的雄心壮志限制在无生命的自然世界"[②]。有生命的自然事物应当如何解释，成为康德当时无法解决的心结。Keith Ward在 *Kant's Teleological Ethics*（1971）中认为，康德早期作品《一个视灵者的梦》受到怀疑主义和幻想信仰的影响，导致其伦理学悖论：道德行动本质上关心自然完善和道德完善的实现，但这样的完善在现世世界中不可能实现。康德的终极关怀是，人在一个不断发展的和谐共同体中的自我满足与完善。康德的宗教学说试图建立这种满足和完善的可能性，虽然这种满足在现世中是如此不确定。[③]

1781年，《纯粹理性批判》发表，康德在讨论一般理念时，高度评价了柏拉图的理念目的论。他认为，柏拉图从人的道德中已经正当地看出，自然界从理念中起源的证据。植物、动物乃至整个世界有规则的结构都清楚地表明，这一切只有按照理念才是可能的。柏拉图努力把对世界秩序的物理描述提升到按照目的、理念的建筑术方式联结，这种精神值得敬重和仿效。接着，在先验理想的讨论中，康德毫不留情地批判了上帝存在的本体论证明和宇宙论证明。对待自然神学证明，康德一方面证明了它的无效

---

① 参看 J. D. McFarland. *Kant's conception of teleology*[M]. University of Edinburgh Press, 1970: 44.

② 李秋零. 康德的目的论情结 [J]. 宗教与哲学第八辑，北京：社会科学文献出版社，2019：94.

③ 参看 Keith Ward. *Kant's Teleological Ethics*[J]. The Phliosophical Quarterlay, Vol. 21, No. 85: 337–351(1971).

性，揭露它必然依赖于本体论证明；另一方面却对它给予了一番褒扬。他指出，自然神学任何时候都应当受到敬重。因为它用最古老、最明白并且最适合普通人类理性的方式鼓舞着人们对自然的研究。它把目的和意图引入机械性的自然，使得自然向我们展现出一个不可测度的多样性、合规则性、合目的性以及美的面貌。这种面貌使我们把自然知识扩展到自然之外，直至某种具有特殊统一性的原则。李秋零认为，在这里康德肯定了自然神学证明与自然研究之间相辅相成的关系。"一方面，这种证明给自然研究引入了其自身不能揭示的目的和意图即目的论思维，从而以一种外部的或曰超自然的统一性来扩展我们的自然知识；另一方面，这种证明自身就产生于自然研究，而且自然知识的扩展又进一步加强了这种证明以及建立在它上面的信仰。"① 此时，康德意识到这是自然理性发展的必然趋势，具有极强的威力和信服力。虽然自然神学对上帝的证明被康德全力反驳了，但是自然神学对于自然进行目的论考察的思维方式却在康德心中引起涟漪。

当康德讨论关于上帝的理念时，他就在理性的限度内正式引入了目的论预设。他说，上帝这个概念是"惟一地基于理性概念之上的最高形式的统一性""诸物的合乎目的的统一性"②。这个原则使得理性可以按照目的论法则对待世上的一切事物，并由此达到世界的最大的系统统一性。至上的理智即上帝，就成为世界整体的唯一原因。同时，康德明确指出，这个世界原因的预设和目的论法则单纯只是理性的一条调节性原则。它本身并不妨碍自然本身必然的物理联系。它只是为了借助"世界的至上原因本身具有的合目的性的原因性"这个理念，达到最高系统的统一性。对于理性的全部装备而言，它的纯粹运用的最后目的指向意志自由、上帝存在和灵魂不朽。如果意志自由，有上帝和来世，那么我们应该做什么呢？康德的回答是，"明智地为我们着想的大自然在安排我们的理性时，其最后意图本来就只是放在道德上的"③。可见，康德在进行理性的反思和批判时，已经蕴含了大自然的道德意图这个预设。最后，在先验方法论中，康德着重讨论纯粹理性的实践运用，并开启一个道德世界。道德世界是一个理知的世界、一个目的秩序的世界。虽然康德还没有直接提出自由的目的论，但是

---

① 李秋零. 康德的目的论情结 [J]. 宗教与哲学第八辑，北京：社会科学文献出版社，2019：91.

② 康德. 纯粹理性批判 [M]. 邓晓芒译，杨祖陶校. 北京：人民出版社，2004：534–535.

③ 康德. 纯粹理性批判 [M]. 邓晓芒译，杨祖陶校. 北京：人民出版社，2004：609.

他已然提出了一个与道德律相符合的道德世界，已经把一个德福相配的至善确立为终极目的。并且，他告诉我们，人只有在一个具有系统统一性的理知世界中才能安身立命。在这个理知的道德世界中，"诸目的的这种系统统一也不可避免地导致万物的合目的性的统一，万物按照普遍的自然律构成这个大全"①。显然，康德在这里已经超出自然的物理考察，开启对自然或世界整体的道德秩序反思。这正是康德道德目的论的初始规划，康德认为道德的合目的性的统一性，构成了我们理性的学校，牵制着理性进行思辨运用，接着进行实践运用，最后实现道德目的。

沿着这样的思路，康德在 1785 年出版的《奠基》中预设了有机的原理来论证理性的自然目的是产生一个自在的善良意志。康德指出，在一个合乎生命目的而存在的有机体中，被假定的原理是：大自然会按照目的给有机体安排最适于实现此目的的器官；自然本身不仅会设定目的，而且会为实现目的选定手段。人作为拥有理性和意志的有机体，如果大自然的目的是人的幸福，那么人的自然本能是最重要的禀赋，用理性去实现幸福就会是自然的糟糕安排。事实上，一个有教养的理性越是想促成人的幸福，人离幸福却越远，甚至会产生一定程度的"理性恨"。可见，理性被自然赋予人必定有其他的目的，这个目的就是产生一个绝对自在的善良意志。对此，Heiner F. Klemme 在 *Moralized nature, naturalized autonomy*（2013）中首先提出了一个问题：康德在《奠基》中将自律原则作为道德性至上原则。自律与他律对立，自律服从自由因果性，他律服从自然因果性，如果接受这样的区分，自由因果性和自然因果性之间就不可能出现黑格尔所谓的调和状态。所以在道德哲学中，康德似乎没有给自然同时能够培养道德追求的想法留下余地。但是，康德在主要内容的论证中又引入了"自然目的论"的思想，有两个例子：（1）自然给人的理性安排的真正使命是产生一个自在善的意志。人在自我立法和自律中发现了自己的自然目的即道德性。（2）禁止自杀，是康德对定言命令的自然公式的运用。在此，他说，禁止自杀是因为自爱的目的是促进生命的延长，而不是破坏生命本身，这是一种自然目的的考虑。这就使读者产生一种误解：康德在论证过程中违背了目的因和作用因的分离，回到了传统的目的论立场。Klemme 认为这些例子在《奠基》中出现，不是偶然的，也不是康德论证的缺陷，回到了一个按照目的运行的自然概念。因为，康德在 1797 年写《道德形而上学》时再一次使用了"自然目的"概念。Klemme 想弄清，康德在《奠基》中

---

① 康德.纯粹理性批判 [M].邓晓芒译，杨祖陶校.北京：人民出版社，2004：618.

涉及的自然目的论是否是在自然的建构性法则的意义上使用的，如果它不是建构意义上的，那么它就是一条调节性法则的意义。但是，在 1785 年，康德似乎没有说到这条法则的任何特征。因此，他通过讨论康德在《判断力批判》中的目的论判断力的概念，弄清了纯粹实践理性、反思判断力和自然之间的关系在那里是如何被理解的，为理解在《奠基》中自律和自然之间的关系寻找启示。他认为，如果我们理解了《判断力批判》中的目的论判断力，我们就能看清康德所涉及的自然的功能（functionality）不作为一条纯粹的启发性策略，也不在传统目的论意义上使用的，而是被理解为纯粹理性自己的反思结构的一个标志。Klemme 指出，在《奠基》中说明"自然如何能被道德化"以及"理性如何被自然化"对康德而言是至关重要的。①

这种观点在 3 年后 1788 年《实践理性批判》中再次出现，用于区分善恶与福苦。康德说，理性如果只是自然用来装备他达到动物性的目的，而没有更高目的的话，那么，理性在价值层面上根本没有超出单纯的动物性。因而，自然给人安排理性除了随时考察人的福苦，必然还有更高的目的。这个目的就是为了区分善恶，善恶的评判应当是福苦评判的至上条件。此外，值得注意的是，1787 年《纯粹理性批判》第二版序言中，康德在探讨形而上学为什么还没有走上一条可靠的道路，以及如何走上一条可靠道路时，也提出大自然给人赋予理性的意图："大自然究竟通过什么方式使理性沉溺于这种不知疲倦的努力，要把这条道路当作自己最重要的事务之一来追踪呢？"②对这个问题的回答，我们可以在《纯粹理性批判》第二版中找到答案。康德在批判理性心理学时，加入了对"门德尔松关于灵魂持存性的证明"的反驳，并且在最后写了一个重要的总结：一切试图超出可能经验限度之外的知识与人类的最高利益相关，这就要进入理性实践运用的知识。就理性的纯粹实践应用而言，目的秩序才是理性自己的领地，这个目的秩序同时是自然秩序，理性有权借助于目的秩序使人自己的实存扩展到超出经验、超出此生的界限。据此，理性在世界中一切有生命存在者身上必须假定一条必然的原理：任何器官、能力、冲动，因而任何东西都是不可缺少的，具有合目的性的。这条原理与生命本身的规定严格契合，目的与生命必然相关。"按照与这些有生命的存在者的本性相类比来判断，那在自身中毕竟惟一能够包含这一切东西的最后终极目的的人，

① Heiner F. Klemme. *Moralized nature, Naturalized autonomy*[J]. in Kant on Moral Autonomy, edited by Oliver Sensen, Cambridge University Press: 193–211(2013).

② 康德 . 纯粹理性批判 [M]. 邓晓芒译、杨祖陶校 . 北京：人民出版社，2004：14.

就必定会是惟一被排除在这之外的生物了。"①可见，此时康德已经形成确定的观点，即人凭借其心中的道德律高于一切事物，出于心灵内部的召唤，通过自己的行动实现"成为更好的世界公民"这一目标。这一观点来源于康德在 1784 年对人类历史的目的论考察。

二、人类历史的自然意图

1784 年，康德出版了《关于一种世界公民观点的普遍历史的理念》，在其中，他直接对人类②的历史进行了目的论考察，并揭示了人类历史背后的隐秘的"自然意图"。在康德看来，基于形而上学的视角，人类意志自由属于本体界，但是意志自由的结果表现为人的行动，必然存在于现象界。人类历史就是对这些现象行动的描述和考察。不管人类行动的原因多么深奥，历史通过对人之意志自由活动的宏观考察，却能够揭示意志自由的某种合规则的进程。在宏观的历史视域下，看起来杂乱无章的个别事物，在整体上却呈现出某种合规则的进程。这种进程是人类的原初禀赋缓慢却不断前进的发展过程。婚姻、出生和死亡等人类事件似乎受到自由意志的巨大影响而没有规则可寻。然而，从各个国家的历史年表中可以看到，它们遵循着稳定的自然法则。就像看似逐年不稳定的气候，在整体上却是齐一而不间断的进程一样。个别人甚至整个民族很难想到，当他们每个人随心所欲地追逐自己的意图时，却不知不觉地遵循着连他自己也不知道的自然意图在行动。也就是说，他们自己并不知道自然意图在支配着他们的行动，他们不知不觉地为促进某个自然意图而行动。甚至，即便他们知道这个自然意图，也很少在意它。据此，康德提出，有一个自然意图支配着整个人类行动和人类历史的发展。人类具有区别于其他物种的特殊性，他们不像动物那样纯然按照本能行事，也不像有理性的世界公民那样在整体上按照确定的计划行事。人类拥有自由意志，自由意志主导下的行为举止，展现在世界之中纷繁多样、荒诞不经。即使表现出来的智慧在宏

---

① 康德 . 纯粹理性批判 [M]. 邓晓芒译，杨祖陶校 . 北京：人民出版社，2004：304–305.

② 1775 年，康德在《论人的不同种族》中讨论自然人类学，要建立不同种族的人之间的限制，并指出决定任何植物或动物发展的原因内在于植物或动物的本性之中。1785 年康德在人类学中使用了目的性概念。在《纯粹理性批判》中，康德明确意识到有机物的形成是自然机械作用的一个例外，机械作用是有机物的因素，但是不能解释它的产生。1785 年康德澄清了人的种族概念，认为特定种族的特征的呈现是因为它们服务于一个目的。1788 年对 1785 年所提出的种族概念进行了深入详尽的规定。在人的种族遗传的问题上，康德相信目的论的原则。

观上看来，也是愚蠢幼稚的虚荣、恶意、毁灭的混合体。从宏观上来看，人类的活动不存在理性预设的任何自由意图。因而，哲学家们没有出路，只能尝试在人类事务的荒诞进程中揭示一个自然意图，并从这个自然意图出发，"行事没有自己意图的计划的造物却仍然可能有一个遵从自然的某个计划的历史"①。哲学家试图在历史中找到线索，自然会自主地产生按照这线索来撰写历史的人。康德作为这样的哲学家，提出了关于人类历史的九个命题。命题一到命题三揭示了自然在人类历史中的意图究竟是什么；命题四到命题七阐述了自然为了达到其意图在人类历史中使用了哪些手段；命题八和命题九对人类历史的自然目的论考察做了理性反思。

自然在人类历史中的意图究竟是什么？康德的回答是：实现人类所有自然禀赋的发展。"自然不做无用之功"是康德在看待自然时赞同的首要目的论原则。他认为，"一个合法则的自然"这个概念本身包含着一个原理，即任何一种造物的所有自然禀赋，都是有目的且合目的的。一个没有目的的自然，只会陷入令人沮丧的偶然性。动物的任何器官都具有合目的性。人是尘世间唯一有理性的存在者，其理性的自然禀赋也具有合目的性，并且这种合目的性只应当在"人类"的意义上才能得到发展。这是因为，理性的意图无限地超出自然本能。然而，理性的发展却需要不断地尝试、练习和传授。个人在自然本性上是会死的，理性的发展需要世代传承，只有在人的理念中才能达到目的。针对人，大自然的意图是人能够运用理性，完全依靠自身的力量摆脱自然必然性，从而分享他仅仅通过理性为自己创造的幸福或完善。为了达到这个目的，自然节约而精准地运用各种手段。自然给人提供理性，使人维持自身、发展自身、创造一切，使生活变得舒适有趣。自然给人赋予双手，为人的生存和幸福提供了手段。自然给人赋予意志自由的本性，使人能够成就善良意志，从极度野蛮努力变得文明完善，甚至获得幸福。对此，人类只会感谢自己。自然隐藏在最后面，促使人们面对人类事务中的艰辛不断努力，以便自己的所作所为配得上自己创造的幸福。自然使个人有死、人类不死，前辈们艰辛工作，后代分享幸福，人类的繁衍与希望仍能达到自然禀赋发展的完备性。

具体到人类历史中，自然为了实现其意图，采用了以下手段：第一，自然赋予人类非社会的社会性，即人的自然禀赋在社会中的对立，这种对立最终导致一种合法则的社会秩序。人性的自然禀赋中既有社会化的倾

① 康德. 康德著作全集第 8 卷 [M]. 李秋零主编. 北京：中国人民大学出版社，2010：25.

向，又有一种非社会的属性。

首先，人只有进入社会才能够意识到自己是人，才能感受到自然禀赋的发展。但在社会中，他又强烈地希望突出自己的个别性，力图仅仅按照自己的意愿对待一切，由此与社会产生对立和对抗。"正是这种对抗，唤醒人的一切力量，促使他克服自己的懒惰倾向，并且在求名欲、统治欲和占有欲的推动下，在他的那些无法忍受，但也不能离开的同伙中为自己赢得一席之地。"①通过这一步，人类从野蛮真正开始走向文化，文化体现着人的社会价值。通过文化，鉴赏开始形成，理性的启蒙不断建立思维方式的变革，直至建立实践原则，社会逐渐转变为道德的整体。这样来看，人类自私自利的非社会性虽然本身不可爱，却成为人走出野蛮的最初动力。求名欲、统治欲和占有欲导致的普遍对抗是自然埋在人性中、促使自然禀赋得以萌芽的种子。表面上，自然与人的意图对立，不让人过舒适惬意的生活，迫使人投身辛勤劳作。实质上，自然为了促进人类的原初禀赋不断发展完善而设置了种种障碍。

第二，自然迫使人类达成一个普遍管理法权的公民社会。公民社会拥有最大的自由，虽然其中的成员普遍对立，但是他们能够自由共存，最大限度保证自由的界限。一个完全公正的公民宪政，是一个在其中能够保证最大程度的外在自由与不可违抗的强制力相结合的社会。唯有在这样的社会中，自然的最高意图即期望人类实现其自然禀赋的所有目的才能达成。这样的社会必然构成人类最高的自然任务。唯有借助这个任务的解决和完成，自然才能在人类上达成它的其他意图。人类困境中的最大困境是人们相互加诸自身的困境。他们的偏好使得他们无法在放任的自由中长期共存。只有通过公民联合，这些偏好才有最好的结果。事实上，在公民联合的社会中，没有为所欲为的自由，只有相互牵制的自由，这样才能使得自然禀赋得到最大程度的发挥。康德举例说，森林里树木相互竞争、相互牵制才能够长得挺拔漂亮。为所欲为的自由生长只会导致畸形、歪斜、弯曲。同样，"一切装扮人的文化和艺术及最美好的社会秩序，都是非社会性的果实，非社会性被自身所逼迫而管束自己，并这样通过被迫采用的艺术，来完全地发展自然的胚芽"②。

第三，自然责成人类接近一个最高元首的理念。人作为一种动物必

---

① 康德. 康德著作全集第 8 卷 [M]. 李秋零主编. 北京：中国人民大学出版社，2010：28.

② 康德. 康德著作全集第 8 卷 [M]. 李秋零主编. 北京：中国人民大学出版社，2010：29.

须有一个主人。人与同类保持平等自由的同时，其自私的动物性偏好会引诱他在允许的情况下使自己例外。因此，他需要一个主人来压制自己的意志，并强迫他去顺从一个普遍有效且能保证每个人都自由的意志。这个主人只能出自人类，并且应当自身公正。但是，他毕竟是一个人，这个任务在所有任务中最为困难，甚至不可能解决。最后只能归结于一个理念，人类不断接近这个理念。

第四，自然迫使人类确立一种合法的外部国际关系，这决定着完善公民宪政的建立问题。国与国的关系类似于人与人的关系，国家也有社会性和非社会性。国家之间的对抗表现为战争。为了避免灾祸，为了在无法避免的对抗中寻求平静和安全，自然把战争当作手段，通过极端的悲惨经验推动国家走出野蛮的相处模式，进入国际联盟。各个国家在国际联盟中获得自己的安全和法权。因此，一切战争都是摧毁旧秩序、建立新关系的尝试。各个国家只有放弃自己残暴的自由才能在一种合法宪政中找到平静和安全。

最后，康德追问，在各部分中假定自然部署的合目的性却在整体上假定无目的性，这是否合乎理性？康德的回答是：从宏观上看，自然通过人类历史在实施自己的一个隐秘计划，其目的是为了实现一种内部完善，并且为此目的也是外部完善的国家宪政。唯一只有在国家宪政中，自然才能够在其中完全发展人类里面的一切禀赋。经验无法揭示自然的意图，就像只把握部分无法把握整体一样。在国家宪政中，公民的自由不容侵犯，启蒙的发展使人类逐渐文明。在国家经历了若干次革命之后，自然的最高意图就是一个普遍的世界公民状态，在其中人类的一切原初禀赋得以发展，终将在某一天实现。因而，人类完全的公民联合是自然的一项目标计划，按照这个目标来探讨普遍的世界历史的哲学尝试是可能的，是有益于自然意图的。尽管我们目光短浅，不能看透自然的隐秘计划，但是这个理念可以成为我们理解自然意图的导线，至少从宏观上把人类行为的集合展示为一个系统。据此，我们看到人类的历史虽然看起来不符合最高智慧，并且将来有一天我们发现我们理性的意图只能在另一个世界中实现，那么这一切有什么用？康德认为，我们这样可以有一条先天的原则谱写历史，排斥了那些经验性历史探讨造成的误解。

三、人类历史的目的论开端

为了论证大自然的意图，康德在《人类历史揣测的开端》（1786 年）中大胆揣测了人类历史的目的论开端。

他认为，就人类而言，历史从自由开始。本能是自然赋予人生存的最初能力。人类只要按照本能就会在大自然中感觉良好。然而，大自然还给人类配备了理性。理性通过比较把人对事物的知识扩展到本能的界限之外，一方面使人生活得更好，另一方面"凭借想象力的协助来装出欲望，不仅无须一种指向这种欲望的自然冲动，而且甚至违背自然冲动"。① 本来，偶尔背弃自然冲动没什么大不了。但是第一次尝试有意外的收获，人意识到理性能够使自己超越动物的界限，并凌驾于动物之上。于是，理性不顾自然的反对，第一次尝试做出自由选择，并发现自己有选择生活方式的能力。人们一旦尝过自由的味道，就不可能再回到原来被本性统治的自然状态中去。大自然通过饮食本能保存个体，通过性本能保存种属。理性的第二次自由尝试，体现在对性本能的影响上。人发现自己可以通过想象力延长或增加性本能，理性可以有意识地控制性冲动，甚至服务于性冲动，具体表现为拒绝和端庄。拒绝使人从纯然感觉的吸引力，过渡到观念的吸引力，从纯然动物性欲望逐渐过渡到爱。借助爱，人通过纯然快意的情感过渡到审美享受，审美的对象从人过渡到自然。端庄是通过一种良好的风度引起别人敬重自己的偏好。端庄构成人之社会性的最初基础，暗含了一个道德生物人发展的胚芽。理性自由尝试的第三步，是期待未来的深思熟虑。人们不再满足于享受当下，而是要畅想未来，为遥远的目的做规划。与此同时，不确定的未来给人们带来动物性不可能有的、无穷无尽的忧虑和苦恼。男人要辛苦工作以维持家庭，女人要承受性别的麻烦和家庭的苦恼。人们的辛苦劳作不能享受当下，只能造福后代。但是，人还是要使自己与动物彻底分道扬镳，这关键的最后一步就是他的理性认识到他自己是"大自然的目的"，亦即理性意识到自己凭借其本性拥有支配和统治其他自然物的特权。在这种特权观念之下，人与自然对立，人与其同胞之间达成认同和共识，建立社会，开启文明。在社会中，人与一切理性存在者平等，这种平等意味着无论他们的地位如何，他们本身都是目的，具有尊严，被任何其他人都视为目的，并且不被任何人当作达成其他目的的手段来使用。即使是自然禀赋优于人的纯然理性存在者，也没有权利随意支配人或统治人。这一步使人彻底脱离大自然的母腹，脱离了大自然为人准备的无忧无虑的安全襁褓。人类进入更广阔的世界，同时也要承受更多不确定性、辛勤的劳作和未知的灾祸。当然，生活的辛苦经常诱使他期望一

---

① 康德. 康德著作全集第 8 卷 [M]. 李秋零主编. 北京：中国人民大学出版社，2010：114.

个乐园，这是想象力的创造。但是，在辛苦与乐园之间，理性不知疲倦、不可抗拒地驱使他所有的禀赋向前发展，不允许他返回粗野和淳朴。与此同时，理性用尊严和对未来的希望，驱使人耐心地承受辛劳，致使人由于害怕失去当下的一切而忘记他所恐惧的死亡。

从人类的角度来看，历史的发展是一个向善进步、不断完善的过程。人从一种纯然动物性造物的粗野过渡到人性，从本能的学步车过渡到理性的指导，从大自然的监护过渡到自由状态。然而，对于个人而言，情况就不一样了。开化了的理性使人产生各种恶习。人从无知状态走出的第一步，在道德方面是一种堕落；在自然方面，是一堆生命的灾祸，这些灾祸被认为是对堕落的惩罚。康德说，自然的历史从善开始，自由的历史从恶开始，恶是人的作品。个人把一切恶归咎于自己，与此同时，他作为人类整体的一员，却能够欣赏和赞颂这种安排的智慧与合目的性。这里，康德高度赞扬了卢梭，卢梭揭示了文化与人类本性之间不可避免的冲突。卢梭认为，人类作为一个自然物种，每个个体都应当追求个体的自我实现，但人类进入社会也成为一种道德物种。文化是使道德人和自然人协调统一的重要手段。从道德人类与自然人类的抵触中，产生了一切压迫人之生活的真正灾祸和一切玷污人之生活的恶习。然而，导致这些恶习的、令人责难的诱惑，自身却是善的，它们作为自然禀赋却是合乎目的的。这些自然禀赋被设立在自然状态上，通过紧张的文化受到损害，并反过来损害文化，直到完善的文化又成为本性为止。人类道德规定的最终目标就在文化上。

在整个社会文明文化的发展中，人们抱怨战争，因为战争是人们招致压迫各文明民族的最大灾祸。国家的一切力量，文化的一切成果，本来能够被用于更伟大的文化，却被用于战争。自由在战争之下受到严重的损害。然而，在人类目前所处的文化阶段上，战争是使文化继续发展不可或缺的手段。唯有在一种文化完成之后，持久的和平才会对我们有益，持久的和平也唯有通过那种文化才有可能。后来，康德在《永久和平论》（1795）中进一步阐述了这一观点。人们抱怨生命短暂的自然秩序。但是，如果生命延长，人们就不会爱惜生命。并且，人们的恶习会达到某种高度，以至于除了普天下的自然灾害使人类在地球上灭绝之外，人们不配享有任何更好的命运。人们渴望一种无忧无虑的纯粹享受，渴望懒散中的虚度，像孩童游戏般地浪费的生命。然而，这种渴望是空洞的。因为它从根本上证明了，当有理性的人仅仅在享受中去寻找文明生活的价值时，实际上体现了他对生活的厌倦。他想要返回伊甸园的愿望充分显示，人因不满足于原始状态而走出原始状态，并且他永远都回不去了，毕竟他只能把当下的艰辛状态，归于他自己和他自己的选择。最后，康德总结道，这样阐述人的历史有助于人的教诲和改善。它向我们指出，人的一切灾祸都是自己误用理性造成的，因而只能完全归咎于他自己。从人类最古老历史的考察中，我们看到人类历史从较坏逐渐发展到较好。对于这种进步，每个人都受到大自然本身的召唤，尽自己的力量做出一分贡献。

顺着这个思路，在《论目的论原则在哲学中的应用》（1788）一文中，康德基于当时生物科学的研究成果，从哲学上对目的论原则在哲学中的应用做了更加清晰的阐述。他指出，如果自然被界定为"按照法则确定地实存的一切东西的总和"①，那么，追问世界（真正的自然）及其至上原因时，自然研究的两种场合即物理学和形而上学有两条研究路径：纯然理论的路径、目的论的路径。物理学通过经验满足我们对世界的认识意图，形而上学的意图通过纯粹理性规定的一个目的来达到。在《什么叫作在思维中确定方向？》（1786）一文中，康德已经指出，理性在形而上学中沿着理论的自然路径，不可能如愿地达到上帝的知识。因此，只剩下目的论的路径。在这里，康德提到两种目的，一个是仅仅基于经验的证明根据的自然目的，另一个是先天地由纯粹实践理性规定而被给予的目的，亦即至善理念中的道德。只有第二种目的才能为证明上帝存在提供理论基础。

康德探讨了种族遗传与变异之间的关系及其背后的自然目的。康德指出同一个原理，自然科学中的一切都必须以自然的方式来解释，同时划清了自然知识的界限。当人们使用所有解释根据中还能通过经验证实的最终解释根据时，人们就达到了自然知识最外面的界限。有机生物的概念自身已经包含它是一种物质，其中一切作为目的和手段处在相互关系之中，而这甚至只能"被设想为"终极原因的体系。因而它的可能性至少对于人的理性来说，剩下的只有目的论的解释方式。物理学不能追问，一切有机化本身原初来自何处。这是物理学的局限，理论科学的局限。对于有机化本身的回答在自然科学之外，在形而上学之中。所以，康德一开始就把目的论归属于形而上学的领域。康德说，通过生育推导有机生物的一切组织，以及按照其祖源的组织中可以发展的源始禀赋逐渐发展的法则，推导后来的形式。但是，"这个祖源自身如何产生"这个问题，超出了人可能有的一切物理学的界限，而康德相信自己毕竟必须坚守在这些界限之内。真正的形而上学，知道人的理性的界限，还知道它决不能否认的先天缺陷，即

---

① 康德. 康德著作全集第 8 卷 [M]. 李秋零主编. 北京：中国人民大学出版社，2010：158.

形而上学既不能也不可以先天地虚构任何基本力量，编造任何空洞概念。理性涉及物理学的时候，在世界之中寻找它的基本力量，涉及形而上学的时候或许到世界之外寻找基本力量。基本力量是因果联系，是作用因。有机生物是一个物质的生物，这个生物唯有通过它里面所包含的一切作为目的和手段的相互关系才有可能（解剖学家也是从这个概念出发）。因此，一个组织借以起作用的基本力量（作用因），必须被设想为一个按照目的起作用的原因，亦即必须使得这些目的被奠定为作用的可能性的基础。但是，我们按照这类力量的规定根据（目的因）通过经验认识它们，仅仅在我们自己里面，亦即在我们的理智和意志上。它们是某些完全按照目的安排的产物，亦即艺术品的可能性的原因。在这里，康德已经看到了，有机体与艺术品的类比，提出了理智和意志是我们的基本力量，意志能够被理智规定而成为一种按照一个被称为目的的理念来看成某种东西的能力等观点。当然，康德认为，我们不应该脱离经验、虚构经验。（一个生物从自身出发有合目的的起作用的能力，但这种能力却没有相应的目的和意图被蕴含在它里面或者在它的原因里面，这样一种能力的概念完全是虚构的和空洞的。）因为经验无法证实。哪怕能够在世界之中或世界之外发现有机体的原因，我们要么必须放弃他们的这种原因的一切规定性，要么为此想出一个理智的存在者。

最后，康德对这一切做出总结，这个总结针对有机体，也针对物理学和形而上学。他说，目的与理性有直接关系，不论外来理性还是自己的理性，外来理性是自己理性的类似物。目的要么是自然目的，要么是自由目的。"自然中必定存在目的"这一点没有任何人能够先天看出来。我们能够看出，自然中必定存在因果联系。因此，目的论原则在自然方面的使用，任何时候都有经验性条件。如果必须把自然（需求和偏好）给予它的意欲对象作为规定根据，以便通过对象间的关系或者比较，通过理性规定我们使之成为我们目的的东西。那么，自由目的的情况也类似。不过，实践理性批判指明，有一些纯粹的实践原则，理性通过道德法则被先天规定。因而，道德法则先天地说明理性的目的。如果为了解释自然而使用目的论原则，经验性的条件下肯定不能成功。但是，人们必须期待一种纯粹的目的学说，亦即自由的目的学说来做到这一点。这种目的学说的"原则"先天地包含着一般理性与一切目的的整体的关系，并且只能是实践的。有一种纯粹的实践目的论，即一种道德，注定要在世界之中实现自己的目的。所以，它不可以忽视这些目的在世界中的可能性，无论是就其中的终极原因，还是就至上的世界原因与作为结果的一切目的的整体的适宜性而言。因而，不可以忽视自然目的论，也不可以忽视一个一般自然的可能性，以及先验哲学，以便保证实践的纯粹的目的学说在实施时就客体的可能性，亦即它规定要在世界之中实现的目的的可能性而言具有客观实在性。

这一段是康德关于目的论原则的经典论述。通过这个论述，康德基本上理清了其目的论系统的基本框架。他已经发现了艺术的目的类比，已经对自由目的论和道德目的论的规划有了较为清晰的思路，但这一切还都只是假设。他用"只能被设想为"的终极原因来解释有机生物，解释自然，他还没有揭示和阐明自然目的论的先天根据，这正好构成《判断力批判》首先要解决的问题。

第二节　自然目的论的先天根据

康德的自然目的论作为其先验哲学的一个部分，与理论哲学、实践哲学一样建立在先天根据之上。按照《判断力批判》的结构安排，康德遵循了一贯的写作方式，在"目的论判断力批判"中提出他的自然目的论思想之前，先将自然目的论的先天根据在"审美判断力批判"中确立起来。这一节的任务是考察康德如何在批判审美判断力的过程中寻找并确立自然目的论的先天根据。首先分析反思判断力的概念与任务，提出自然目的论的先天根据是"自然的合目的性原则"，然后研究自然的合目的性原则如何在自然美和艺术美的评判中被确立起来，最后探讨自然的合目的性原则作为审美判断力的唯一原则为什么是观念性的而不是实在性的。

一、反思判断力及其先验原则

在《判断力批判》的导言中，康德指出反思判断力是一种先天立法能力，它为自己颁布了自然（在其经验性法则的多样性中）的合目的性原则作为反思自然的一条先验原则。

什么是反思判断力？在康德看来，一般的判断力是"把特殊思考为包含在普遍之下的能力"[①]，它包含两种类型：规定性判断力和反思性判断力。规定性判断力是在普遍的东西（诸如规则、原则或法则）被给予的前提下，把特殊归摄到普遍之下的判断力。反思性判断力是在特殊的东西被给予的情况下，为它们寻求普遍的判断力。在《纯粹理性批判》中，康德

[①]　康德.判断力批判[M].邓晓芒译，杨祖陶校.北京：人民出版社，2007：13.

指出，知识形成的过程离不开判断力的作用，认识判断力①运用知性的范畴将特殊的经验材料综合起来形成知识。在道德实践活动中，人只有借助实践判断力，才能使"那种在规则中被普遍地（in abstracto）说出来的东西才被（in concreto）应用于一个行动上"②，这种判断力按照道德法则决定我们应当做什么。这样看来，无论认识判断力还是实践判断力都属于规定性判断力，它们按照从知性或理性那里借来的普遍概念或原则去把握和规定特殊，而不能反过来为自然中的特殊寻求普遍。反思判断力面对自然中的那些特殊，要为它们寻求某种普遍，也需要一条原则。这条原则不能从别处拿来，否则它就变成规定性判断力；也不能颁布给自然，否则它就像知性一样"为自然立法"；反思判断力只能将这条原则作为法则自己给予自己。

反思判断力的任务是从自然中的"特殊"上升到"普遍"，以便为自然在其经验性法则的多样性中的统一性提供根据。在《纯粹理性批判》中，我们已经看到，人为自然立法。人的知性将普遍的自然法则颁布给自然，使我们能够在其中找到一般自然的可能性根据，使自然作为一般自然得以认识。然而，自然毕竟还具有多样性和特殊性，它们仿佛是"普遍先验的自然概念"的诸多变相，并不能被先天的知性范畴所把握。知性的本性中有一个必然的目的，就是要把原则的统一性带进自然之中，在这一目的的驱动下，"由含有或许是无限多样性的经验性规律的自然界所给予的那些知觉中构成一个关联着的经验"③这一任务先天地存在于我们的知性之中。然而，在知性的眼光下，自然的特殊经验作为特殊的自然存在是偶然的，无法被包含在必然的自然系统中，但这并不表示它们就是无法则的。这些知性范畴无法统摄的偶然经验还必须有一些法则，并且这些法则还必须出于某种多样统一性原则而被看作是必然的。就人心灵中的三种高级认识能力而言，知性本身无法完成这项任务，理性不干涉有关自然的事务，那么就只能由判断力来担此重任。

反思判断力为自己颁布了一条原则，即就自然中的那些从属于一般经

---

① 相对于人的三种心灵能力（认识能力、愉快或不愉快的情感能力和欲求能力），判断力可以区分为认识判断力、情感判断力和实践判断力。凭借认识判断力，我们评判"真"；凭借实践判断力，我们评判"善"；凭借情感判断力，我们评判"美"和"快适"。其中，认识判断力和实践判断力属于规定性判断力，评判"美"的情感判断力属于反思性判断力，评判"快适"的情感判断属于感官的趣味判断。

② 康德. 实践理性批判 [M]. 邓晓芒译，杨祖陶校. 北京：人民出版社, 2003：92.

③ 康德. 判断力批判 [M]. 邓晓芒译，杨祖陶校. 北京：人民出版社, 2007：19.

验性法则的事物的形式而言的自然在其经验性法则的"多样性"中的"合目的性"原则。它是一条先验原则，自然中那些服从经验性法则的特殊事物只有在这条原则之下，才能成为一般可能经验知识的对象。它是一条主观原则，"自然的合目的性"作为一个先验概念既不是自然概念，也不是自由概念，它完全没有给客体（自然）加上任何东西，而只是表现我们为了获得"某种普遍关联着的经验"而对自然对象进行反思时所必须采取的"唯一方式"。这种主观方式不是为了认识，它与人的认识活动无关；不是为了达到一个实践上的目的，它与人的实践活动或欲求活动无关；因而只能与人的愉快或不愉快的情感相关。这种情感并不是来源于一个客观目的的实现，而是源自人在对一个自然对象进行反思时诸认识能力的协调作用。

凭借这条先验原则，我们可以将自然中的一个经验对象评判为具有"合目的性"的。自然的合目的性在一个经验对象上表现为两种："或是出自单纯主观的原因，在先于一切概念而对该对象的领会（apprehensio）中使对象的形式与为了将直观和概念结合为一般知识的那些认识能力协和一致；或是出自客观原因，按照物的一个先行的、包含其形式之根据的概念，而使对象的形式与该物本身的可能性协和一致"①，它们分别呈现为自然合目的性的审美表象和逻辑表象。意思是说，当一个自然对象符合主体的形式，它就会使主体产生一种愉快。这愉快表达的无非是这个经验对象对那些在反思判断力中起作用的认识能力的适合性。对主体而言，这个自然对象表现出一种主观形式的合目的性，因而被评判为美的。自然美被看作自然的形式的、单纯主观的合目的性概念的表现。当我们将一个自然对象的合目的性表象联系到对象在一个给予的概念之下才得以可能的根据时，它与我们的愉快情感无关，而与我们评判这些对象的知性相关。按照一个"在先的"目的概念对一个自然对象的可能性做出评判，其结果是使这个特殊的自然对象作为自然目的确立起来。自然目的被看作自然的质料的、客观的合目的性概念的表现，对自然目的的评判基于知性和理性在逻辑上提供的那个目的概念。以此为基础，反思判断力可以区分为审美判断力和目的论判断力，审美判断力按照愉快或不愉快的情感评判对象，目的论判断力按照理性概念评判对象。

其中，只有审美判断力，也就是通过愉快或不快的情感评判"主观形式的合目的性"的能力才包含判断力"完全先天地"作为它"对自然进行

---

① 康德.判断力批判 [M].邓晓芒译，杨祖陶校.北京：人民出版社，2007：27-28.

反思的基础"的原则。目的论判断力只是"在偶尔遇到的（某些产品的）场合下，当那条先验原则已经使知性对于把这目的概念（至少是按照其形式）应用于自然之上有了准备之后，才包含有这种规则，以便为理性起见来使用目的概念"①。也就是说，自然的主观形式的合目的性作为一条先验原则，为我们思考自然的经验知识（多样性和特殊性）提供了可能性。没有这一原则，经验知识的一般形式就不会呈现，目的论判断力也就失去了评判对象。那么，审美判断力的原则是如何确立起来的呢？康德认为，这一先验原则是在对自然美和艺术美的评判中确立起来的。

Klemme 在 *Moralized nature, naturalized autonomy*（2013）中指出，学界在康德反思判断力理论的各个方面达成广泛共识，但是反思判断力与理性的关系从根本上是存在争议的，争议的焦点在于理性概念的地位和功能。争议的原因在于：首先康德将合目的性的先天原则归属于判断力，而将一条"终极目的"的先天原则归属于理性，这表明反思判断力原则与理性的原则紧密联系。如果有人谈及目的和合目的性，他就毫无例外地使用了目的因（无论是调节性的还是建构性的），而不是我们知性的作用因。康德在 1790 年的导言中说：反思判断力能够将自然的某些形式评判为合目的性地组织起来的，仅仅是因为纯粹实践理性自身指导它去这样做的。但是，康德在《判断力批判》的具体论述中，给人传达一种这样的印象，即反思判断是按照一个带有知性的立法能力的标准运作的，理性可能只是被判断力批判性地组合上去的。Klemme 认为，理性的位置从"导言"中那个高级心灵能力的表中可以得到理解：知性带有机械因果性，理性用终极目的原则规定我们的意愿能力，而康德说这同一个理性指导反思判断力将某些自然产品评判为自然按照意图创造了它们。问题的关键在于，反思判断力评判自然时使用的是理性"托付"（to prescribe/auferlegen）② 给它的一条准则。康德认为，纯粹实践理性借助于这条准则建立了一种责任，即一种应该在具体情况下指导反思判断力去评判的工作。规定性判断力把一个对象归入自然法则，反思判断力应该将某物归入"一种只有通过理性才能被设想的原因性之下"。没有理性和终极目的的原因性，反思判断力只是一种盲目地、无助地判断自然现象的能力，而不可能产生一个自然目的概念。因此，Klemme 指出，反思判断是目的因的实践原则带有一个理论性意图的运用，运用于认识一个按照目的运作的自然。反思判断力能够

①　康德.判断力批判 [M].邓晓芒译，杨祖陶校.北京：人民出版社，2007：29.

②　康德.判断力批判 [M].邓晓芒译，杨祖陶校.北京：人民出版社，2007：250.

充当知性和理性的桥梁，仅仅是因为基于理性的终极目的原则既能实践地应用也能理论地应用。纯粹理性通过合目的地规定我们的意志去行动而变成实践的，但这同一个理性作为纯粹实践理性，也能通过指导反思判断力按照终极目的原则评判自然中的特有现象而完成理论性的应用。由此，反思判断力像知性一样成为一种理性能力。但是这条原则，根据判断力得以评判的原则产生于纯粹实践理性，这条原则就是终极目的的一个合目的性原则。①

二、自然美与无目的的合目的性

在康德看来，审美判断力的先验原则即自然的主观形式的合目的性，是在对自然美的评判中确立起来的。

首先需要澄清的是：自然美并非对一个自然事物的客观属性的评判。分辨一个自然事物是美的还是不美的，并不是知性对一个客体表象的理论认识，而是人通过想象力联系到主体以及主体的愉快或不快的情感的鉴赏活动。所谓鉴赏是评判"美的东西（或美的对象）"②的能力。"审美判断力批判"的研究对象不是"美的东西"，而是"美的东西""何以被称为美的"。美是主体凭借鉴赏力评判出来的。所以，"审美判断力批判"探讨的对象是鉴赏力。研究鉴赏力的主观先天原则，也就是我们将一个自然事物评判为美的主观先天原则，或者说"美的东西""之所以为美"的先天原则。

为了确定将"一个东西评判为美的"的条件，康德按照判断的逻辑分类从质、量、关系和模态确定了鉴赏判断所包含的四个契机。

从鉴赏判断的质来看，"美的东西"是"无利害而愉悦"的对象。按照人的能力来看，人只有三种愉悦的对象：对"快适的东西"的愉悦、对"美的东西"的愉悦、对"善的东西"的愉悦。其中，对"快适的东西"的愉悦和对"善的东西"的愉悦都是有利害的愉悦，前者是低级欲求能力的规定根据，后者与高级欲求能力的规定根据必然联系，它们都要求一个对象的实存。唯有对美的东西的愉悦是无利害的，它与人的欲求能力毫无

---

① 参看 Heiner F. Klemme. *Moralized nature, Naturalized autonomy*[J]. in Kant on Moral Autonomy, edited by Oliver Sensen, Cambridge University Press: 193–211(2013).

② 在康德著作中，"das Schönen（the beautiful、美的东西）"与"Schönheit（beauty、美）"之间是有区别的。美的东西是鉴赏的对象，而美是美的东西得以成为认识对象的那个形式条件即一个对象由以产生的那个表象所具有的合目的性形式。在《判断力批判》的中译本中，宗白华和邓晓芒等人并没有做出区分，李秋零对此做了严格的区分，并将前者译为美者。

关系，既不受感官利害的强迫，也不受理性利害的规定。利害与目的存在必然的联系，一切目的作为愉悦的规定根据总是带有某种利害。对美的愉悦是无利害的，因而摆脱了任何目的的规定，凭此成为唯一自由的愉悦。这种自由是一个主体在审美活动中才能感受到的自由感、不受任何东西的强制或规定。

从鉴赏判断的量来看，"美的东西"是"无概念而普遍愉悦"的对象。这一点是从第一个契机中推出来的。既然对"美的东西"的愉悦不带任何个人的爱好和利害，那么评判者只能做出这样的评判，由此推断，作为评判标准的愉悦必定是在每个别人那里也都能够感觉到，因而判断者"必定相信"每个人那里都有"类似的愉悦"。愉悦作为一种情感本身就具有主观性，它并未表明客体中的任何东西，而只是表明主体在被一个表象刺激起来时感觉着自身。但这种愉悦却具有普遍性的要求，这种普遍性并不是基于概念的客观普遍性，而是要求每个人都能够在这个对象上感到愉悦的一种普遍同意，因而是一种主观普遍性。由此进一步与快适和善区分开来，对快适的东西的愉悦具有主观性却不具有普遍性，对善的东西的愉悦具有普遍性却基于一个客观概念。

从鉴赏判断的模态来看，"美的东西"是"无概念而必然愉悦"的对象。在逻辑上，判断的模态只有三种：可能性、现实性和必然性。康德说，每一个表象被呈现出来与我们的愉悦相结合至少是可能的；"快适的东西"引发的愉悦已然是现实的；对于"善的东西"所感到的愉悦具有一种实践的必然性；那么"美的东西"呢？与鉴赏判断的主观普遍性类似，一个人在一个美的对象上感到无利害的愉悦时，就想要每个人都应当在这个对象上必然感到愉悦。这种必然性既不是理论上的客观必然性，也不是实践的必然性，而是一种示范性，"即一切人对于一个被看作某种无法指明的普遍规则之实例的判断加以赞同的必然性"[1]，也可以说是一种主观必然性。由此，"美的东西"既是普遍愉悦的对象，也是必然愉悦的对象。

由以上三个契机，我们可以看到，鉴赏判断是一个感性判断或审美判断，它只与主体的感性愉悦有关（判断的质）；它是一个单称判断，却要求一种主观的普遍有效性（判断的量）和必然性（判断的模态）。这三种规定针对的都是"美的东西"，那么到底"什么是美"呢？康德在《判断力批判》中对"美的东西"的"美"的唯一界定是从鉴赏判断的关系中给出的。

---

① 　康德. 判断力批判 [M]. 邓晓芒译，杨祖陶校. 北京：人民出版社，2007：73.

　　从鉴赏判断的关系①来看，"美的东西"的"美"是主体在对象表象身上知觉到的一种"无目的的合目的性形式"。基于一切愉悦都源自某个目的的实现，在"美的东西"上感受到的愉悦也与"目的关系"相关，但这种目的关系是一种无目的的合目的性。从判断的质，我们已经看到，"美的东西"是自由愉悦的对象，这种愉悦既摆脱了主观目的又摆脱了客观目的的规定，那么这种愉悦是如何引起的呢？康德说，在鉴赏评判中，"在一个对象借以被给予的表象那里，对主体诸认识能力的游戏中的形式的合目的性的意识就是愉悦本身"②。意思是，当一个对象被给予出来，主体中的诸认识能力"好像是为了什么"而在游戏中协调一致，内心对这种协调一致的意识就构成了愉悦本身。这样看来，对美的愉悦虽然无利害因而无目的，但它与对象的合目的性存在必然联系。对美的愉悦包含有主体在激活其认识能力方面的能动性的规定根据，所以包含一般认识能力方面的某种内在原因性，这种内在原因性就是一个表象的主观合目的性的单纯形式。由此，美被界定为一个对象的无目的的合目的性形式，具体表现在对象对那些在评判美的过程中起作用的诸认识能力的自由游戏的适合性。

　　鉴赏判断是对自然美的评判，自然美的美并不是自然事物本身的客观性质，而是主体从自然事物上反思出来的。这种反思依据的是鉴赏的原则，这个原则是鉴赏力关于自然的主观形式的合目的性原则。

　　从鉴赏判断的四个契机，我们已经看到，鉴赏判断只是一个表达"对象形式的某种经验性表象"的主观合目的性的"单称判断"，这种单一判断要求"先天的普遍有效性"和"主观的必然性"。就其单称性而言，我在审美活动中必须直接在一个对象表象上感到愉快，这种愉快只能源于我对自己情感状态的反思。以这种情感为基础，鉴赏判断要求的普遍性和必然性都不是按照客体的概念来确定的，而只是主观上的。当我们把一个判断的内容（即概念）排除之后，剩下的只有做判断的能力本身。判断力是一切判断的主观条件，它的作用机制是在一个对象的表象被给予的时候，要求想象力（把直观杂多复合起来）和知性（把结合诸表象的概念统一起来）的协调一致。在鉴赏判断的情况下，没有一个客体概念做基础，

---

① 在这里，我并没有按照康德的原文论述鉴赏判断的四个契机，而是先阐释第一、二、四契机，然后论述第三契机。这样的安排一方面是为了突出我的写作意图，强调第三契机的重要性；另一方面为了清晰地区分康德对"美的东西"与"美"本身的界定，第一、二、四契机是对"美的东西"的界定，第三契机是对"美"本身的界定。

② 康德.判断力批判 [M].邓晓芒译，杨祖陶校.北京：人民出版社，2007：57.

于是判断力就仅仅把想象力本身归摄到知性一般由以"从直观达到概念"的那个条件之下。所以，鉴赏力作为主观的判断力包含着一种归摄原则，把作为直观或表象能力的想象力归摄到作为概念能力的知性之下，在这种归摄中，想象力在它的自由中（即没有概念规定而图形化）与知性在它的合法则性中协调一致。人能够感觉到想象力和知性的这种在一个对象由以给出的表象的"形式"中的协调一致和相互激活，并产生一种愉快情感。这种情感让对象按照其表象对于"在诸认识能力的自由活动中"使这些能力"得到促进"这方面的合目的性来评判。也就是说，对象表象的合目的性并非对象本身所具有的性质，而是对象在其表象的形式中对自由的想象力与合法则的知性在那个表象中的协调一致的适合性。主体对这种适合性的反思产生愉悦，这种愉悦虽然是一个主体在自己的审美活动中所感受到的，却被要求在每个人那里必然地感受到。由此，鉴赏判断要求的先天普遍性和主观必然性最终落实到愉快的情感上。

康德指出，在对一个对象的鉴赏判断中，真正先天断言的是与内心中对一个对象的单纯评判结合着的"愉快情感的普遍有效性"。鉴赏活动虽然针对一个给予的个别的经验性表象，但是，鉴赏的愉快却先于一切概念而直接与单纯的评判相结合。在一个纯粹的鉴赏判断中，与"对于对象的单纯评判"相结合的是"对于对象的愉悦"，"这种愉悦无非就是这形式对于判断力的主观合目的性，我们在内心中觉得这个合目的性是与对象表象结合着的"①。判断力在这里评判的形式规则，只能针对"一般判断力运用的主观条件"，这种主观条件是我们在所有人中都可以预设的、作为一般知识得以可能的主观的东西。因而对每个人都有权要求，在对一个感性对象的审美评判中产生愉悦（亦即审美表象对认识能力的关系的主观合目的性）。对自然美的评判最终归摄到一种可感觉的关系上，亦即想象力与知性在一个对象被表象出来的形式上交替地相互配合的、协调一致的关系之上，这种关系就是自然的主观形式的合目的性。

然而，这种合目的性原则的先天根据在哪里？康德认为，在于感觉的普遍可传达性和共通感的理念。单纯反思的愉快伴随着对一个对象的单纯领会，这种领会是人类的判断力（哪怕为了获得最普通的经验）也必须将想象力归摄到知性之下获得的。借助于人类最普通的判断力，对象表象在两种认识能力的自由和谐的主观合目的性中，引起主体的愉快情感。这种愉快建立在一般认识可能性的主观条件之上，这个主观条件就是"诸认

---

① 康德. 判断力批判 [M]. 邓晓芒译，杨祖陶校. 北京：人民出版社，2007：131.

识能力的相称"。这种相称本身必须能够普遍传达，因而这种在一个给予的对象表象上的相称情感也必须能够普遍传达，这种情感的普遍传达性是以一种"共通感"为前提的。共通感是一种共同的感觉的理念，也就是一种评判能力的理念。这种评判能力在自己的反思中先天地考虑"每个别人在思维中的表象方式"，以便好像是依凭着全部人类理性做出自己的判断，并由此避免仅从主观私人条件中做出判断的不利影响。共通感有两种，一种是被称为健全知性的、按照逻辑的共通感，它是人之为人必然预设的；另一种是作为审美共通感的鉴赏力，它使得我们对一个对象的表象所具有的情感不通过概念而普遍传达。由于"只有当想像力在其自由活动中唤起知性时，以及当知性没有概念地把想像力置于一个合规则的游戏中时，表象才不是作为思想，而是作为一个合目的性的内心状态的内在情感而传达出来"①。因此，鉴赏力就是人心中不借助于概念，而对与给予的表象结合在一起的那些情感的可传达性作先天评判的能力，它作为共通感授权我们做出那些包含"应当"的判断，要求每个人应当与此协调一致。鉴赏判断作为共通感的判断的一个例子，被赋予示范性的有效性，但共通感只是一个理想的规范，以共通感为前提，人们才可以正常地做出正常的审美判断，并要求每个人应当同意他的判断。

　　总体来看，康德在评判自然美时所依据的鉴赏原则是自然的主观形式的合目的性原则。美作为自然的无目的的合目的性，并非自然对象本身所具有的客观性质，而是人们对于自然对象的评判。这种评判展现了人在对一个自然对象的纯粹的观赏中所感觉到的愉悦，这种愉悦由诸认识能力在自然对象的表象形式中的协调一致产生出来。

三、艺术美与有目的的合目的性

　　美作为无目的的合目的性不仅体现在自然物中，还体现在艺术品中，但艺术美本身是有目的的合目的性的产物。

　　什么是艺术？艺术②是人通过自由而进行的，以理性为基础的某种任意性的生产活动。艺术不是自然（自然必然性）的作用，而是人为的、有

---

①　康德. 判断力批判 [M]. 邓晓芒译，杨祖陶校. 北京：人民出版社，2007：138.

②　艺术（Kunst）也可以译为技术、技艺、技巧等，属于日常的工艺之列。康德对艺术的评价不高，因为他认为技术规则附属于理论哲学之下，经验性的成分太多。在"审美判断力评判"中，他的研究对象是"美的艺术"，亦即以表现美为目的的艺术。所以他在引入艺术概念时，悉心地将艺术与自然、艺术与科学、艺术与手艺区分开来，就是要把表现"美"的艺术界定清楚。

意图的活动；艺术不是科学（理论活动），而是人的一种实践活动；艺术不是人的手艺（受到劳动结果的强制），而是人出于自由的活动。艺术的产物是艺术品，艺术品是人按照一个目的创造出来的，艺术品的形式应归功于创造者的这个目的。艺术可以区分为机械的艺术①和审美的艺术，两者的区别在于目的不同，前者是为了一个单纯与其知识相关的对象的实现，后者是为了愉快的情感。审美的艺术又可以区分为快适的艺术和美的艺术。快适的艺术是单纯为了享受的艺术，比如一顿大餐的美味享受。美的艺术产生的愉快伴随着作为认识方式的那些表象，"美的艺术是这样一种表象方式，它本身是合目的性的，并且虽然没有目的，但却促进着对内心能力在社交性的传达方面的培养"②。因而，美的艺术本身为了表现无目的的合目的性的表象方式，通过普遍传达反思的愉悦促进培养社交方面的能力。

单从概念上，我们就可以看到自然美与艺术美的区别。自然美是自然中的事物，它是那在单纯评判中就令人愉悦的东西。艺术美是艺术作品的美，艺术品是人为了表现美而创造出来的。自然美作为一个自然作品，具有无目的的合目的性；艺术美作为一个人工产品，本身按照一个目的的概念被创造出来，包含有目的的合目的性，但它却被看起来好像是自然的，好像具有无目的的合目的性。在审美评判中，我们对自然美的评判遵循无目的的合目的性的原则，但是我们对艺术美的评判必须引入这个艺术品得以产生的那个目的的概念。尽管美的艺术看起来像是自然的、无目的的，但是它毕竟是人按照有目的的合目的性原则创造出来。

美的艺术基于先天的根据。康德说美的艺术是"天才"的艺术。天才本质上是艺术家天生的一种艺术才能，这种才能本身源于大自然，自然通过天才给艺术提供规则。天才的本质特性是主体在自由运用诸认识能力方面的禀赋的"独创性"，它为那些不能提供任何确定规则的东西提供规则，但这种规则并不像熟巧的规则那样是可以学习和重复的，因而很多艺术品

---

① 机械性的艺术与手艺似乎有重合的部分。当康德将艺术与手艺相区分时，手艺作为雇佣的艺术而存在，主要突出手艺的不自由性，它本身作为人的机械劳动，并未给人带来任何快适（甚至是痛苦的），手艺人受到劳动结果的强制。机械性的艺术也为这一个对象的实现而行动，但是它出自人的自由，它的对象通过概念而令人喜欢。康德在此强调的是按照某个可能性的知识而从事艺术活动，这种活动可能缺乏创造性，但未受到强制。也许正如康德所说，在行业等级中，钟表匠从事的是机械性艺术，而铁匠应当被看作手艺人，这是按照为各个行业提供根据的那些艺术才能的比例来评判的。

② 康德. 判断力批判 [M]. 邓晓芒译，杨祖陶校. 北京：人民出版社，2007：149.

源于灵感，不可重复。天才的第二特性是典范性，出于天才的作品必须具有示范作用，用作评判的准绳或规则，供别人模仿，以便启发后人，激发他们自己的天才。

天才的作品在审美评判中，不仅必须像对自然美的评判那样依据愉悦的情感，而且必须将其作为一个客观目的考虑事物的完善性。也就是说，美的艺术出自天才必须以一个作为原因的目的概念为前提，并按照这个概念达到事物的完善性。因此，构成天才的诸内心能力中必须有知性，知性为天才提供一个确定概念作为作品的目的；必须有想象力，想象力为这目的概念的体现提供相应的直观表象。除此之外，还必须有精神，精神作为内心鼓舞生动的原则，将知性和想象力合目的地置于焕发状态，"置于这样一种自动维持自己、甚至为此而加强着这些力量的游戏之中的东西"。①康德说，这个作为精神的原则不是别的，正是把审美理念表现出来的能力。审美理念也叫作感性理念，它作为想象力的一种表象，与理性理念相对立。理性理念是没有任何直观能够与之相对应的概念，而审美理念则是没有任何概念与之相对应的主观表象。审美理念中包含着许多不可言说的东西，对这种东西的情感鼓动着认识能力，并使单纯作为字面的语言包含着精神。天才通过展示包含这丰富材料的审美理念，使想象力在自由地摆脱一切规则的引导的同时，却又体现出对给予概念的合目的性。在天才中，想象力和知性成比例的搭配，在合法则性的自由的协调一致中体现出不做作的、非有意的主观合目的性，这种比例和搭配只是主体的本性产生的，也就是大自然才能赋予的。由此，康德将艺术美的先天根据建立在天才之上，自然通过天才给艺术立法。从审美理念的角度看，我们可以把美（不论是自然美还是艺术美）称为对审美理念的表达。对于自然美，一个给予的直观的反思就够了，艺术美却必须基于一个客体概念（目的）。

通过对这两种美的考察，我们可以看到，自然美是一个"美的事物"或"美的东西"，艺术美是"对一个事物的美"的表现。现在的问题是：在自然中是否可以确立这样一种有目的的合目的性的原则，是否可以按照这样一种有目的的合目的性原则来评判自然事物？自然美是按照无目的的合目的性原则来评判自然事物，那么这里，是否能够按照艺术作品中的这种按照有目的的合目的性原则来评判自然事物？康德认为这是可以的，他将艺术品作为"审美判断力批判"向"目的论判断力批判"过渡的桥梁。

我们知道，艺术品作为艺术生产的作品具有双重性质：一方面它是美

---

① 康德. 判断力批判 [M]. 邓晓芒译，杨祖陶校. 北京：人民出版社，2007：158.

的、具有主观形式的合目的性；另一方面它是按照一个目的概念而产生出来的、具有客观质料的合目的性。就后者而言，艺术品是艺术活动产生的作品，它作为一个现实的事物是人按照一个作为原因的目的理念产生出来的目的结果，因而本身包含着事物的完善性，完善性与客观的合目的性必然相关。就前者而言，"艺术只有当我们意识到它是艺术而在我们看来它却又像是自然时，才能被称为美的"①，一个美的艺术作品必须像自然事物的美那样具有主观形式的合目的性，在单纯的观赏中与愉悦的情感直接相关。那么，我们是否可以反过来看，"自然是美的，如果它看上去同时像是艺术"，②自然中的美的事物好像是某个超感性的存在者（像人一样）按照一个目的理念产生出来的"艺术作品"一样，但是我们又意识到它是自然而不是艺术。像是艺术的自然主要体现在那些特殊的自然事物身上，比如我们在评判有生命的自然对象如一个人或者一匹马时，通常会联想到客观合目的性，以便对它们的美加以判断。这样的判断不是纯粹的审美判断，自然不再是如同它"显得是艺术"那样被评判，而是就它"现实地是艺术"（虽然是超人类的艺术）而言被评判。这样，我们就可以将艺术品中有目的的合目的性原则用于评判自然中的事物，以便产生一个"作为艺术的自然"或者"自然的技术"的理念。"艺术自然"和"自然的技术"这两个术语更多地在《判断力批判》的第一导言中被讨论。作为艺术的自然是一个单纯的理念，它仅仅是我们进行自然研究的主体原则。"判断力批判"就是关于我们拥有何种诱因，对自然的研究造成这一表象、这个理念具有何种起源，且它是否具有某种先天来源（亦即我们运用这个理念的范围和界限是什么）等方面的研究。具体而言，艺术的自然只属于反思判断力的概念。反思判断力与知性图型化地处理方式不同，是技术性地处理自然中的特殊对象。因而判断力的技术是自然技术之理念的根据和源泉。自然的技术被界定为"自然在其产品的形式方面作为目的的原因性"，它与自然的机械过程相对立，按照合目的性的原则研究自然。自然的技术可以区分为形式的技术（即自然在直观中的合目的性）和实在的技术（亦即自然按照概念的合目的性）。前者是合目的性的形态，凭借这种形式，想象力和知性为了自身概念的可能性而协调作用。后者是那些作为自然目的之物的概念，在这些物的内部可能性中预设了一个目的，这个目的概念作为条件给这些物的产生的原因性提供了根据。这个理念使得自然现象不仅

①　康德.判断力批判[M].邓晓芒译，杨祖陶校.北京：人民出版社，2007：149.
②　康德.判断力批判[M].邓晓芒译，杨祖陶校.北京：人民出版社，2007：149.

必须被评判为"按照自然的无目的的机械作用"而属于自然，而且也必须被评判为"按照某种合目的性"而属于"艺术的类似物"。由此，我们就可以按照有目的的合目的性原则，亦即客观质料的合目的性原则对自然进行评判，不仅将自然中的特殊事物而且将自然整体看作某种超人类的知性按照目的创造的。

通过对自然美与艺术美的评判，我们理解了康德如何确立审美判断力的自然的合目的性原则。接下来，还有一个问题亟待解决，那就是我们应当如何对待这种合目的性，如何来理解自然的合目的性？在具体的运用中，我们应把这个原则看作是实在的还是观念的？

四、审美评判的先验观念论

自然的合目的性原则（无论是主观的合目的性还是客观的合目的性）在自然美和艺术美的评判中被确立起来之后，康德提出这条原则作为审美判断力的唯一原则，是自然及艺术的先验观念论。

在康德以前，关于鉴赏的原则，经验主义和唯理主义存在争论。经验主义认为，鉴赏永远按照经验性的根据，我们对美的评判只能依赖于后天的感官感觉和经验。理性主义认为，鉴赏原则建立在先天根据之上。在康德看来，按照经验主义的看法，美与快适没有区别；按照理性主义的观点，美与善区分不开；这样就导致美没有立足之地。从美的一般概念中，我们看到，美与快适、善存在根本区别，对美的愉悦建立在先天根据上，康德站在理性主义的立场上反驳了经验主义的看法。鉴赏原则的理性主义有先①的实在论与先验的观念论之分，美作为"主观的合目的性要么在前一种情况下被认为是作为自然（或艺术）的现实的（有意的）目的而与我们的判断力协和一致的，要么在第二种情况下被认为就自然及其按照特殊法则而产生的那种形式而言，仅仅是一个无目的的、自发的和偶然突现

---

① 在《判断力批判》的原文中，康德使用的是"合目的性的实在论"和"合目的性的观念论"，而不是"先验的"。邓晓芒认为康德是鉴赏原则以审美理念为根据，审美理念首先是主观感性的表象或观念，类似于休谟的"经验的观念论"，但同时具有先验原则，类似于莱布尼茨的客观的实在原则。他在《判断力批判释义》中说，先验的观念论与合目的性的观念论在本质上是一样的，提法的不同在于"这里更强调审美判断不能先验地制定一个概念去强行规定特殊经验，而必须由对特殊经验的反思中上升到某种无概念、无目的的合目的性的先验原则，这就既坚持了先验的立场，又给经验派的感性留下了充分的位置"。（邓晓芒. 康德《判断力批判》释义 [M]. 北京：生活·读书·新知三联书店，2008：300.）在这里，我使用"先验观念论"以便与康德在其他著作中使用的术语保持一致，有利于保持思想的一贯性。

出来的对判断力的需要的合目的性的协和一致"①。也就是说，按照先验的实在论，我们就要假定自然界为了我们的审美而具有现实的目的。这种观点在自然界的有机体上得到支持，比如花和花的开放、自然界中全部植物形象所体现出来的美似乎都以外在的观赏为目的。但是，康德为这些美丽的形态举出了机械论的解释，花、羽毛的性状和颜色上的美并不以我们的观赏为目的，而是物质的沉淀按照化学规律造成的，以此来反驳实在论的观点。那么，自然界究竟为什么充满了合目的性的美呢？那就只能依赖于评判自然美的先验的观念性原则，它表现的是审美评判的先天根据。自然对我们而言所具有的主观合目的性建立在想象力的自由游戏上，通过这种游戏，我们接受了大自然的好意。"我们在评判一般的美时寻求的是我们自己心中的先天的美的准绳，并且审美判断力就判断某物是否美而言是自己立法的"、"在这种评判中关键并不在于自然是什么，乃至于什么是对我们来说的目的，而在于我们怎么去接受它"。②因而，大自然及其所呈现出来的美是被我们评判为具有合目的性的，而并非它本身具有合目的性的属性。

在美的艺术中，先验的观念论原则显得更加突出。首先，美的艺术不是快适的艺术。快适的艺术通过感觉来假定合目的性的审美的实在论。美的艺术本身不依赖于感觉，而必须被看作天才的产物，它通过审美理念而获得自己的规则。就像认识论中的先验观念论是解释对象的形式被先天规定的唯一方式一样，自然及艺术的先验观念论在审美判断力批判中是能够解释一个具有先天的普遍必然性的鉴赏判断是如何可能的唯一原则。这条原则作为反思判断力的一般原则是我们对自然的反思（无论是自然美还是自然目的）的根本前提。当我们断言"自然的合目的性"时，自然并非在实在的意义上具有一个目的，而是按照我们反思的眼光，将自然看作是具有合目的性的。这样一来，康德就按照观念论的原则与以往的"关于自然美的合目的性"的观点（无论是经验主义还是理性主义）彻底区分开来。

在"审美判断力批判"中，自然的形式的合目的性原则作为判断力的一个先天原则，在评判自然美和艺术美的过程中得到充分的体现。美并非一个对象所具有的客观性质，而是对象由以给出的那个表象的无目的的合目的性形式。一个对象之所以被评判为美的，是因为它的表象适合于人内心中的诸认识能力的自由游戏，并在对这种内心状态的适合性中伴随有

① 康德.判断力批判 [M].邓晓芒译，杨祖陶校.北京：人民出版社，2007：194.
② 康德.判断力批判 [M].邓晓芒译，杨祖陶校.北京：人民出版社，2007：197.

愉悦。自然美是自然的主观合目的性形式，我们基于先天具有的共通感将它表象出来，并不是为了认识，而是为了把在纯粹的自然观赏中感受到的愉悦情感传达给别人。在社会交往中，这种情感的传达通过美的艺术来进行。大自然通过天才为美的艺术提供规则。美的艺术既体现作为美的主观形式的合目的性，又体现作为艺术品的客观的质料的合目的性，成为我们从自然美过渡到自然目的的中介。接下来，要做的就是将这个自然的合目的性原则运用到自然事物上去，将自然中的特殊事物评判为好像是按照一个知性（非人类的知性）创造出来的"艺术品"一样，具有客观质料的合目的性。

第三节　自然的内在目的系统

在"审美判断力批判"中，我们已经确立了自然的合目的性原则。在此，我们就可以使用艺术品身上发现的客观质料的合目的性原则来评判自然。目的论判断力按照客观质料的合目的性原则对自然的评判包括两个逻辑层次，第一个层次是评判特殊的自然事物。特殊的自然事物的可能性按照知性提供的自然法则只能被评判为偶然的，但是按照自然目的来评判就是合目的性的，这种合目的性与艺术品不同。艺术品毕竟是人为的产品，它按照人头脑中的一个外在目的而产生，只具有外在合目的性。特殊的自然事物（如有机体）是"有组织和自组织"的个体，具有内在合目的性，从而构成自然中的一个内在目的系统。第二层次是评判自然整体或一般自然，它以第一个层次为基础，将自然目的中确立的内在合目的性原则扩展到整个自然，以便将自然中的其他事物（如无机物等）按照外在合目的性纳入一个自然目的系统。总体来看，自然目的系统是一个以内在合目的性为基础的外在合目的性系统，其中，自然目的作为一个内在目的系统是自然整体作为一个外在目的系统的逻辑起点。倒过来看，自然目的的系统所具有的外在合目的性形式又成为内在目的系统得以存在的逻辑条件。据此，我们的自然目的论在逻辑上包含两个部分：作为内在目的系统的自然目的和自然整体的目的系统，这一节讨论第一部分，下一节将讨论第二部分。

这一节要解决的问题是：一、我们的理性为什么能够将一个特殊的自然事物评判为一个自然目的？这种评判所依据的理性原则是什么？二、在我们将一个自然事物评判为一个目的系统之后，这个内在的合目的性系统具有怎样的内在结构？

一、自然事物何以成为自然目的

何为自然事物？自然事物是以自然的机械作用作为其起源的原因性的事物，这些事物的形式按照知性应用于感官对象时所产生的自然法则而可能。按照《纯粹理性批判》，人为自然立法，自然中的一切事物都按照知性范畴的规定服从自然必然性，但是有些自然事物（比如有机物）的可能性按照单纯的机械作用只能被看作是偶然的。康德举例说，一只鸟骨头中的空腔、它的翅膀在飞行时的状况以及它的尾巴掌握方向时的情形等，单纯按照机械作用来解释的话，会有千万种可能性。正是经验中这些特殊的自然事物，将我们的判断力引向了自然目的，以便更好地解释它们的可能性问题。

何为自然目的①？自然目的首先是一个客观质料的合目的性概念。在第二章中，我们已经指出，所谓客观的合目的性与主观的合目的性相对，从对象的角度而非主体的角度对事物评判。客观的合目的性包括客观形式的合目的性和客观质料的合目的性，单纯形式的客观合目的性只是对各种各样的目的的适应性，无须一个为它奠基的目的概念，因而也不需要这方面的目的论。质料的客观合目的性作为经验性的、实在的合目的性必须依赖于一个目的概念，并且建基于以目的概念为基础的实在的因果联系之上。"这种因果关系又只是由于我们把结果的理念作为给它的原因的原因性本身奠定基础的、使这种原因性成为可能的条件而加于其原因的原因性上，我们才觉得有可能看出它是合乎规律的。"②这种经验性的客观的因果联系有两种表现方式，要么我们把这个结果直接看作一个目的，就像艺术品一样，要么把这个结果看作达成别的目的的手段，就像构成艺术品的材料一样。后者作为手段的合目的性，只是一种外在合目的性或者相对合目

---

① 在这里，康德又提出了一个"自然目的"，这个自然目的概念与实践领域中的自然目的概念具有明确的界限，不能混淆。第一，它们的来源不同。实践领域中的自然目的是人基于感性欲求设置的理性目的；自然领域中的自然目的是对自然事物的合目的性反思。第二，它们的原则不同。实践领域中的自然目的是知性根据构成性原则设定的；自然领域中的自然目的是反思判断力根据调节性原则设定的。第三，它们的应用范围不同。实践领域中的自然目的不仅应用于实践目的论中，还能够被反思地地应用于自然目的论中，作为实践领域中的自然目的的幸福同时是自然的最后目的；自然目的不能超出自然目的论的范围。第四，它们的具体所指不同。实践领域中的自然目的基于人的感性欲望可以表现为各种各样的实用目的，最终统一于幸福这个最后目的；自然领域中的自然目的指的是有机物，即服从目的因的自然物。

② 康德.判断力批判 [M].邓晓芒译，杨祖陶校.北京：人民出版社，2007：215.

的性，这种合目的性对人而言叫作有用性，对其他被造物而言叫作促成作用；前者作为目的的那种合目的性，表现了一种内在合目的性。外在合目的性必须以内在合目的性为基础才能够得以成立。也就是说，具有外在合目的性的事物只有在它或远或近地对一个作为自然目的的事物有促进作用的条件下，才能够被看作一个外部的自然目的。因而，内在的合目的性是自然目的作为客观质料的合目的性所具有的内在含义。

一个自然事物要成为自然目的，首先要像艺术品那样，以目的因作为其可能性的根据。在康德哲学中，因果联系有两种类型。一种是作用因的联系，另一种是目的因的联系。作用因是一种按照自然的、能够被知性把握的原因性。目的因是按照某种理性概念或目的概念来思考的原因性。当它们被看作一个因果序列时，作用因的联系指作为结果的事物只能以另一些作为原因的事物为前提，而不能反过来成为那些事物的原因。诸如现象界中的每个发生的事件都有其原因，并且每个原因之前还有原因，以此推向无穷，以至于每一个原因都是有条件的，处于一个单向的序列之中。与此不同，目的因的联系被看作一个序列，"将既具有一种下降的依赖关系、又具有一种上溯的依赖关系，在其中，一度被表明是结果的物却在上溯中理应得到它成为其结果的那个物的原因的称号"。[①] 诸如人在实践领域中的目的活动，本身就是这种因果联系的体现。例如，房子是收房租的原因，反过来，房租所得的收入的表象又曾是盖房子的原因（目的）。康德将作用因的联结称为实在原因的联结，而把目的因的联结称为观念原因的联结。这两种原因性涵盖了自然中一切事物的因果联结方式。艺术品就是按照目的因产生的一个人工事物，自然事物要像艺术品一样好像是按照某个目的被创造出来的一样。

其次，自然事物毕竟不是艺术品，艺术品是人工制品，依赖于外在的一个艺术创造者。作为自然产物的自然事物还必须满足更高的条件，即自己是自己的原因和结果，可以叫作自为因果性[②]。通常，原因和结果这两个范畴分别处于两个不同的事物之中，但在此，原因和结果都处于同一个事物之中。以树为例，树作为一个种类，自己是自己的原因和结果。一棵树按照自然法则产生另一棵树，树 A 是树 B 的原因，但也是树 C 的结果，这三棵树属于同一个种类。在类的意义上，树自己既是自己的原因，也是

---

① 康德. 判断力批判 [M]. 邓晓芒译，杨祖陶校. 北京：人民出版社，2007：222.

② 自为因果性是从邓晓芒那里借用来的术语，用于表达"自己是自己的原因和结果"以及"一物自己与自己处于交互作为原因和结果的关系"。（参看邓晓芒. 冥河的摆渡者 [M]. 武汉：武汉大学出版社，2007：85. ）

自己的结果。其次，树作为一个个体通过生长生殖自己，产生自己。在一颗种子长成参天大树的过程中，树虽然从外在环境中摄取水、二氧化碳等养分，但其生长最终是自为因果的。种子是成年树产生的原因，成年树既是种子要达到的结果也是种子要生长的原因。再次，树身上的每一部分都交互依赖，树的枝、干、叶都互为因果。树叶的光合作用是树的其他部分得以生长的原因，树叶的生长又是树干和树枝给树叶输送养分的结果。"树叶虽然都是这棵树的产物，但却反过来也维持着这棵树；因为反复地落叶将会使树死去，而树的生长是依赖于树叶对树干的作用的"。① 此外，不同树之间的枝叶嫁接也彰显着树的自为因果性。

根据这种特质，一个作为自然目的之物② 被界定为："一个应当作为自然产品、但同时又只是作为自然目的才可能被认识的物，必须自己与自己处于交互作为原因和结果的关系中。"③ 就其既是自然事物又是自然目的而言，它既服从机械论中的作用因，又遵循目的论中的目的因，作用因必须从属于目的因。因为只有观念原因的联结，才能解释一个目的的可能性。只有自身存在的交互因果关系，才能解释一个自然目的的可能性。虽然自然中的一切事物都遵循自然法则而存在，但是并非所有的自然物都能够作为一个自然目的被认识。能够作为自然目的之物而存在的自然事物，只有有机物。"一个有机的自然产物是这样的，在其中一切都是目的而交互地也是手段。在其中，没有任何东西是白费的，无目的的，或是要归之于某种盲目的自然机械作用的。"④ 由此引出将自然事物评判为自然目的的内在合目的性原则。这条原则指出，能够成为自然目的之物虽然作为一个自然产物而存在，属于自然界中的存在物之一，遵循自然的机械作用，但其可能性必须依赖于目的因，其自身之内必须存在交互的目的与手段关系。在这样的一个自然事物中，没有任何东西是白费的。其中的任何东西都是有目的的，各个部分之间交互的是目的和手段，每一个部分的有机结合都以整体的统一性为目的，作为整体的事物本身又成为各个部分存在的手段。

在康德看来，虽然这条原则是我们通过观察经验而发现的，但是它所

---

① 康德. 判断力批判 [M]. 邓晓芒译，杨祖陶校. 北京：人民出版社，2007：221.
② 自然目的与作为自然目的之物的区别：在康德那里，自然目的就是自然的客观质料的合目的性，既然合目的性是一种原因性，可以说自然目的就是一种目的因；作为自然目的之物的东西既是一种自然产品又是一种自然目的，因而既服从作用因又服从目的因，康德将这种作为自然目的之物的自然产品界定为有机物。
③ 康德. 判断力批判 [M]. 邓晓芒译，杨祖陶校. 北京：人民出版社，2007：221.
④ 康德. 判断力批判 [M]. 邓晓芒译，杨祖陶校. 北京：人民出版社，2007：226.

表现的合目的性具有普遍性和必然性，必须以一个先天的原则作为基础。在以往的科学研究中，解剖学家严格按照自然法则研究植物和动物的内部形式，但是他们也必须预设"在一个生物中没有任何东西是白费的"这样一条合目的性准则来指导他们的科学研究。如果没有这样一条原则作为辅助，他们就无法解释植物和动物中的某些部分是为了什么目的被安置在那里，就像一只鸟的骨头中的空腔、它的翅膀在飞行时的状况、它的尾巴掌握方向时的情形等。如若仅仅按照单纯的机械作用，我们无法给予更好的理解，而只有依赖于内在合目的性的原则，才能够将它们存在的目的解释为鸟更好地飞行。当然，这条合目的性原则在研究自然时并非构成性的，而只是调节性的。但它并非可有可无，反而非常重要。正如康德所说"如同放弃了物理学的原理就根本不会给我们留下任何一般经验一样，放弃了目的论的原理，也就不会给我们留下任何对我们一度以目的论的方式在自然目的的概念之下思考过的某一类自然物进行观察的线索"。① 自然目的的这个调节性概念，把理性引入与自然机械作用不同的另一种物的秩序。在这种秩序中，一个理念是一个自然产物得以可能的基础。

二、自然的内在目的系统——有机物

按照内在合目的性原则，能够被评判为自然目的的自然事物是有机物。有机物是一个有组织且自组织的存在者，它本身作为一个内在的目的系统而存在。

如同一般的系统，有机物的有组织性体现在有机物中整体与部分的关系，有机物中各部分的存有和形式，只有通过它们与整体的关系才是可能的。就有机物本身只有按照目的因才能够被设想而言，一个本身作为目的的理性概念，先天地规定了该物中应该包含的一切东西以及该物中一切东西的形式和关联。这个目的概念像一个系统理念一样，首先规定了系统中的"多和一"的关系，这种关系我们可以通过与艺术品类比来理解。一个人工制成的艺术品，依赖于人头脑中的那个作为目的的艺术品概念，这个概念不仅蕴含了一个作为整体的艺术品，同时也规定了这个艺术品中的各个部件如何与整个艺术品发生关系，以便产生这个艺术品。在艺术品产生之前，一切都已经在那个目的概念中获得先天规定。其中的任何一个部分只有与作为整体的艺术品相关，才能够得以存在，那些与艺术品的整体没

---

① 康德. 判断力批判 [M]. 邓晓芒译，杨祖陶校. 北京：人民出版社，2007：226-227.

有有效联系的部分都会被淘汰。与之类似，有机物中的各个部分都与整体相关，都为了整体而存在。

有机物的自组织性体现在"它的各部分是由于相互交替地作为自己形式的原因和结果，而结合为一个整体的统一体的"。[①] 有机物中内部的交互因果关系不仅存在于各部分与整体之间，而且存在于部分与部分之间。康德将有机物中的各个部分设想为器官，而并非技艺的工具。工具只能将已有的质料制作出来，只是人工制品的一个原因，而不能作为其结果。器官则不同，它作为生物学中的重要术语，能够准确地表达将其他部分"产生出来"的含义。每个部分都作为一种器官，那么各个部分就能够交替的将其他部分产生出来。与艺术品相比，自组织性是有机物具有的特质。为了更好地突出它的含义，康德用钟表和有机物做比较。钟表作为一种代表性的人工制品，能够很好地体现有组织的特性，它不仅包含整体与部分的关系，而且包含部分与部分的关系。在钟表里，一个部件虽然是另一个部件运动起来的原因，但并不因另一个部件而存有。这就是说，一个部件只是推动另一个部件运动起来，而不能产生它，也没有必要产生它。因为每个部件在质料上都是独立自存的，而且钟表最初的那个运动原因并不来源于钟表自身，而来源于一个外在的存在者，比如人要给钟表上弦或者给它装一块电池。总之，虽然钟表是有组织的存在物，但是它并非自组织的存在物。钟表中的一个部件不会产生另一个部件，一个钟表不会产生另一个钟表。当其中的一个部件缺失，钟表自身就会陷入无序状态，并不会自行修复。相比之下，有机物的自组织性就具有自动修补、自我修复、自我繁殖、自我复制的特性。如果说机器所具有的是运动力，那么有机物在自身中具有的就是形成力。这种形成力使得有机物的部分与整体相互产生、相互维持，具有传播和繁殖的能力。就像树无论作为类、作为个体，还是树内部的各个部分都能够自己产生自己。

在这样的界定下，我们既不能将有机物看作艺术的类似物，也不能将它当成生命的类似物。无疑，有机物与这两者都存在某个方面的类似关系。有机物像艺术品一样都是有组织的存在物，但是有机物同时是自组织的，艺术品依赖于一个外在的艺术家，因而将有机物看作艺术的类似物，遗失了有机物的本质特点即自组织性。相比之下，有生命的存在者恰恰是有组织且自组织的存在者，但是生命本身的来源是很难解释清楚的。以往的研究中，对生命的解释"要么就不得不把某种与物质的本质相冲突的属

---

① 康德.判断力批判 [M]. 邓晓芒译，杨祖陶校. 北京：人民出版社，2007：222.

性赋予作为单纯质料的物质（物活论）；要么就必须把某种与它处于协同性中的异质原则（一个灵魂）加到它里面去"。①但是，有机物毕竟同时作为自然产品而存在，自然中的一切并不能由物活论或者灵魂学说来解释，这样只会导致一种更难解释的神秘主义。严格来说，自然的有机物具有独特性，并不与我们所知的任何一种原因性相类似。康德始终坚持，有机物作为自然目的之物是对于反思判断力而言的一个调节性概念，"它按照与我们一般依据目的的原因性的某种远距离的类比来指导对这一类对象的研究并反思其最高根据；这样做虽然不是为了认识自然或是自然的那个原始根据，却毋宁说是为了认识我们心中的那个实践理性，我们正是凭借它而在类比中观察那个合目的性的原因的"②。我们一直强调，有机物作为解释自然产物的一种方式，是与人在实践领域中的目的活动相类比而被思考的，这种类比最终体现的是人的实践理性对反思判断力的作用。③

综上所述，自然目的作为自然的客观质料的内在合目的性，为我们评判自然提供了一条反思性的原则，作为自然目的之物的有机物就是我们的反思判断力将自然评判为什么的那个概念。这个概念并不是知性或理性的任何构成性的概念，并不是为了认识自然而来的概念，而只是一个具有调节性意义的概念，以便我们用目的论的眼光看待自然，并在这个过程中认识我们心中的那个实践理性。但是，如果我们要对整个自然进行目的论的考察，要揭示的并非一个作为有机物的概念，而是有机物作为一个内在目的系统所遵循的内在合目的性原则，只有这个原则才能够将合目的性扩展到整个自然。

---

① 康德.判断力批判[M].邓晓芒译，杨祖陶校.北京：人民出版社，2007：224.
② 康德.判断力批判[M].邓晓芒译，杨祖陶校.北京：人民出版社，2007：225.
③ Klemme 指出反思判断力评判自然时使用的是理性"颁布（to prescribe/auferlegen）"给它的一条准则，康德认为纯粹实践理性借助于这条准则建立了一种责任或一种应该在具体情况下指导反思判断力去评判的原则。规定性判断力把一个对象归入自然法则，反思判断力应该将某物归入"一种只有通过理性才能被设想的原因性之下"。没有理性和终极目的的原因性，反思判断力只是一种盲目地无助地判断自然现象的能力，而不可能产生一个自然目的概念。因此 Klemme 指出反思判断是目的因的实践原则带有一个理论性意图的运用，即用于认识一个按照目的的运作的自然。参看 Heiner F. Klemme. *Moralized nature, Naturalized autonomy*[J]. in Kant on Moral Autonomy, edited by Oliver Sensen, Cambridge University Press: 193–211(2013).

第四节　自然目的系统

按照自然的内在合目的性原则，我们能将一个特殊的自然事物按照其可能性评判为一个自然目的，却不能解释其实存性，要使一个有机物的实存也成为自然的一个目的，就必须将自然整体评判为一个自然目的系统。

这一节要解决的问题是：（1）康德将自然中的有机物评判为自然目的之后，何以利用内在合目的性原则将作为一般自然的自然整体也评判为一个目的系统？（2）这个将自然中的一切事物包含于自身的目的系统具有怎样的内容和结构？（3）在自然目的系统确立之后，康德如何批判以往的自然目的理论？

一、自然整体何以成为一个目的系统

何为自然整体？自然整体也就是一般自然或者作为自然的自然。康德在《纯粹理性批判》中曾这样界定自然："自然从形容词上（形式地）来理解，就意味着一物的诸规定按照因果性的一条内部原则而来的关联。反之，我们把自然从名词上（质料地）理解为现象的总和，只要这些现象借助于因果性的一条内部原则而彻底关联起来。"① 在这里，我们所谈的自然整体就是在质料上的现象的总和，它作为一个物质自然本身已经构成一个系统，只不过是机械论系统，其中的一切都按照机械作用而可能。正是在这样的机械自然中，有些特殊的自然物如有机物的可能性不能单纯按照自然因果性来理解，而要诉诸目的因果性，按照一个自然目的的理念来理解。既然有机物就其自身而言成为自然界中必然作为自然目的才能被设想的唯一存在物，它的存在为"自然的目的"这个概念带来了客观实在性。在这个目的概念的基础上，我们为自然科学的研究取得某种目的论的根据，即"按照一个特殊原则对自然科学的客体作某种方式的评判的根据"。② 更重要的是，我们能够以有机物这种内在目的系统为依托，将自然整体也评判为一个自然目的系统。

有机物作为自然的产物，其实存以自然界中其他产物的外在合目的性为条件。康德说，"一物凭借其内部形式而被评判为自然目的"与"一物凭借其实存而被评判为自然的目的"是两种不同的评判。前者关于某个可能的目的概念，与该物的内在合目的性有关，后者除此之外，还必须依赖

---

① 康德.纯粹理性批判 [M].邓晓芒译，杨祖陶校.北京：人民出版社，2004：356.
② 康德.判断力批判 [M].邓晓芒译，杨祖陶校.北京：人民出版社，2007：225–226.

于自然事物之间的外在合目的性。在阐释自然目的概念时，康德引入了自然的客观质料的合目的性的两种类型，即内在合目的性和外在合目的性。自然目的概念本身的含义是自然的客观质料的内在合目的性，它只与一个事物的可能性有关，与这个事物的现实性无关。外在合目的性① 被"理解为这样一种合目的性，在那里一个自然物充当了另一个自然物达到其目的的手段"。② 与内在合目的性表达一个自然物自己与自己的关系不同，外在合目的性表达的是两个自然物之间的目的与手段关系。但并非任何两个自然物之间都存在这样的目的与手段的关系，只有当其中一个自然物是自然目的（有机物）时，这种外在的合目的性才能成立。这个作为手段或近或远地促进自然目的的自然物才能被评判为一个外部的自然目的。在自然界中，不仅存在有机物，而且存在无机物。无机物是那些只能按照自然的机械作用解释其可能性的自然物。有机物在自然中本身作为目的而可能，但它的实存并非无中生有，而是依赖于自然界中的无机物，空气、水、土等无机物都是有机物得以实存的手段。在这种意义上，自然界中那些不具有内在合目的性的自然产物也能够按照与有机物存在的外在合目的性关系被评判为具有合目的性。③

虽然按照外在合目的性，自然界中的一切事物（无论无机物还是有机物）都处于相互的目的与手段关系中，但是这最多使自然中的事物呈现为一个目的链条，并不能使自然整体成为一个目的系统。自然整体要成为一个目的系统还必须依赖于自然的终极目的的知识。在康德看来，当我们问及"一个自然物为什么而存有"时，可能的回答有两种：一种是它实存的目的是为了自身，作为一个终极目的，其他的事物对它而言都只可能是手

---

① 在自然的外在合目的性关系中，有一种特殊的外在合目的性是与内在合目的性相联系的，这就是两性的繁殖。一对配偶构成了一个组织起来的整体，虽然这个整体不是在一个个别的身体中被组织起来，但是它作为一个内在目的是由外在合目的性所组织起来的。比如男女互为手段构成了一个作为整体的、具有内在合目的性的家庭。

② 康德. 判断力批判 [M]. 邓晓芒译，杨祖陶校. 北京：人民出版社，2007：280.

③ 对此，我们也可以从目的与手段的必然联系做出理解。目的与手段处于一种必然的联系中，有目的存在的地方必然有手段的合目的性，有手段存在的地方必然有目的呈现。当康德将自然界中的有机物评判为一个内在合目的性系统时，它就作为一个独立自足的自然目的而存在，它在其可能性上自己是自己的目的与手段。但是，当有机物被放在现实的自然界中来考察时，它作为一个"实存的"目的，必然依赖于某种手段的促成，而自然界中的无机物就充当着有机物得以实存的手段。低级的有机物也就充当了高级有机物的手段，以此类推，外在的合目的性原则就在自然界中的各个事物的实存中得到运用。

段，而它自身永远是目的；另一种是它实存的目的是为了另外一个目的，亦即它本身作为手段而存在。经验告诉我们，自然中的无机物是草木生长的手段，草是牲畜生存的手段，牲畜成为人生存的手段，但是我们看不出人生存的目的究竟是什么。要回答这个问题，必须诉诸"自然的终极目的（scopus）的知识，而这需要的是自然对某种超感性之物的关系，这种关系远远超出了我们的一切目的论的自然知识，因为自然本身实存的目的必须超出自然之外去寻求"①。按照自然的外在合目的性原则，一切合目的性的关系将建立在一个总是必须继续推导上去的条件之上，这个条件作为无条件者亦即作为一个终极目的之物的存有，完全处于自然目的论的世界之外，只有这样，我们才能够解释"自然最终是为了什么"而实存。

由此，自然整体成为一个自然目的系统最终依据的是自然的内在合目的性原则：世界上没有任何东西是白费的，是没有目的的；世界上一切都是对于某个东西是好的。就自然整体作为一个目的系统而言，自然中的无机物以有机物的实存为目的，低级有机物以高级有机物的实存为目的，自然整体以外在于它的那个终极目的为目的。终极目的超出了我们可以认识的感性世界，是某种超感性世界的东西。康德总结道："一旦我们在自然身上发现了能够产生出那些只能按照目的因概念被我们设想的产物的能力，我们就进一步也仍然可以把那样一些产物评判为属于一个目的系统的，哪怕这些产物（或者它们的即使是合目的的关系）恰好使超出那些盲目的作用因的机械作用而为它们的可能性寻求另外一条原则成为不必要的：因为前面那个理念已经在它们的根据方面把我们引向了对感性世界的超出；因为这种超感性原则的统一性必须被看作不仅适用于自然物的某些物种，而且以同一种方式适用于作为系统的自然整体。"② 正如 Paul Guyer 所说，康德得出这个结论的关键在于，如果我们为自然中的有机物设置了一个超感性的基底，那么我们就必须为自然中的每一个事物设置一个单独的超感性基底。因为这个超感性基底的理念是一个理想的理念，这种理念必然意味着一个整体，所以自然整体也必然以一个超感性基底的理念为其存在的根据。③

也许有人会说，自然被看作一个合目的性的整体时，首先被有意安排的是适合那些自然存在物得以生存繁衍的土壤和环境，但这一切也会被指

---

① 康德. 判断力批判 [M]. 邓晓芒译，杨祖陶校. 北京：人民出版社，2007：228.
② 康德. 判断力批判 [M]. 邓晓芒译，杨祖陶校. 北京：人民出版社，2007：231.
③ 参看 Paul Guyer. *Ends of Reason and Ends of Nature: The Place of Teleology in Kant's Ethics* [J]. The Journal of Value Inquiry 36: 161–186(2002): 86.

示为无意的作用，"与其说是有利于生产、秩序和目的的倒不如说是毁灭性的那些原因"。① 陆地和海洋曾使生存其中的古代生物遭受猛烈的摧毁；此时看似具有合目的性的陆地形态与江河的分布可能是以往火山爆发、洪水海啸所造成的结果；在这样的考察中，看似提供一切自然存在物生存的居住地（陆地和海洋）只不过是某种无意的机械作用的结果，我们似乎就没有理由主张和要求这些产物的另外的起源。同样，人类作为一种自然存在物，毕竟依赖着其他自然生物才得以生存，如果我们承认"自然有一种普遍支配其他这些地球生物的机械作用，则人类也就必须被视为是共处于其中的；哪怕人类的知性已有能力把他们（至少是大部分）从这些自然灾变中拯救出来"②。在这样的解释中，人本身作为自然界中的许多动物种类中的一种，并未受到自然的优待，也要服从自然的无目的的机械作用。自然整体不可能是一个目的系统，而且还证明那些作为自然目的存在的有机物，除了机械作用，不可能有任何别的起源。

但是，按照人的理性，我们应当把地球生物看作是合目的性的，并将其纳入与有机物相关的外在合目的性系统中；并且在这种外在的目的与手段的关系中，又按照用目的因解释有机物的方式将整个自然看作一个内在的目的系统。这个目的论系统并不是对自然本身的理论认识，而是我们从目的论判断力的角度对自然的反思得出的一个调节性的理念。

二、自然整体的目的系统

既然自然目的概念把理性引入某种不同于单纯自然机械作用的秩序，在这种秩序中，理念作为表象的一种绝对统一性应当成为自然产物的可能性根据。它涉及自然产物中所包含的一切东西，并使自然产物在整体上与一种超感性的规定根据相联结。就像自然界中的有机物以自然目的概念为前提一样，整个自然以"全部自然界作为一个按照目的规则的系统"这个理念为前提，这个理念规定了自然目的系统的具体内容。

毋庸置疑，自然目的系统以有机物的内在合目的性系统为基础，并围绕着有机物的外在合目的性关系建构起来。通观整个自然界，我们发现，无机物是有机物实存的手段，低级有机物是高级有机物实存的手段。具体而言，植物界的存在是为了食草动物的生存，食草动物是食肉动物维持自身的手段，食肉动物又被人类用于实现各种各样的意图。根据林奈爵士的

---

① 康德. 判断力批判 [M]. 邓晓芒译，杨祖陶校. 北京：人民出版社，2007：283.
② 康德. 判断力批判 [M]. 邓晓芒译，杨祖陶校. 北京：人民出版社，2007：284.

看法，这种关系也可以倒过来，食草动物以抑制植物界的过度生长为目的，食肉动物以限制食草动物的贪吃为目的，而人为了达到自然界中生产能力和毁灭能力之间的某种平衡而追捕和减少食肉动物。自然整体按照外在的合目的性原则呈现为一个目的链条，自然中的每种事物都成为这个目的链条中的一个环节，它虽然类似于生物学上所说的"生物链"，但是必须追溯一个最后目的。

自然的最后目的（ein letzter Zweck）是自然整体作为一个目的系统的可能性所必然要求的。它作为自然目的链条的终点，是自然中一切事物的实存所要达到的那个目的，并且它本身作为自然目的存在于自然之中，用以回答"自然中的一切是为了什么目的而存在的"这个问题。康德断言"人就是这个地球上的创造的最后目的，因为他是地球上惟一能够给自己造成一个目的概念、并能从一大堆合乎目的地形成起来的东西中通过自己的理性造成一个目的系统的存在者"①。那么人类究竟凭什么成为自然的最后目的呢？在康德看来，人是地球上唯一具有知性，且能够自己给自己设定任意目的的存在者。他按其使命要成为自然的最后目的，只有满足下面这个条件才是可能的，即他必须意识到自己的使命，并"具有给自然和他自己提供出这样一个目的关系来的意志，这种目的关系将能独立于自然界而本身自足、因而能够是一个终极目的，但这个终极目的是根本不必到自然中去寻找的"②。在人身上，能够放置自然的最后目的的地方必定是能够提供自然为了"人能够成为终极目的"所必须做的事的条件。人类与自然的联结应当作为目的而得以促进的东西在人身上只有两种，一种是人的幸福，另一种是人类的文化。

人的幸福不足以充当"人成为自然的最后目的"的理由。在第四章中，我们已经指出，幸福概念本身是关于某种状态的理念，这个理念是人自己通过他的与想象力和感官知觉缠绕着的知性为自己构想出来的，他想要使单纯经验条件下的自然与这种理念的状态相符合，是不可能的。"人永远只是自然目的链条上的一个环节：他虽然就某些目的而言是原则，这原则似乎是自然在自己的设计中通过他自己向自己提出而给他规定了的；但他毕竟也是在其他环节的机械作用中维持合目的性的手段。"③况且，自然的最后目的与人成为终极目的的条件必然相关。人在地上的幸福是"人的一切通过在人外面和内面的自然而可能的目的的总和；这是人在地上的

一切目的的质料，这种质料，如果他使之成为他全部的目的，就使他不能够为他自己的实存建立一个终极目的并与之协调一致"。① 当我们将自然中一切目的的质料排除之后，剩下的就是形式上的主观条件，"即这种适应性的主观条件：一般来说能为自己建立目的并（在他规定目的时不依赖于自然）适合着他的一般自由目的的准则而把自然用作手段，这是自然关于外在于它的终极目的所能够做得到的，因而这件事就能被看作自然的最后目的"②。真正与终极目的相关的是作为形式的最后目的，即人的文化。

在康德看来，人的文化有两种，一种是熟巧的文化，另一种是管教或训练的文化③。熟巧是肯定性的文化，它虽然在对促进一般目的的适应性中起着重要的作用，但毕竟不足以促进"在规定和选择其目的时的意志，这种规定和选择本质上却是对目的的某种适应性的全部范围所要求的"④。在熟巧的文化中，意志对目的的规定和选择涵盖了目的的某种适应性的全部范围，顺应着人的感性本性和欲求。熟巧能够使人适应于设定任何目的，但它不足以使人摆脱动物性的欲望冲动，不足以促进人自由意志的发展。因为它本身并不是自由地设定和选择目的，这些目的归根结底受制于自然的安排。管教是否定性的文化，它能够将意志从欲望的专制中解放出来。欲望的专制源于自然赋予我们的本能冲动，虽然有利于我们顾及动物性的规定而维持基本的生存，但它使我们依附于某些自然物，丧失了自由选择的能力。高级的管教文化表现为科学和艺术，它们起源于人类的不平等和劳动分工，但却高于低级的劳动者，这种两极分化使社会阶层受到分化，劳动者日益贫困和粗野，上层社会日益空虚和贪婪，社会的进步导致了普遍的苦难。但是这些苦难也许是自然本身的目的，即为了使人进入公民社会的法治状态，在那里，人们减轻对抗，发展自然素质，并为此还需要建立某种世界公民政体的社会，来限制国与国之间、民族与民族之间的战争。在自然中，文化的发展经历了一个社会历史发展的过程。文化最终

① 康德. 判断力批判 [M]. 邓晓芒译，杨祖陶校. 北京：人民出版社，2007：287.
② 康德. 判断力批判 [M]. 邓晓芒译，杨祖陶校. 北京：人民出版社，2007：287.
③ 曾晓平指出，熟巧和管教这两种文化在《道德形而上学》得到了进一步的发展，并成为人的两种义务，其一是人有义务发展自己的自然禀赋、陶冶自己的各种能力，其二是人有义务纯化自己的道德意念和道德动机，将自己的意志提升到最纯粹的德性意向。这是基于"前一种文化就是自然完满性的培养，后一种文化就是道德性的培养。前一种文化致力于实现人的通过自然而可能的目的，后一种文化则在于展现作为超感性的自然目的的人性"。（参看曾晓平. 自由的危机与拯救——康德自由理论研究 [D]. 武汉：武汉大学，1995：62.）
④ 康德. 判断力批判 [M]. 邓晓芒译，杨祖陶校. 北京：人民出版社，2007：287.

发展到最高的程度，使自然的目的一目了然，"这就是让那些更多属于我们身上的动物性而与我们更高使命的教养极端对立的爱好（对享受的爱好）的粗野性和狂暴性越来越多地败北，而为人性的发展扫清道路"①。这里的人性并非广义的人性，而是作为自在目的的人性即"人格中的人性"，它本身同时也处于超感性的领域，与自然的终极目的存在直接联系。

由此，自然整体作为一个以内在目的系统为依托的外在目的论系统在人的文化（管教的文化）上达到顶端。但人的文化还存在于系统内部，并没有超出这个目的系统。按照康德的目的论原则，作为目的系统的自然整体还必须超出系统之外追寻它的终极目的。

在关于自然目的系统的调节性观点下，机械论原则和目的论原则在自然的研究中非但并行不悖反而互补使用。自然产生过程中的机械作用是理性洞见自然事物之本性的基本原则，自然产物的目的原则在机械论原则不够用的地方，是研究自然的特殊事物的启发性原则。在同一个自然产物上，自然的机械作用作为手段隶属于自然的目的论原则。但是，还有一个问题亟待解决，那就是自然整体乃至世界上的事物究竟是为什么而存有的？如果单纯按照自然的机械作用所构成的观念论系统来思考，我们只能解释事物的物理可能性。世界上的一切事物的合目的性都被归于偶然性或盲目的必然性。如果我们按照自然合目的性的先验原则，把世界中的一切目的关系看作实在的，并假定一种有意起作用的原因。一旦将某种知性看作事物身上好像被现实地发现的那些形式的可能性的原因，我们就必须询问这个知性中包含的客观根据，这个客观根据必须能够规定这个知性去产生相应的结果，从而构成这类事物之所以存有的终极目的。因此，对终极目的的追溯是自然目的论得以成立的一个必要条件。从定义上看，终极目的的本质属性是无条件性，"它不需要任何别的东西作为它的可能性的条件。"②自然中的任何东西，无论是外在于我们的自然还是在我们之中的自然永远都是有条件的。终极目的并非自然能够产生的，它只能存在于超自然的领域，也就是存在于本体界。终极目的的最终性在于它只能作为目的，而不再是达到其他目的的手段。就此而言，"一物由于其客观性状而应当作为一个有理智的原因的终极目的必然实存，它就必须具有如下性质，即它在目的秩序中不依赖于任何别方面的条件、而只依赖于它的理念"③。

---

① 康德.判断力批判 [M].邓晓芒译，杨祖陶校.北京：人民出版社，2007：289.

② 康德.判断力批判 [M].邓晓芒译，杨祖陶校.北京：人民出版社，2007：290.

③ 康德.判断力批判 [M].邓晓芒译，杨祖陶校.北京：人民出版社，2007：291.

从概念上看，自然的终极目的容易与自然的最后目的相混淆，但它们存在明显的区别。首先，自然的最后目的用于回答"自然中的一切为了什么目的而存在"；自然的终极目的用于回答"自然整体是为了什么目的而存在"。其次，自然的最后目的本身处于自然的范围之内，是自然目的链条上的一个环节。自然的终极目的处于超自然的领域中，是自然目的链条的目的因。自然中的一切都是有条件的，如果我们不想无限地追问下去，就必须为这个最后目的确立一个无条件的条件，这个条件就是终极目的。最后，从其必要性上来看，自然的最后目的是自然的外在合目的性秩序中必然追求的那个目的。自然的终极目的则是按照自然的内在合目的性原则必然预设一个有理智的原因。自然的最后目的是人的文化，无论熟巧还是管教都处于自然领域之中、归属于现象的人。那么，这个处于自然之外的、创造的终极目的究竟是什么呢？康德认为，这个问题是自然目的论无论如何也无法触及的。

正如康德对自然神学的批判，自然神学为我们展现了看待世界的目的论思维。自然神学的上帝存在证明的确值得敬重，但是自然神学毕竟是"被误解的自然目的论"。按照反思性判断力的准则，只要我们发现自然界中唯一的一个有机产物，我们就能够依照我们认识能力的性状为它思考自然本身的一个原因的根据（整个自然或者自然的一部分）。这个原因通过知性包含有对该产物的因果作用。这样一条评判原则，我们在解释自然物及其起源时毕竟超越于自然之上给我们展示了一些前景，切近原始存在者的规定。然而，面对复杂多变的自然现象，古代人由于眼光短浅、见识浅薄为自然整体设想了一个超人的原因、尽善尽美的创造者，却提不出有效的目的证明。近代人引进了目的因的观念论，要么对自然整体做泛神论的解读，要么陷入斯宾诺莎主义。他们依据的都是理性运用的单纯理论原则，注定永远不能为我们提供充分的根据，不能用神的概念评判自然整体的合目的性。虽然它能够在自然整体的可能性根据上追问一个"有理智的世界原因"，但是它所探讨的目的关系始终在自然之中，以经验为条件，"经验永远不可能把全部自然作为一个系统来把握"①。

因此，自然目的论只能作为神学的准备，它促使我们思考究竟是什么驱动我们，并且使我们有资格把有理智的世界原因补充为"神"的概念。只有道德目的论才能弥补这个不足。

---

① 康德. 判断力批判 [M]. 邓晓芒译，杨祖陶校. 北京：人民出版社，2007：294.

三、康德对以往自然目的系统的批判

在康德以前，人们就已经按照目的因的概念去理解自然界中的特殊事物及其可能性，并提出诸多有关自然的合目的性的系统理论。但这些理论出现了自然目的的观念论①和实在论之争，它们争论的焦点是自然目的是有意的还是无意的。康德认为，这种争论源于判断力的二律背反。判断力的二律背反产生于规定性的判断力原则和反思性的判断力原则的混淆，表现为机械论和目的论的二律背反。规定性的判断力只能以知性概念作为原则去归摄感性直观而形成经验知识，它自身不能立法，所以不会陷入二律背反。康德说，判断力在对自然进行反思时从两个准则出发，一个是知性先天给它的，另一个是由特殊经验引起的，这些经验激发理性活动以便按照一条特殊原则评判自然及其法则。这双重准则分别是按照机械法则对自然的评判和按照目的论原则对自然的评判，它们本来是目的论判断力对自然进行反思的调节性原则，并不会出现矛盾。以目的论原则对自然的评判并未取消以机械论原则解释自然的可能性，反而是以它为前提的。但是，如果对这两个准则的使用由调节性转换成构成性的，也就是说，如果由反思判断力所产生的关于自然的调节性的论断变成规定性判断力的客观判断，那么就会产生理性立法的冲突。因而机械论和目的论这两种对自然的解释方式出现"表面上的"二律背反的原因，就在于人们混淆了反思判断力的原则和规定性判断力的原则。反思判断力本质上是一种自律，"它只是主观上对我们的理性在特殊的经验规律上的运用有效"②，规定性的判断力是一种他律，必须遵循知性所给予它的法则。只要人们严格遵循这种区分，判断力的二律背反就不会产生。

基于对判断力的二律背反的分析和解决，康德认为，以往人们在自然的合目的性系统上所持有的观点（无论是观念论还是实在论）都将目的论判断力的反思准则用作规定自然的客观原则，亦即将调节性的目的论准则当作自然系统的构成性原则，并据以进行自然研究，寻求自然科学知识。

---

① 康德的批判哲学是先验的观念论，在"审美判断力批判"中建立的也是先验的观念论，为什么在这里却批判观念论？这是因为审美判断力中的合目的性是从自然的特殊事物反思到人的认识能力的协调一致，或者说一个美的事物是人通过认识能力"建构"起来，因而表现出主观形式的合目的性。这与《纯粹理性批判》中人对对象的建构具有类似性，因而属于观念论之列。这里康德批判的观念论并不是真正意义上的观念论，邓晓芒认为这种观念论只是一种临时的替代物，是运用于自然的客观质料时的一种修辞手法，本身没有独立的价值。（参看邓晓芒. 康德《判断力批判》释义 [M]. 北京：生活·读书·新知三联书店，2008：328.）

② 康德. 判断力批判 [M]. 邓晓芒译，杨祖陶校. 北京：人民出版社，2007：240.

自然目的的观念论主张自然的一切合目的性都是无意的，目的因被看作自然的一种特殊的原因性，它不同于自然的机械作用，只对我们具有主观有效性。这种观念论主要包括以伊壁鸠鲁、德谟克利特为代表的原因性的观念论和以斯宾诺莎为代表的宿命论的观念论。自然目的的实在论则认为自然的有些合目的性（比如有机物中的）是有意的，目的因是与机械作用完全相同的一种原因性。它主要表现为物活论和上帝创世的一神论。

康德说，这一切系统"想要解释我们关于自然的目的论判断，并想要这样来着手工作，即一部分人否定这些判断的真理性，于是把它们解释为自然的观念论（表现为艺术）；另一部分人承认它们是真实的，并许诺要阐明某种根据目的因的理念而来的自然的可能性"[①]。但是它们并未做到它们妄称想做的事情，而是都以失败告终。就维护无意技艺的观念论而言，伊壁鸠鲁直接否认一个目的是原因，完全抹杀了自然技艺与单纯机械作用之间的区别，据此，不仅无法解释机械作用本身的最终原因，也不能解释人为什么会对自然产生目的论的幻想。斯宾诺莎认为自然目的不是什么产物，而是原始存在者的固有偶然性，通过原始存在者的绝对必然性解释自然事物之间的目的联系，将所有的目的统一性都解释为自然必然性或者无目的的必然性。对支持有意技艺的实在论来说，物活论设想的"某种有生命的物质"本身是一个自相矛盾的概念。因为"物质"概念的本质含义是指无生命而有惯性的东西。况且，先从自然的合目的性之物中得到启发来设想一个有生命的物质，又用这个物质概念说明自然的合目的性，这只不过是循环论证，并没有解释物质如何有生命以及自然中的特殊事物何以成为有机体。相比之下，一神论虽然承认自然按照机械法则运作，却依赖于一个"第一推动者"。这个在自然之外的原始存在者虽然能够解释目的原因性，但却不再是自然本身的原则，而是我们不能认识的超自然原则。

总而言之，这四种解释方式之所以没有成功就在于它们用规定性的判断力独断地处理自然的目的问题。然而，自然目的概念只是按照某种理性原则而可能的概念，它的客观实在性根本不能被看透或独断地建立起来。这种独断的处理方式，正是康德利用反思性的判断力批判的处理方式所反对的。

在康德看来，自然的客观合目的性概念只是反思性判断力的一条理性批判原则。对自然合目的性的正确表述，是按照我们的认识能力的特有性状，"我关于那些物的可能性及其产生不能作任何别的判断，只能是为

① 康德. 判断力批判 [M]. 邓晓芒译，杨祖陶校. 北京：人民出版社，2007：244.

此而设想出一个按照意图来起作用的原因，因而设想出一个按照与某种知性的原因性的类比来生产的存在者"①。这条反思判断力的主观原则，是理性适合着人的认识能力的特点为反思判断力规定的准则。毋庸置疑，我们在研究自然的过程中必然会引入自然目的概念来解释有机物的可能性，这对于我们的理性而言是必不可少的准则。一旦引入了自然目的，并证明了这个概念对自然中有机物的适用性，我们就不可避免地把它推广到自然整体上去。只是在自然整体上的运用，自然目的概念虽然有用却并非不可缺少。我们从自然目的概念运用于有机物时获得相关的经验知识，却不可能得到有机的整体自然的经验知识。自然目的概念在这种运用中证明这个整体的偶然性，从而"证明世界整体依赖于并起源于一个在世界之外实存着的、确切地说（为了那种合目的性形式的）有理智的存在者：所以，目的论只有在某种神学中才能找到它的那些探讨的完全的解释"②。由此，自然的目的论必然引向某种神学，但是这并不能证明一个有理智存在者的客观实在性。它只是证明按照我们的认识能力的性状，我们要对自然整体乃至世界整体进行思考就必须在主观上预设一个理智的最高原因（即原始存在者）。对于这个最高原因是否存在，我们不能独断地从目的论的根据中阐明。我们人类只能受限制地说"对于那个本身必须给我们对许多自然物的内部可能性的知识奠定基础的合目的性，我们根本不能用别的方式来思考和理解，我们只能把这些自然物、并一般地说把这个世界想象为一个有理智的原因（一个上帝）的作品"③。

总而言之，康德的自然目的论建立在反思判断力的主观原则之上，按照人类的本性及其理性的条件和限度。我们只能把一个有理智的存在者设想为自然目的之可能性的基础，这是唯一与我们的反思性判断力的准则相符合的。

总结来看，通过回顾康德对自然的目的论探索，我们看到目的论情结贯穿康德哲学始终。通过剖析《判断力批判》中的目的论内容，我们基本理清了康德自然目的论的轮廓。康德的自然目的论以自然的合目的性原则为先天根据，自然的合目的性原则在审美判断力批判自然美和艺术美的过程中被确立起来。自然看起来像是艺术，艺术看起来像是自然。当我们发现了自然美与艺术美之间的区别与联系，判断力就可以通过与艺术品的类比，将自然看作"某种知性"的艺术，具有客观质料的合目的性。目的论

① 康德.判断力批判[M].邓晓芒译，杨祖陶校.北京：人民出版社，2007：250.
② 康德.判断力批判[M].邓晓芒译，杨祖陶校.北京：人民出版社，2007：251.
③ 康德.判断力批判[M].邓晓芒译，杨祖陶校.北京：人民出版社，2007：252.

判断力按照内在合目的性原则不仅将自然中的特殊事物评判为一个内在目的系统，而且将自然整体评判为一个以有机物为依托、具有外在合目的性形式的目的系统。这个目的系统从自然的无机物开始，发展到人类社会历史领域，最后以人的文化作为目的链条的终点。我们关于自然的这一切目的论思考，都是以人作为一个道德存在者的立场为前提而进行的反思。在人的知性看来，自然本身作为我们的认识对象，并非一个目的系统，但是我们却不得不用目的论的眼光去看待它。只有终极目的的人才是这个世界上唯一具有绝对价值的东西，这个世界上的一切创造都应当从属于这个作为道德存在者的人。然而，对于这一点，自然目的论无论如何也无法触及，只能过渡到道德目的论。

第六章　康德的目的论系统

到此为止，我们已经探讨了康德的自由目的论、实用目的论和自然目的论。这一章的主要任务就是以它们为基础研究康德的目的论系统，从整体上揭示这个目的论系统的基础、结构和内容，探讨它与批判哲学的关系，并对其做出反思，揭示其在西方目的论思想史上的地位和作用。第一节将重构康德的道德目的论，揭示道德目的论是康德目的论系统的完整规定。第二节探讨康德的目的论系统本质上是"人的目的论系统"，并以此为基础从哲学的世界概念上将康德的整个批判哲学理解为"人类理性的目的论系统"。第三节批判性地考察康德目的论的历史地位和局限性，并在此基础上梳理康德之后的目的论发展。

第一节　道德目的论

在"纯粹理性的建筑术"中，康德指出理性统治下的一般知识都必须构成一个系统。在这个系统中，杂多的知识被统一在一个理念之下。康德的目的论是理性治下的目的论，理性在实践领域中以自由目的论为系统构成，在自然领域中以自然目的论为系统反思。这两个目的论并非相互隔绝、互不往来。从自然目的论的视角出发，自然作为有机整体向人生成，通过自然的终极目的即"本体的人"跨越进自由目的论之中。从自由目的论的视角出发，"本体的人"（或理性本身）作为自在目的是最高目的，它促使外在于它的一切（包括自然）成为实现其自身的手段。然而，自由目的论毕竟要有一个目的结果落在自然之中。最终，这两个目的论要在一个理念中实现统一，构成一个更大的、更完善的目的论系统，即道德目的论（见附录图一）。

康德首次提出道德目的论，是为了弥补自然目的论的不足。但道德目的论本身独立自足，它得以建构的核心概念是一个"道德目的"，即至善。道德目的论的出发点是一个世界存有的终极目的，道德目的论的对象是至善及其可能性问题，道德目的论的归宿是一个道德创世者的预设。这一节将探究道德目的论的出发点即一个世界存有的终极目的，道德目的论得以建构的核心概念，即至善及其得以可能的外部条件，最后探究道德目的论的系统建构。

一、一个世界存有的终极目的

康德在两种意义上使用终极目的，一种是一个世界存有的终极目的（创造的终极目的），它构成自然目的论向道德目的论过渡的关键。另一种是道德的终极目的，它构成道德目的论导向道德神学的关键。

根据目的概念的定义，一个世界的存有（实存）的终极目的，其表象同时就是创造的终极目的。创造的终极目的是一个世界存有的原因，是种种事物（实体）现实存在的原因。康德认为，"创造"这个词本身并没有预设一个创造者。"创造"本身的含义是"实体的实现"，它自身"并不已经"带有一个自由活动的、有理智的原因的预设①。为了避免歧义，我们在这里使用"一个世界存有的终极目的"。它主要指向自然整体实存的终极目的，即"自然的终极目的"②。按照自然目的论的发展，它最终可以追溯到自然的最后目的，但它仍然面临这样一个问题："世界上的事物为什么而存有（实存）？"这个问题不只是就自然内部的事物而言的，还是针对"自然整体"的实存提出的。如果按照单纯的机械作用来解释自然，事物的一切存在都只能诉诸偶然性或盲目的必然性，那么这个问题就会落空。如果按照目的关系来解释自然，我们必须为自然整体假定一个"有意起作用的原因""某种生产性的知性"③"有理智的世界原因"④。但是，按照我们的理性性状，"一旦想到某种知性必须被看作像在事物身上被现实地发现的这样一些形式的可能性的原因，那么也就必须在这个知性中询问其客观的根据，这个根据能够规定这一生产性的知性去得出这种类型的结果，它才是这类事物之所以存有的终极目的"⑤。也就是说，一旦我们想到某个知性创造了整个世界，那么就必然要追问这个知性创造世界的根据是什么。他"为什么"要创造这个世界，这个"为什么"的根据就是一个世界存有的终极目的。只有这个终极目的才能使"相互从属的目的链条"完

---

① 参看康德 . 判断力批判 [M]. 邓晓芒译，杨祖陶校 . 北京：人民出版社，2007：306.
② 参看康德 . 判断力批判 [M]. 邓晓芒译，杨祖陶校 . 北京：人民出版社，2007：228、311.
③ 康德 . 判断力批判 [M]. 邓晓芒译，杨祖陶校 . 北京：人民出版社，2007：290.
④ 康德 . 判断力批判 [M]. 邓晓芒译，杨祖陶校 . 北京：人民出版社，2007：300.
⑤ 康德 . 判断力批判 [M]. 邓晓芒译，杨祖陶校 . 北京：人民出版社，2007：290.

整地建立起来。只有这个终极目的才会告诉我们，"我为了将自然作为目的论的系统来评判，必须设想自然的至上原因的什么属性、什么程度和什么关系：对于我的有关那个我可以建立在我可怜的世界知识上的原始知性、有关这个原始存在者把他的理念实现出来的威力、有关他这样做的意志等等的极受限制的概念，我如何可以、并且有什么权利在此随意地扩展它，并把它补足为全智的无限存在者的理念？"①

一个世界存有的终极目的是什么？穷尽世界中的一切存在者，能够凭借自身的客观性状作为一个终极目的必然实存的事物，只有"作为本体看的人""仅仅作为道德主体的人""作为道德存在者的人""服从道德律的人（即每一个有理性的世间存在者）""服从道德律的理性存在者的生存"②才符合条件。"惟一这样的自然存在者，我们在它身上从其特有的性状方面却能认识到某种超感官的能力（即自由），甚至能认识到那原因性的规律，连同这种原因性的那个可以把自己预设为最高目的（这世界中最高的善）的客体"③。道德行动的规定根据是道德法则，道德法则超感官的原则，它是目的秩序中唯一一个完全独立于自然、以自身为条件、以自身为目的而可能的东西。因而，道德法则的主体能够在目的上无条件地立法，这种立法使其实存本身具有最高目的，为自身实存，并且能够使全部自然都在从目的论上从属于他，成为唯一一个使全部自然从属于其下的终极目的。"善良意志，才是人的存有惟一能借以具有某种绝对价值、而世界的存有能据以拥有某种终极目的的欲求能力。"④这正是我们在自由目的论中所讨论的目的因和最高目的，自由目的论恰恰构成了道德目的论的先天根据和首要部分。

关于道德目的论，康德有一个完整表述："我们在自己心里，并且还更多地在一个有理性的、天赋有自由（自身原因性）的一般存在者的概念中，也发现了一种道德目的论，但由于我们自身中的这种目的关系能够连同它的法则一起先天地得到规定，因而能够作为必然的来认识，这种道德目的论因此之故也就不会为了这种内在的合规律性而需要在我们之外的任何有理智的原因……但这种道德目的论毕竟涉及到我们这些世界存在者，因而涉及到与世界中其他的物结合在一起的存在者；正是同样一些道德法

---

①　康德. 判断力批判 [M]. 邓晓芒译，杨祖陶校. 北京：人民出版社，2007：297.

②　康德. 判断力批判 [M]. 邓晓芒译，杨祖陶校. 北京：人民出版社，2007：291，292，300，305–306，307.

③　康德. 判断力批判 [M]. 邓晓芒译，杨祖陶校. 北京：人民出版社，2007：291.

④　康德. 判断力批判 [M]. 邓晓芒译，杨祖陶校. 北京：人民出版社，2007：299.

则对我们形成了规范，使我们针对这些存在者所作的评判要么把它们作为目的，要么作为一些对象，对它们而言我们自己才是终极目的。于是，这种道德目的论涉及到我们自己的原因性与目的的关系、甚至与我们在这个世界中不能不企求的终极目的的关系，同时也涉及到这个世界与那种道德目的及其实行出来的外部可能性的交互关系。"①

从这段论述中，我们可以区分出以下几个层次：第一个层次是，道德目的论首先包含自由目的论作为其先天根据。道德目的论存在于一般的"有理性且天赋自由"存在者的概念中，人就是这样的存在者。人心中先天地具有以自由为最高目的的自由目的论，在其中，我们自身中的目的关系连同道德法则都受到先天的规定，无须任何外在的理智。就此而言，自由目的论是一个内在的合目的性系统，它构成了道德目的论的首要部分，充当了道德目的论的先天根据。第二个层次是，道德目的论包含实用目的论作为其实现至善的组成部分。人毕竟是与其他事物相联系、具有依赖性的世界存在者。人的自由彰显着人的尊严，道德法则使我们有资格将自己评判为世界的终极目的，同时将世界中的其他事物评判为手段。在反思的意义上，实用目的论将自然事物用作实现幸福的手段。因而，道德目的论不仅包括我们的意志（原因性）与目的的关系，而且包括我们的意志与至善（我们在这个世界中必然要追求的终极目的）的关系。至善中的德性是自由目的论的最高目的和最后目的，至善中的幸福是实用目的论的最后目的。第三个层次是，道德目的论还涉及这个世界与至善及其实现的外部可能性的交互关系。人的有限性决定其无法实现德福一致，至善的实现必须假定一个道德的创世者。在这个层次，道德目的论要论证的是：基于纯粹理性的实践运用之上的最高存在者的理念，先天地在我们里面奠定着根基。这个根基驱动我们把一个自然目的论关于诸目的的原始根据的有缺陷的表象补充为一个神的概念。② 接下来，我们依次讨论第二个层次和第三个层次。

二、至善及其可能性问题

至善在实践哲学中是纯粹实践理性的完整对象。在目的论的视域下，至善作为终极目的是康德进行道德论证的出发点。

---

① 康德.判断力批判[M].邓晓芒译，杨祖陶校.北京：人民出版社，2007：304.

② 参看康德.判断力批判[M].邓晓芒译，杨祖陶校.北京：人民出版社，2007：297.

（一）道德的终极目的

道德的终极目的是纯粹理性通过道德法则给欲求能力规定的先天目的。在《纯粹理性批判》中，康德指出，终极目的是人类的全部使命和全部规定，关于终极目的的哲学是道德学①。在《实践理性批判》中，康德说："以这种方式，道德律就通过至善作为纯粹实践理性的客体和终极目的的概念而引向了宗教。"②在《判断力批判》的导言中，康德说："按照自由的概念而来的效果就是终极目的，它（或者它在感性世界中的现象）是应当实存的"③，"按照道德律而运用自由时的一个终极目的的理念"④。这些终极目的都是人的终极目的、"有理性的世间存在者的终极目的"⑤。道德的终极目的指向"有理性的存在者的某种与遵守道德律和谐契合的幸福的意图，也就是对最高的世上至善的意图"⑥。"这种至善在于把有理性的存在者的最大的福祉与他们身上的善的最高条件、也就是把普遍幸福与最合乎法则的德性结合起来。"⑦这种终极目的就是通过自由而可能的、这个世界中最高的善，即完满的善。人确立这个终极目的必须满足的主观条件是幸福。至善是纯粹理性出于人的"有限本性"颁布的一个不可抗拒的终极目的，是我们在这个世界上不能不乞求的目的。对于这个不可抗拒的目的，理性所关心的只是"使它把道德律作为不可侵犯的条件来服从，或甚至也按照道德律而成为普遍的，因而和德性一致地对幸福所作的促进就使这个目的成为了终极目的"⑧。因此，促进至善对人而言是一项道德义务。

道德目的论以至善为终极目的，它必然涉及这个世界与至善及"其实行出来的外部可能性的交互关系"⑨。这个问题的解决"迫使我们的理性评判超出这个世界之外，去为自然界与我们心中的德性的那种关系寻求一个有理智的至上原则，以便把自然界甚至就道德的内在立法及其可能的实行而言也向我们表现为合目的性的"⑩。据此，康德开启上帝存有的道德论

① 参看康德. 纯粹理性批判 [M]. 邓晓芒译，杨祖陶校. 北京：人民出版社，2004：634.
② 康德. 实践理性批判 [M]. 邓晓芒译，杨祖陶校. 北京：人民出版社，2003：176-177.
③ 康德. 判断力批判 [M]. 邓晓芒译，杨祖陶校. 北京：人民出版社，2007：31.
④ 康德. 判断力批判 [M]. 邓晓芒译，杨祖陶校. 北京：人民出版社，2007：310.
⑤ 康德. 判断力批判 [M]. 邓晓芒译，杨祖陶校. 北京：人民出版社，2007：311.
⑥ 康德. 判断力批判 [M]. 邓晓芒译，杨祖陶校. 北京：人民出版社，2007：308.
⑦ 康德. 判断力批判 [M]. 邓晓芒译，杨祖陶校. 北京：人民出版社，2007：310.
⑧ 康德. 判断力批判 [M]. 邓晓芒译，杨祖陶校. 北京：人民出版社，2007：308.
⑨ 康德. 判断力批判 [M]. 邓晓芒译，杨祖陶校. 北京：人民出版社，2007：304.
⑩ 康德. 判断力批判 [M]. 邓晓芒译，杨祖陶校. 北京：人民出版社，2007：305.

证。这里把康德的论证归纳为三个步骤①：（1）对于一个偶然存在的事物，我们既可以为它寻求一种机械原因，也可以寻求一种目的原因，这两种原因都要追溯到最高原因。最高的目的因是一个有理智的存在者，它以终极目的为客观根据，所以必须追溯一个世界存有的终极目的。（2）人类理性普遍赞同，只有服从道德律的人（及其生存）才是理性能够先天给出的终极目的。因为道德律作为我们运用自由的理性条件，能够单凭自身赋予人独立于世界万物的绝对价值。（3）但是，道德律先天地给我们规定了一个终极目的，使我们有义务追求尘世中的至善。至善是人在道德律之下的德福一致。我们由于自身有限性，不可能达到至善，所以我们必须假定一个道德的创世者，以便为我们预设一个终极目的。这三个步骤遵循了康德道德神学的论证思路，"从自然中的有理性的存在者的道德目的（它可以先天地被认识）中推论出那个至上原因及其属性的尝试"②。自然目的论先行，理性按照目的因把一个世界中的事物评判为自然目的，接着为这些自然目的寻求一个终极目的，最后为这个终极目的寻求一个至上原因。

这其中还有两个重要问题需要进一步阐明：第一，我们究竟有什么充分的理性根据，把服从道德律的人作为终极目的赋予那个有理智的世界原因？康德回答说：首先，我们内心趋向义务的道德情感（对自然的美的感受和对大自然的敬畏），会驱使我们需要一个道德的理智者，这个理智者按照我们实存的目的创造了人和这个世界。其次，即使那种道德情感转瞬即逝，我们身上的道德素质在观察世界时也会不满足于自然的合目的性，而要给这种观察配备一个至上的、按照道德原则来支配自然的原因这样一条主观原则。最后也是最充分的根据，道德律规定我们必然要去追求一个普遍的必然的最高目的，即至善。我们被道德律规定必然追求至善，但是我们的有限性决定了我们无法达到至善，这使得我们得出一个判断，即就自己追求至善而言把自己预设为一个有理智的世界原因的终极目的，才有可能实现至善。

第二，上帝把服从道德律的人作为终极目的与至善的实现究竟有什么关系？除了目的论的论证方式之外，当前这个道德论证的论证思路与《纯粹理性批判》和《实践理性批判》对于上帝存在的论证思路基本上保持一致。

Guyer 认为，在《纯粹理性批判》"先验辩证论"中，康德为纯粹理

---

① 邓晓芒把康德的上帝证明归纳为六个步骤。（参看邓晓芒. 冥河的摆渡者 [M]. 武汉：武汉大学出版社，2007：113.）

② 康德. 判断力批判 [M]. 邓晓芒译，杨祖陶校. 北京：人民出版社，2007：292.

性进行辩护的步骤与《判断力批判》中通过目的论判断力批判建构目的论的三个步骤相似。前者是：（1）灵魂、世界、上帝这三个理念是从演绎推理的知性范畴中自然产生的；（2）这些概念作为理论认识的建构性源泉会产生幻想；（3）但作为调节性的理念就不会是幻想，反而很有意义。后者是：（1）目的论视角必须被呈现为自然的；（2）目的论视角必须是不冲突的；（3）目的论视角必须是有利的，有调节作用，即在探究过程中有用，在行动中有用，或在两者中都有用。Guyer 也把康德目的论的论证归纳为三个步骤：首先使我们确信自然是有意的两个不同根据，即自然概念的系统性和自然中有机物的特殊经验；然后展示自然概念是内在关联的，并且具有一个终点；最后论证我们必须设想自然的终点不仅是我们认识上的满足而且是道德性的发展。人的道德性的完整发展包含至善（至善就是德福一致）。因此，幸福刚开始从自然的终极目的中被排除了，后再在辩证结构中作为道德性的一部分又成为自然的对象。① 邓晓芒将三大批判对道德神学的论证依次归结为"正义模式""义务模式"和"自由模式"。这三种模式层层递进，只有自由模式才是最为完整的道德论证 ②。

　　诚然，康德在上帝存有的道德论证中最为关键的一步，就是至善的可能性需要上帝的存有来保证。但是"德福一致"究竟是如何在上帝的"统治"下实现的？这只有在《判断力批判》中才能真正解决。康德认为，道德目的论对上帝存有的道德论证经历了两步：第一步是从道德目的论中推出了一个以"道德的方式"被规定的一个世界存有的终极目的；第二步是为了这种终极目的的实存，必须假定一个道德的创世者。具体来看，"在道德律下的世间存在者这个概念是人必须按照着来必然地评判自己的一条先天的原则" ③。当我们作为服从道德律的人而实存，至善作为我们服从道德律而运用自由时的一个终极目的只具有"主观实践的实在性"。我们先天地被理性规定尽一切力量促进至善，但是至善在尘世中要成为可能，还要求它具有理论上的客观实在性。这就要求同时满足两个条件，"不仅仅要求我们具有一个为我们先天预设的终极目的，而且也要求造物、即世界本身按照其实存来说也有一个终极目的" ④。也就是说，要使至善作为终极目的具有客观实在性，不仅要求我们把至善作为我们自己追求的一个终极

① 参看 Paul Guyer. *Ends of Reason and Ends of Nature: The Place of Teleology in Kant's Ethics*[J]. The Journal of Value Inquiry 36: 161–186(2002).

② 参看邓晓芒. 康德对道德神学的论证 [J]. 哲学研究 2008 年第 9 期.

③ 康德. 判断力批判 [M]. 邓晓芒译，杨祖陶校. 北京：人民出版社，2007：301.

④ 康德. 判断力批判 [M]. 邓晓芒译，杨祖陶校. 北京：人民出版社，2007：311.

目的，而且要求一切造物乃至世界的实存有一个终极目的。

第一点，毋庸置疑，我们被道德律规定以至善为终极目的。然而，第二点的先天根据在何处呢？康德认为，首先，终极目的的概念在其本真意义上是一个实践理性的概念，"除了对于按照道德律的实践理性之外，对这一概念的任何运用都是不可能的"①。一个世界存有的终极目的也只能在实践理性中运用。其次，一个存在于理性中的、世界存有的终极目的必须与道德的终极目的即至善相一致才能够被设想。我们必须按照道德律的实践理性运用终极目的。一个世界存有的终极目的是世界的这样一种性状，即"世界与我们惟有按照法则才能确定地指出的东西、也就是与我们的纯粹实践理性就世界在实践上所应当是的而言的终极目的是协和一致的"②。就是说，道德律把至善托付给我们，我们就有义务实现至善，我们必须假定至善的可能性和可实现性。那么，在什么情况下至善才是可能的呢？当我们作为创造的终极目的时，世界的一切都是为了我们来这样安排的，为了实现我们的至善来这样安排的。所以，我们就有了一个道德上的理由为世界的存有考虑某种终极目的。

这样就从道德目的论中推论出一个"在道德关系中"被规定的创造的终极目的，这种道德关系是由道德法则先天地规定至善作为其终极目的。为了创造、为了按照某种终极目的的实存，必须首先假定一个有理智的世界原因，而且还必须假定一个同时作为创世者的道德的存在者。

（二）道德的创世者

康德说，道德目的论弥补了自然目的论的不足，首次建立了一种神学，这种神学的主体是"道德的创世者"。

道德的创世者首先是一个有理智的世界原因，"能产生世界存在物的某个最高知性"③，这是自然目的论或自然神学就能够推出的结论。对于理论上的反思判断力而言，自然整体作为一个目的论系统被看作是实存的，即使不能追问世界存有的终极目的，也能够预设一个世界原因。这个世界原因使现存事物中的一切成为可能。然而，正如康德对自然神学的质疑，自然神学可以预设一个伟大的知性，但它无法回应人们正当的抱怨："我们用一个伟大的、对我们来说不可测度的知性作为这一切安排的基础，并让这个知性根据意图来整理这个世界，那又有什么用呢？如果自然对这个意图什么也没有说、并且任何时候都不能说什么，而没有这个终极意图，

---

① 康德.判断力批判 [M].邓晓芒译，杨祖陶校.北京：人民出版社，2007：312.
② 康德.判断力批判 [M].邓晓芒译，杨祖陶校.北京：人民出版社，2007：312.
③ 康德.判断力批判 [M].邓晓芒译，杨祖陶校.北京：人民出版社，2007：300.

我们却又不能获得这一切自然目的的任何一个共同的连接点，即任何一个这样的目的论原则，它一方面足以将这些目的全都放在一个系统中来认识，另方面足以给我们制定出一个有关至上知性作为这种自然的原因的概念，这个概念能用作我们对自然作目的论反思的判断力的准绳。"① 即使自然神学或自然目的论能够预设一个知性，它要能够对自然进行目的论反思也必须将一个终极目的（终极意图②）赋予那个知性，以便那个知性按照这个终极目的创造出整个世界。对于自然目的论或自然神学，关键的问题是如何将"创造的终极目的"赋予一个有理智的世界原因。

道德的创世者不仅仅是一个有理智的存在者，它同时是一个道德存在者，因而是上帝。康德说，"理性借助于它的道德原则才第一次产生了上帝的概念"③。只要把服从道德律的人作为创造的终极目的，这个终极目的就是原始存在者创造世界的规定根据，我们就初次有了一个充分的道德根据，把世界看作一个目的整体和一个目的因的系统，即一个由道德的创世者创造和立法的目的王国。这个目的王国将道德目的和自然目的纳入其中，以道德法则为形式，以服从道德律的人为终极目的，进而以实现至善为终极目的。道德的创世者是这个道德目的王国的立法首领，它不仅为自然立法，而且为自由立法。他是全知的，能够洞察世间一切最内在的意向，以便保证有限的理性存在者的行动具有真正的道德价值；他是全能的，能够使整个世界具有趋向终极目的的合目的性；他是全善同时是公正的，以便保证道德律治下的至善成为可能；他具有永恒性和全在性，能够为全善和公正性提供保证。所有这些属性都是为了使服从道德律的有理性存在者的"实存"成为终极目的，进而使道德律之下的至善成为可能。

从"一个世界存有的终极目的"推出"一个道德的创世者"这个论断不是为理论的反思判断力所做的，而是为"以实践理性诸概念为根据的判断力"做出的，亦即为"实践的反思判断力"④ 所做。按照我们的理性能力的性状，只有一个同时是道德立法者的创世者和统治者，才能使我们理解一种与道德律及至善相关的、以"服从道德法则的人"为终极目的的世

---

① 康德. 判断力批判 [M]. 邓晓芒译，杨祖陶校. 北京：人民出版社，2007：297.
② 在第一章中，我们区分过意图与目的之间的区别，终极意图和终极目的的区别亦然。在这里，康德使用终极意图是为了强调某个知性的意图，但是最终要解决的问题仍然是把终极目的赋予神。
③ 康德. 判断力批判 [M]. 邓晓芒译，杨祖陶校. 北京：人民出版社，2007：303.
④ 实践的反思判断力是康德在道德目的论中提出来的概念。按照康德的理解，实践的反思判断力与理论的反思判断力对应，主要运用于对实践领域事物的反思。实践的反思判断力的原则直接来源于纯粹实践理性的合目的性原则。

界的合目的性。因此，我们只有在理性的实践运用中，才能阐明"一个最高道德立法的原始创造者"①的现实性。理论的反思判断力通过自然目的论从"自然界中的目的"证明"一个有理智的世界原因"，实践的反思判断力通过道德目的论从"道德的终极目的"充分证明了"一个同时是道德创世者的世界原因"。我们虽然无法在自然知识中阐明作为道德创世者的上帝这个理念的客观实在性，但是当我们把自然目的的知识和道德目的的知识统一起来，按照纯粹理性的"尽可能做到遵循原则的统一"的准则，也就是当自然目的知识从属于道德目的知识时，上帝理念的客观实在性就得到了阐明。

关于上帝，康德还给出几点特别的提醒：第一，上帝存有的设定并不是为了人能够遵守道德法则。务必清楚的是，道德律任何时候都是首要的，在形式上无条件立法的，是每一个理性存在者都必须严格遵守的。只不过，谁要是不信上帝，就必须放弃通过遵守道德律在现世中实现德福一致的意图。对上帝的道德证明并不是要证明上帝是真实世界的创造者，而是为了向怀疑论者证明，如果一个人想要在道德上一贯地思考，就必须把上帝存有的预设作为一条实践理性的准则纳入道德体系之中。第二，上帝的属性只能通过类比来思维，类比的对象是我们这些具有自由的人。这些属性对于纯粹理性的思考才是有效的。按照我们的理性性状，我们通过这些属性只能思维他，不能认识他，毕竟这些结论都是通过实践的反思判断力得出的。上帝的一切规定对于理性的实践运用才有意义，对于理性的思辨运用仍然是超验的。最后，上帝存有在目的论中"认其为真"的方式是信念。信念的事对于理性的理论运用是夸大其词的，但在纯粹理性的实践运用中就有先天的根据。通过道德论证，我们已经看到，上帝这个理念本身完全建立在道德律之上，道德律本身命令我们去促进德福一致，以便实现至善这个终极目的。唯有我们负有实现道德的终极目的（至善）这个义务时，我们才配成为上帝创造世界的终极目的，才能在信仰上帝的前提下实现德福一致。当然，除了上帝存有，我们还必须预设灵魂不朽。

这样一来，道德目的论就超出了实践领域，成为对世界的反思考察。在道德目的论的视野下，整个世界构成了一个道德的目的王国。这个目的王国中的首领是作为道德立法者和创世者的上帝，这个目的王国中的成员是每一个服从道德法则的世间存在者。在这个道德的目的王国之中，自由的立法学和自然的立法学先天必然地关联起来。人先天具有的"自由的

---

① 康德. 判断力批判 [M]. 邓晓芒译，杨祖陶校. 北京：人民出版社，2007：313.

合目的性"和我们根本不能缺乏的"自然的合目的性"先天必然地统一起来。道德目的论确立起来之后，康德就可以重新审视人类的历史①。他认为，通过自然目的论的追溯，文化成为自然发展的最后目的。在文化中，人类的各种自然禀赋得到培育和发展，使人类逐渐摆脱自然状态逐渐进入社会状态，最终达到理想的公民社会。公民社会是人类社会的文明状态。在其中，法律保障人们的安全和自由，国际宪法确保各个国家和平相处。人身上的自然禀赋中还包含占有和统治等欲望，使人陷入敌对、战争甚至自我毁灭的境地。这恰好凸显了道德目的论引导历史的重要性。人类历史发展的最终目的是至善，即自然与道德的真正统一。虽然至善只是人类历史发展的理想，具有调节性的作用，但它为人类历史提供了前进的动力和方向。如果没有至善作为一个终极目的，人类历史就会陷入混乱，无法体现人在历史中的尊严和价值。

Auxter 认为，康德的道德目的论应该建构的是一个副本世界的目的论。副本世界是按照作为图型的范畴的世界的类比。作为范畴世界，它不包含目的论秩序，但作为道德意识的对象，它自身已经是目的论的对象，即适合于道德意志的一个对象。为了作为道德判断的一个理念而起作用，它必须包含一个特定的目的论的秩序。虽然最初呈现的副本世界仅仅是由道德律根据"非目的论"建构的，但是当它需要考虑道德判断时，就变成了一个合目的性秩序和行为的一个理想。事实上，它变成了实践理性的一个调节性原则。副本世界是合目的的，因为道德行动者的自由要求投射和评价各种不同的选择，并在行动过程中做出决定。拥有意志自由和任意自由的存在者必须为了按照自由去行动而规划和对比目的。副本世界是一种秩序，在其中，人的目的被抽象化，即被看作具有完美和谐特征的一个关系系统。就这个理想世界是人的世界而言，它是严格意义上有机的。副本世界是理性目的的目的论秩序。②

这种观点是对康德哲学的误读，特别是缺乏历史的思考维度。按照当前道德目的论的建构，历史发展中的至善是一个道德的目的王国，这个目的王国不同于自由目的论的那个"目的王国系统"。《奠基》里的目的王

① 张会永认为康德的历史目的论有自然目的论和道德目的论两种表现，笔者认为这种区分在当下建构的道德目的论和体系中是不存在的，因为道德目的论把自然目的论纳入其中，因而只有道德目的论一种表现形式。（参看张会永. 作为永久和平的至善——康德历史目的论中的道德与政治之辨 [J]. 科学·经济·社会 2011 年第 3 期，117.）

② 参看 Thomas Auxter. *Kant's moral teleology*[M]. Mercer University Press, 1982: 64.

国只是一个形式的目的王国，仅仅涉及立法的形式，不涉及目的质料或者说目的质料被抽象掉了。可以说，它是道德的目的王国的一个先天形式条件。这里道德的目的王国基于实践的反思判断力之上，它不仅包含了道德法则给人确立的自由这个最高目的，而且纳入了至善（德福一致）这个作为"自由的结果"的终极目的。其次，道德的目的王国也不同于《纯粹理性批判》和《实践理性批判》中所提出的德福一致的"道德世界""恩宠王国"，恩宠王国被设想为一个理知的世界，是一个能够也应当对感官世界现实产生影响的实践理念。即使加入了幸福变成一个自我酬报的道德体系，也是一个未来的世界。这里的道德目的王国超越了康德划分世界的二元论，是一个在反思意义上经历了自然目的之发展和洗礼过的目的王国，是现实的人能够通过自己的德性有意创造的目的王国，成就了一个存在于现世的、完整的人类世界。正如约威尔所说："在前两部批判中，康德倾向于把至善思考为分离的世界，超出我们的世界……然而，从第三批判开始，康德的概念变化了。至善变成了自身是'创造的最终目的'，即这个世界的积累过程，其实现被认为是'地上的上帝国'。尽管它无限遥远，却包含真实的，在道德意志与经验实在之间的综合，并在时间中被实现。至善与世界不再是两个不同的世界，而是同一世界的两个阶段：现实的与理想的。一句话，至善成了历史目的。"①在道德目的论的视域下，历史向着人类追求的至善发展，人类通过自己的实践活动把世界创造成一个德福一致的道德世界，世界各国永久和平的世界。

由此，康德的道德目的论导向道德神学。道德目的论是以道德法则为先天原则，以至善为终极目的的目的论系统，为了至善的可能性，推出作为道德创世者的上帝。道德神学从世间存在者的道德目的（至善）开始推论，借助于道德目的论的论证推出世界存在的至上原因。但是在《判断力批判》的目的论论证中，道德目的论和道德神学的界限并不明显。②道德

---

① 转引自张会永. 作为永久和平的至善——康德历史目的论中的道德与政治之辨 [J]. 科学·经济·社会 2011 年第 3 期，118. 原文在 Yirmiahu Yovel. *Kant and the Philosophy of History* [M]. Princeton University Press, 1980.

② 道德目的论与道德神学的界限是模糊的。虽然康德用了两个术语来表达，但两者表示的含义基本上是相同或者重合的，也许康德是从不同意义上对同样的内容给予的界定。但是，它们在《判断力批判》中的内容所指确实是一样的。比如，康德说道德目的论涉及至善的实行的外部可能性，伦理学神学的章节基本上在表述道德目的论的内容。如果非要区分道德目的论和道德神学，那么道德目的论与自然目的论相对，道德神学与自然神学相对。道德目的论强调的是道德的世界观，是以道德目的为基点预设上帝。道德神学的任务就是要推论上帝的存在。

神学作为道德目的论的后果，在《纯粹理性限度内的宗教》中才得以完整展示。

三、道德目的论的系统建构

如果有人问，康德的目的论系统究竟是什么，我们的回答是"道德目的论"。道德目的论以"服从道德律的世间存在者"为出发点，以自由为最高目的，以道德法则为形式原则，以至善为终极目的。在内容上具体包括自由目的论、实用目的论和一个道德创世者的预设，在形式上体现为自由目的论与实用目的论在上帝治下的统一。

Auxter 在 *Kant's moral teleology*（1982）中提出自然目的论和道德目的论是平行的。自然被范畴（规则）构成为表象的整体而成为可想象的，人为自然立法使自然成为可能，自然因果性的基础概念是那些统摄自然的任何可能经验的规则。同样，那种使道德经验成为可能的规则，也就是统摄任何关于自由经验或责任经验的先天法则构成了自由因果性。无论我们是否将道德经验带入到自由或责任经验中，道德标准即道德法则都必须是为任意成为道德的经验不可缺少的要素。按照平行论，如果定言命令是构成性的自由原则，亦即没有定言命令，自由就是不可能的，那么目的论原则就必须是自由的调节性原则。事实上，这也就是康德道德理论中发生的事情。就像目的论原则作为自然研究的基础一样，它作为启发性原则在指导道德经验的行动中也是不可缺少的。就像目的论原则为自然知识提供了理想是必要的一样，它也要为个体和社会秩序的道德进步提供一个理想的建构。所以，康德对待自然和道德时有一个重要的平行。这种平行即认识对象和意志都由先天法则来决定，可以让我们确定实践法则就是自由意志的构成性原则。如果我们确定实践法则是自由意志的构成性原则，那么目的论原则就是它的调节性原则。Auxter 这种平行论在我们当前的系统框架中处于"一阶"，因为他所理解的与自然目的论平行的道德目的论，实质上是我们所谈的自由目的论。然而，康德讲的道德目的论高于自然目的论和自由目的论，要将两者容纳于自身。

对于我们的理性而言，道德目的论的建构不是基于构成性原则，而是基于调节性原则。道德目的论对应的认识能力是实践的反思判断力。道德目的论是实践的反思判断力对自由和自由结果（至善）的反思，进而是对自我和整个世界的反思。道德目的论首先包含自由目的论，以自由目的论为基础。道德目的论毕竟涉及自由的后果，即至善，并致力于解决至善的可能性问题。毋庸置疑，自由是康德目的论的最高目的、唯一根据，道德目的论同样以自由为最高目的。道德目的论"为了自由"才承担起解决至善可能性的任务。至善之所以能够成为道德目的论的终极目的，乃是由于自由是目的因，由于至善中的德性包含了目的论的先天根据，由于德性使人成为自在目的、具有尊严。解决至善的可能性问题必然导致道德目的论要超出自由领域，将实用目的论纳入自身，使得人配享幸福的时候能够分享幸福。这就必然导致理性要预设一个道德的创世者。

到此为止，我们梳理并阐述了康德哲学中的四种目的论，分别是自由目的论、实用目的论、自然目的论和道德目的论。它们形成了康德目的论系统的构思与建构。

第一，自由目的论既是康德建构目的论系统的出发点，也是康德道德目的论的根基。自由目的论基于纯粹实践理性。自由目的论处于本体界，以自由为其最高目的和终极目的，是一个内在目的论系统，在整个康德的目的论系统中充当目的因。自由目的论凭其道德法则具有最高价值，其他一切价值都源于此。实用目的论只有从属于自由目的论才具有道德价值，才能够被纳入道德目的论。自由目的论是自然目的论的归宿，是道德目的论的先天依据和首要部分。第二，实用目的论是康德建构目的论系统不可缺少的组成部分。实用目的论基于一般实践理性，是人出于感性本性必然具有的目的论。实用目的论立足于现象界，以经验性的明智为原则，以幸福为最后目的，构成一种外在目的论。按照康德的理解，实用目的论是自然知识的实践性扩展，最终依赖于自然概念和自然知识。从人的实践活动来看，自然目的论可以作为实用目的论的手段。由于实用目的论能够提供至善中的幸福，它成为康德构建道德目的论不可缺少的部分。第三，自然目的论是康德建构道德目的论的必由之路。自然目的论基于理论的反思判断力，是将外在目的论纳入自身的内在目的论系统。自然目的论的最后目的是人的文化，终极目的是本体的人。一方面，自由目的论和实用目的论先于自然目的论。自然目的论的先天根据即自然的合目的性原则是通过类比实践的合目的性而被思考的。另一方面，自由目的论是自然目的论的归宿。由于幸福和文化是自然的目的，通过文化，自然目的论实现向自由目的论的飞跃。所以，在反思的意义上，实用目的论成为自然目的论导向自由目的论的必要中介。第四，道德目的论是康德目的论系统的完整形态。道德目的论基于实践的反思判断力，以至善为终极目的，包括自由目的论和实用目的论（自然目的论），预设一个世界的道德创世者。道德目的论是一个以内在目的论系统为核心的外在目的论系统。道德目的论一方面解决了自由目的论的遗留问题即自由的结果、至善问题，另一方面解决了自然目的论的遗留问题即为自然的终极目的寻找世界原因的问题。在反思的意义上，自然目的论先于道德目的论，因为自然目的必须被先给予才能为它们寻求终极目的以及这个终极目的的至上原因。道德目的论一旦确立，不可避免地要取代自然目的论，以便导向道德神学。但是，在幸福作为一个自然目的、文化作为自然之最后目的的意义上，道德目的论将自然目的论纳入自身，以便实现自由立法学和自然立法学的和谐统一。

　　总结来看，理解康德的目的论系统有两条路径。一条路径自上至下，从自由到自然，从本体界到现象界；从自由目的论到实用目的论（自然目的论），再到道德目的论的方式，其中自然目的论被纳入实用目的论来思考，我们可以称之为"自由路径"。这是本书的论述逻辑。这条路径在康德的文本中并不明显，却是康德构思目的论系统的内在逻辑。康德从作为最高目的的自由出发，到自由的后果，最后达到自由与自由之后果的统一。道德目的论解决的问题就是自由目的论及其后果的统一问题。另一条路径由下而上，从自然到自由，从现象界到本体界；从自然目的论（实用目的论）到自由目的论，最后到达道德目的论，我们可以称之为"自然路径"。这条路径是康德在《判断力批判》中的论述逻辑。这条路径是反思的路径，却使人易于理解。在这两条路径中，特别需要注意的是自然目的论与实用目的论的关系。在"自由路径"中，自然目的论可以被纳入实用目的论；在"自然路径"中，实用目的论被纳入自然目的论。这样一来，我们可以从三个层面来理解康德的目的论系统。康德的目的论在其系统构成上，包含自由目的论和自然目的论（实用目的论）。康德的目的论在思想构思上，沿着"自由路径"展开，自由目的论是自然目的论和道德目的论的先天根据，自然目的论类比于自由目的论而产生，自然目的论的问题引发了道德目的论的建构。康德的目的论在论述结构上，沿着"自然路径"展开，自然向人生成，表现在实用目的论中，自然目的论的终极目的是自由目的论，自由目的论的结果在道德目的论之中。

　　与这两条路径相对应，康德的目的论建构遵循两条内在逻辑。其一是从应然到实然，主要体现在"自由路径"上。这里所讲的应然指人的应然状态，即纯然的理性存在者、人的理知品格、作为本体界的人；实然指人的实然状态，即有限的理性存在者、感性本性和理性本性的统一体、同时跨越本体界和现象界的人。自由目的论基于人的应然状态，实用目的论基于人的实然状态。道德目的论的对象是人应当追求的至善，但是它又不得不基于人的实然状态预设一个道德的创世者。在系统的内部建构中，也贯穿着从应然到实然的论证逻辑。比如，在自由目的论中，目的王国系统基于人的应然状态，是纯然理性存在者组成的理知世界。道德目的学说却为了顾及人的实然状态而提出同时是义务的目的。在道德目的论中，自由目的论凭其应然的自由处于绝对的首要地位，但实用目的论又不得不被纳入进来作为实现至善的一个组成部分。作为最高目的的自律基于人的应然状态被建构起来，作为终极目的的至善是康德基于人的实然状态所设定。进一步来说，至善作为纯粹实践理性的完整对象是基于人的应然状态建构起来的，从作为终极目的的至善推论出作为道德创世者的上帝，是基于人的实然状态建构起来的。因而，在道德目的论构成中，自由目的论的独立自足基于人的应然状态，自然目的论从属于自由目的论则基于人的实然状态建构的。其二是从可能性到现实性，主要体现在"自然路径"上。康德的自然目的论是反思意义上的目的论，自然目的论仅仅为人的自由提供了可能性，人之自由的现实性只有在自由目的论中才能展开。在本体界，自由目的论的自由作为最高目的为至善的实现提供可能性，而道德目的论对于道德创世者的预设才能保证实现至善的现实性。在自然目的论中，作为自然目的的有机体具有内在的合目的性，这是其可能性的保证，但是有机体的现实性依赖于世界中其他事物对它具有的外在合目的性。在自由目的论中，本体的人具有自由的可能性，自由的现实性还需要现象的人作为依托。自由目的论为道德目的论提供了理论的可能性，但其现实性要求它把自然目的论（实用目的论）也纳入进来。

第二节　人类理性的目的论系统

在《论目的论原则在哲学中的应用》中，康德指出，目的与理性具有直接关系，外来理性与目的的联系通过类比人类的理性被思考。归根结底，目的论归属于人和人类理性。这一节从康德哲学体系的总体出发，把康德哲学阐释为人的目的论系统和人类理性的目的论系统，并在目的论视域下回顾康德的实践哲学。

一、人的目的论系统

在世界公民的意义上，康德认为哲学领域中能够提出的问题有：我能知道什么？我应当做什么？我可以期待什么？最后人是什么？前三个问题最后都要归结到"人是什么"的问题。在自然目的论的结尾处，自然目的论与自由目的论在本体的人上实现了统一。本体的人是康德整个目的论系统所要达到的最高目的，正好回答了"人是什么"这个问题。以"人是目的"为核心我们可以将整个目的论系统看作人的目的论系统。分开来看，在自由目的论中，本体的人是自己的最高目的；在自然目的论中，道德的人是自然的最后目的和终极目的；在道德目的论中，服从道德法则的人的实存是整个世界的终极目的。①

在自由目的论中，我们已经看到，人的理性本性不仅是每个人自己的目的，而且是每个他人的目的。首先在目的王国中，每个人都必须作为自在目的而实存；每个人在目的王国中都必须遵守道德法则的目的公式，即任何人都必须在任何时候把每个人的人格中的人性（无论是自己的还是他人的）同时当作目的，而不仅仅当作手段。在具体的德性义务的规定中，对自己而言，德性法则规定人不仅要以自己的自然完善作为目的，保存自我、保存种族、保存人对自然各种能力的使用，还要以人自己的道德完善为目的，做诚实、豁达的事情，采取维护尊严的行动。就他人而言，德性法则规定人不仅要通过履行行善、感激、同情等义务促进他人的福祉，而且要出于敬重禁止对他人的傲慢、毁谤与嘲讽等行为，以便促进他人道德上的福乐。在自然目的论中，人的文化是自然的最后目的，人的自由是自然的终极目的。以有机物的内在合目的性为基础，自然整体被看作一个外在的合目的性系统。在这个系统中，没有任何东西是白费的，一切都向人生成。人在自然中与动物的区别在于，人以文化的方式存在。文化代表着人在自然中的一切目的的形式和主观的条件，是人对其内在自然和外在自然的各种目的的适应性和熟巧。熟巧作为肯定性的文化虽然有助于促进人的任意的自由，促进幸福，却不足以帮助意志规定和选择其目的。管教作为否定性的文化才能够将人从动物性欲望的专制中解放出来。在反思的眼光下，自然的发展以人的管教文化为最后目的，就是为了使人渐渐摆脱动物性的粗野和狂暴，为人性的发展扫清道路。最纯粹的人性就是作为自在目的的人性、人的人格中的人性，它处于超感性的领域，彰显着人的自由和尊严，是自然的终极目的。自由是意志的属性，人凭借自由及以自由为基础的道德法则，成为世界上唯一具有尊严的存在者，成为世界上一切目的的终极目的。如果没有人的自由作为自然的终极目的，这整个创造（包括自然）都是白费的、没有意义的。

道德目的论从现实的人出发，通过至善实现自由人和自然人的统一。基于现实的人，至善是纯粹实践理性的完整对象。现实的人一方面是感性的驱动追求幸福，另一方面受到理性的驱动追求德性。人的尊严在于德

---

① 实用目的论以幸福为最后目的，在这里被纳入自然目的论之中讨论。

性，人的生存在于幸福，二者缺一不可。自由目的论以人的自由、德性为终极目的，自然目的论为人实现自由提供了幸福的条件，道德目的论为至善实现的可能性预设了道德创世者，并且为人们相信上帝存在提供了道德信念。至善本身的含义是德福一致，以德配福。在目的论的视域下，至善就是道德目的论的终极目的，自由目的论以德性为目的，实用目的论以幸福为目的。道德目的论在质料上包含作为先天根据的自由目的论和作为必备内容的实用目的论，在形式上表现为实用目的论对自由目的论的从属关系。在这个维度上，可以说是人无法摆脱的二元矛盾导致了至善这样一个必然目的。但是这样的至善究竟如何实现呢？康德清醒地认识到自然与自由的鸿沟，现实的人无法实现至善的困境。如果一个终极目的是无法实现的，那么人就会面临信念的困境。为了解决至善的实现问题，康德在对自然的研究中看到了曙光。自然中的有机物是一个内在的合目的性系统，自然中的一切可以构成一个外在的目的论系统。于是康德在反思的意义上，从自然目的论开始，追究自然的最后目的，进入实用目的论。通过实用目的论中的文化，人实现了现象界向本体界的飞跃，进入自由目的论的领域。所以，在这个维度上，道德目的论包含着作为先天根据的自由目的论，包含着作为目的进程的自然目的论和实用目的论，同样以至善为终极目的，但这个至善已经不再是现实的人那里构成性意义的至善，而是一个反思性意义上的至善。

无论自由目的论还是自然目的论都以人为目的确立起来，最后在本体的人身上实现对接。在道德目的论中，自由目的论和自然目的论在至善中达到统一。这无疑是我们将康德的目的论系统整体理解为"人的目的论系统"的主要依据。一旦人的目的论系统得以成立，我们就可以以此为基础，将康德的整个哲学体系阐释为人类理性的目的论系统。

二、理性的目的论系统

当我们把康德的目的论系统整体理解为人的目的论系统，我们就可以以此为基础理解康德所要确立的哲学的世界概念，并将康德的整个哲学体系理解为"人类理性的目的论系统"。

在《逻辑学讲义》的导言和《纯粹理性批判》的"纯粹理性的建筑术"中，康德都提出了哲学的世界概念。所谓世界概念，与学派概念（或学院概念）相对立，"涉及使每个人都必然感兴趣的东西"[①]。这种意义

[①] 康德.纯粹理性批判 [M].邓晓芒译，杨祖陶校.北京：人民出版社，2004：634.

上的哲学涉及的是人类理性在选择各种目的中正确使用的内在原理，是关于一切认识与人类理性的根本目的的关系的科学（teleologia rationis humanae）[①]，其中人类理性的根本目的是作为最高目的的终极目的，一切其他目的都必须从属于它，并在它之中结合为一个有机统一的目的系统。[②] 那么人类理性的根本目的是什么呢？是有关人类的全部使命的哲学，即道德学（亦即纯粹先天的伦理学）。康德要建立的道德学不是以往掺杂着经验因素的道德理论，而是出自纯粹理性的、不以任何人类学（不以任何经验性为条件的）为根据的、具有纯粹性和普遍必然性的道德形而上学。这种道德形而上学本质上就是我们已经建构起来的康德的目的论系统，道德形而上学容纳了人类理性的全部使命，关乎人类理性的终极目的。以此为最后目的，康德的整个哲学体系就是一个目的论系统。

　　总体来看，康德的哲学体系包含两个部分：批判哲学和纯粹理性的科学系统亦即形而上学。批判哲学作为一种预习，它通过检查理性能力的一切纯粹先天的知识和运用为建立未来的形而上学清理地基。具体来看，康德批判哲学的对象是理性，对理性的批判是为了使理性更好地实现自己的目的。理性就其本性偏好而言有两方面的目的，一方面（表现在形式上）追求系统统一性，理性驱使自身从有条件者追求无条件者，直到建构一个独立存在的系统整体才会安息，于是理性的彻底统一性保证了人类理性的目的论系统的统一性；另一方面人类理性的理论运用以其实践运用为目的，理性的全部装备（理论运用或者实践运用）在实践上都针对"意志自由""上帝存在""灵魂不朽"这三个问题，并且这三个问题进一步引向更深远的目的"如果意志自由，如果有上帝和来世，那么应该做什么"[③]。在《判断力批判》出版以前，康德着重讨论了思辨理性和实践理性以及它们之间的关系。思辨理性的目的是认识自然，实践理性的目的是实现自由。《纯粹理性批判》以思辨理性为研究对象，通过划定思辨理性的认识界限来悬置知识，为信仰留下余地。信仰的领域是自由的领域，也就是实践理性的地盘。在《实践理性批判》中，康德又明确地摆正思辨理性与实践理性之间的位置，强调实践理性对思辨理性具有的优先性。所谓优先性就是指在事物之间，一种事物成为其他事物的决定性根据，由此其他事物就隶属于该事物。我们知道，思辨理性和实践理性并非两种不同的理性，而是

---

① 　参看康德 . 纯粹理性批判 [M]. 邓晓芒译，杨祖陶校 . 北京：人民出版社，2004：633.

② 　参看康德 . 逻辑学讲义 [M]. 徐景行译，杨一之校 . 北京：商务印书馆，2012：23.

③ 　康德 . 纯粹理性批判 [M]. 邓晓芒译，杨祖陶校 . 北京：人民出版社，2004：609.

同一个理性的两种不同运用。在这两种运用中，康德认为，思辨理性应该隶属于实践理性，以实践理性作为其决定性根据。因为只有以实践理性为根据，思辨理性才有行使其理性功能的可能性，也有可能为认识提供基础。具体而言，实践的目的在于为了理性的最终目的来规定意志。理性将自身作为目的，因而理性自己规定自己，给自己颁布实践的原理。以此为基础，理性规定了自己的一切运用，理性的"一切兴趣最后都是实践的，而且甚至思辨理性的兴趣也只是有条件的，惟有在实践的运用中才是完整的"①。

在《判断力批判》中，康德发现了第三种高层认识能力即判断力自身的原理。广义的理性被区分为知性、判断力和理性。知性的作用在自然领域，为自然立法；理性的作用在自由领域，为自由立法；判断力作为中间环节，起到沟通自然与自由的作用。理性的彻底统一性就表现在这三种能力的协同作用。具体而言，用于沟通自然和自由的判断力能够利用自然的合目的性原则将自然的特殊形式组织起来，也是按照纯粹实践理性自身的指导进行的。因为自然的合目的性原则对于反思判断力是一条主观原则，并且是"反思性的判断力的一条由理性托付给它的准则"②。纯粹实践理性借助于这条准则建立了一种责任或一种应该，在具体情况下指导反思判断力进行评判的工作。规定判断力把一个对象归入自然法则，反思判断力（目的论的判断力）应该把一个对象归入一种只有通过理性才能被设想的原因性之下。在《判断力批判》导言的最后那个高层能力的表格中，我们可以看到，知性为自然规定合法则性，理性为自由规定终极目的，判断力应用于艺术的合目的性，这种合目的性可以类比到自然事物上。如果没有理性和终极目的的原因性，反思判断力只是一种盲目地无助地判断自然现象的能力，而不可能产生一个自然目的的概念。③

康德说，"虽然在作为感官之物的自然概念领地和作为超感官之物的自由概念领地之间固定下来了一道不可估量的鸿沟，以至于从前者到后者（因而借助于理性的理论运用）根本不可能有任何过渡，好像这是两个各不相同的世界一样，前者不能对后者发生任何影响"④，但是，后者"应当"对前者发生某种影响，亦即"自由概念应当使通过它的规律所提出的

① 康德. 实践理性批判 [M]. 邓晓芒译，杨祖陶校. 北京：人民出版社，2003：167.
② 康德. 判断力批判 [M]. 邓晓芒译，杨祖陶校. 北京：人民出版社，2007：250.
③ Heiner F. Klemme. *Moralized nature, Naturalized autonomy*[J]. in Kant on Moral Autonomy, edited by Oliver Sensen, Cambridge University Press: 193–211(2013).
④ 康德. 判断力批判 [M]. 邓晓芒译，杨祖陶校. 北京：人民出版社，2007：10.

目的在感官世界中成为现实"①。也就是利用目的与合目的性的观点来解决自然与自由的沟通。在反思的意义上，自然目的论导向道德目的论。由此自然向人、自然人向自由人生成：整个自然从无机物发展出有机物，从低级有机物发展出高级有机物，然后发展出自然的人；自然人由身体的发展到心灵的发展，由自然的完善到道德的完善。这是一个由低级向高级的发展过程。在规定的意义上，自由目的论是自然目的论的前提和基础。人站在道德和自由的高度，将自身作为目的，使得自然中的一切成为实现自己的目的的手段。由此，理性为了自身的目的使得知性和判断力都从属于自身，哲学就是人类理性的立法，是"我们理性使用的最高箴言的科学，不过需将箴言理解为在各种目的中进行选择的内在原理"②。

最终，批判哲学对理性的批判是为了建立未来的形而上学。未来的形而上学包含自然的形而上学和道德的形而上学两个部分。自然的形而上学是出自纯然理性的有关自然万物的一切纯粹原则，道德的形而上学先天地规定了我们所为所不为的那些先天原则。前者涉及一切存有之物，后者涉及一切应有之物，康德对两者的明确区分，回应了他创造批判哲学的初衷：悬置知识，以便为信仰留下余地。自然的形而上学的确立也是实现道德的形而上学的手段。整个康德哲学都成为一个以道德形而上学为最后目的的目的论系统。在这个系统中，人类或人类理性的全部使命都以实现人的自由为目的。

三、目的论视域下的康德实践哲学

通过以上分析，我们知道，康德的目的论系统并不局限于自然目的论，而是道德目的论、人的目的论、人类理性的目的论。据此，我们就可以重新审视康德的实践哲学。

1982 年，Thomas Auxter 指出学界很多研究者主张康德的实践哲学是"非目的论的"（ateleological），主要有三方面根源：（1）康德自己在探讨善良意志作为自在善时认为行动的结果没有道德价值；（2）历代学者反复强调正统康德主义的核心思想是"意欲状态是康德道德范围内探讨的唯一有价值的东西"；（3）学者们的看法被伦理学教科书强化，在伦理学的传统区分中，目的论伦理学（Teleological ethics）等同于效果论（Consequentialism），与义务论或道义论（Deontology）明确对立起来。③

---

① 康德. 判断力批判 [M]. 邓晓芒译，杨祖陶校. 北京：人民出版社，2007：10.

② 康德. 逻辑学讲义 [M]. 徐景行译，杨一之校. 北京：商务印书馆，2012：23.

③ 参看 Thomas Auxter. *Kant's moral teleology*[M]. Mercer University Press, 1982: 1.

这三个根源同时体现在学者们对康德的至善理论的质疑：（1）康德在至善中引入幸福，会导致享乐主义侵入康德伦理学；（2）至善作为义务会导致原则的不一致；（3）康德伦理学不是目的论，而是义务论。

针对第一种质疑，张会永做出回应①。他认为，康德一分为二地分析问题。单纯分析意志的规定根据时，只有道德法则才是意志的唯一规定根据，至善只能作为意志的对象、行动的后果。但是，如果至善已然建立在道德法则之上，并且把道德法则纳入自身时，"就不仅仅至善是客体，而且就连它的概念及它通过我们的实践理性而可能的实存的表象，也同时会是纯粹意志的规定根据了"②。可见，张会永认为，只有道德法则才是动机的说法是片面的，至善也能够作为动机。这种观点的症结在于没有区分"作为原因的目的"和"作为结果的目的"。至善即完满的善作为纯粹实践理性的完整对象，从意志的本性上来看，一开始就应该被设定，并且康德在他的理论构想中从来没有想过把这个对象排除出去。康德在《奠基》中论证道德法则时排除意志的一切质料，这种"排除"意味着"悬置""抽象""不考虑"，而并不是完全排除。康德的目的论是以内在的自由目的论为核心。他要先把至上的善（意志自由）、道德法则的规定根据、道德的纯粹性确立起来，才能考虑意志的质料。对于康德而言，意志的规定根据只有唯一一个，就是道德法则。即便后来，康德说，"把道德法则包含进自身的至善"能够"同时"成为纯粹意志的规定根据。这里康德用了"同时"，后面还加了限定"因为这样一来"。事实上他的意思是，在至善这个概念中"已经包含着并同时被想到的道德律"在按照自律的原则规定意志，而并非幸福在规定意志。也就是说，并非至善在规定意志，规定意志的还是道德法则，只不过是包含在至善中的道德法则，幸福会作为一个希望的后果而存在。在《论俗语：这在理论上可能是正确的，但不适用于实践》中，康德也说，至善任何时候都不能成为动因，只能被看作一个理想客体。动因只能是至上的善，是善良意志。所以，在目的论的视域下，把幸福引入至善并不会给享乐主义留下任何余地。至善是一个道德行动的后果，幸福必须以德性为前提，只有道德行动才能配享幸福。孙小玲在《康德伦理学中义务与目的之贯通》中从康德的论证方式上给出了类似的观点。她认为，康德的至善是从目的到义务的论证路径，同时是义务的目的是从义务到目的的论证路径，康德提出的终极目的最终落实到人性的完善

---

① 参看张会永．康德的两种道德目的概念——兼论一种康德式后果主义的可能性 [J]．学术月刊 2018 年 6 月．

② 康德．实践理性批判 [M]．邓晓芒译，杨祖陶校．北京：人民出版社，2003：150.

上，至善只是存在于彼岸世界、需要上帝来保证的希望对象。这样就可以解决康德的伦理学既是义务论又是目的论的问题。①Paul Guyer 在 *Ends of reason and ends of nature: the place of teleology in Kant's ethics*（2002）中提出康德的伦理学在四个方面是目的论的：（1）道德法则使人性成为目的。（2）保护和促进人选择实践目的的能力是一项道德要求。（3）人的自由的一般目的及由人的自由做出的特殊任意（选择）（如果追求它们是理性的）必须与自然法则相容。（4）关于在目的选择中培养自由和在目的实现中培养自由的认知，以及关于在一个系统的至善中培养自由的认知，在自然中必然被认为是可能的。道德世界是与道德法则相一致的世界，在理智世界中德福一致，自我酬报。②

对于第二个质疑，我们认为，康德的道德原则是一贯的道德法则。康德在《奠基》和《实践理性批判》的分析论中所做的工作都是先确立道德法则的纯粹性、无条件性，这个原则本身就是康德道德哲学的根基。在道德原则确立起来之后，康德才将至善纳入进来。康德建构目的论的出发点是现实的人、有限的理性存在者这样的理性事实。首先，人的意志必然有对象。其次，人的感性本性必然驱使人追求幸福。将幸福纳入道德体系的最好方式是在不影响道德法则的情况下、在意志的规定根据已经确定的情况下，作为行动的后果引入。同样，我们还可以从"应然到实然"的论证逻辑来理解。从有限的理性存在者"应然"的理性本性出发，康德做了目的论的应然论证，比如自由目的论中的至上的善、自在目的。然而，人毕竟是有限的存在者，其有限性使得理性不得不针对人的实然状态做出处理。比如同时是义务的目的作为任意的质料，完满的善将幸福纳入自身。人的超越性与有限性的矛盾、应然状态与实然状态的矛盾是理性必须面对和处理的现实处境。从这个视角来看，康德在《实践理性批判》中论证不存在前后不一致的情况。还有人对"促进至善是一项道德义务"提出疑问。我们的回答是，至善是纯粹实践理性之对象的全部整体，是蕴含在纯粹实践理性之中的目的，是道德法则规定的行动的必然后果。康德说对至善的促进是我们意志的一个先天必然的主题。按照 Wood 提出的归谬法：如果至善是不可能的，这就意味着我们的道德行动没有相应的后果；我们

---

① 参看孙小玲 . 康德伦理学中义务与目的之贯通 [J]. 哲学研究 2021 年第 9 期 .

② 参看 Paul Guyer. *Ends of Reason and Ends of Nature: The Place of Teleology in Kant's Ethics*[J]. The Journal of Value Inquiry 36: 161–186(2002).

的意志没有质料，那么道德法则就是一个空洞抽象的形式①。没有人会真正不关心行动的后果。就像康德在《宗教》的前言中所说，每一个人由于其有限性都想要在行动的结果中找到他喜欢的东西。况且，康德在这里使用的是"促进"，不是"实现"。至善本身是我们由于有限性无法实现的，但是我们可以尽我们所能地促进。这样一个"尽其所能地促进至善"的命令是一个广义的不完全义务，就像自己的完善和他人的幸福那些德性义务一样。我们在道德上首先要有德性，要有至上的善，其次是怀有至善的希望。

针对第三个质疑，我们认为这种论断有两方面的误解。一方面是受到目的论和义务论的划分的教条之害。据考证，第一个把伦理学划分为目的论伦理学和义务论伦理学，并将康德划归义务论的是缪尔海德 1932 年出版的《伦理学中的规则和目的》。后来弗兰克那、罗尔斯等人都采用了这种划分，并认为目的论伦理学把目的善定义为独立于正当的东西，把正当定义为使善目的最大化的理论。义务论伦理学用正当来解释善，或者不用最大化善来解释正当。康德伦理学强调义务对善的优先性而被归属为义务论。②Auxter 回应说，康德当然没有忽视结果。他提出两个论据：（1）康德坚信道德判断需要意图与行动的结盟，道德判断在面临"好的动机足以引导道德生活"的理念时必然会犹豫不决。在此引入了道德评价，行动准则的普遍化。Auxter 说行动准则的普遍化就相当于人心中意图的行为的结果的想象性投射（project）。行动结果的普遍化要求一个目的和一个理想的道德秩序用以判定行动的正确与否。（2）康德对目的和目的王国的设定也是评价行动的道德原则的目的论推理的一个例子。③

通过对自由目的论和实用目的论的探讨，我们已经看到，人的行动与自然机械作用不同，与动物本能的不同。人的行动集目的因和作用因于一身。人的行动开始于本体界，出自目的因果性（自由原因性），实践于现象界，遵循自然因果性。当目的作为行动的结果在现象界中实现出来时，当然可以与效果、后果等互换。但是，当目的作为行动的原因时，就绝对不能与效果相混淆。正是目的的概念本身所具有的这种特殊性导致了目的研究上的分歧，动机论者注重以行动的原因作为考察行动价值的标准，后果

---

① 参看艾伦·W. 伍德. 康德的道德宗教 [M]. 李科政译. 北京：中国人民大学出版社，2020.

② 参看张会永. 康德的两种道德目的概念——兼论一种康德式后果主义的可能性 [J]. 学术月刊 2018 年 6 月：22.

③ 参看 Thomas Auxter. *Kant's moral teleology*[M]. Mercer University Press, 1982: 1.

主义或效果论则将行动结果的价值作为考察行动价值的标准。康德伦理学无疑是义务论的，但这并不能否定它属于目的论，不能成为一种目的论伦理学。实践哲学中的目的论研究可以区分为以强调动机为主的目的论和以强调后果为主的目的论。强调后果的目的论是功利主义者，而康德的伦理学本质上属于强调动机的目的论。从具体内容上来看，康德的自由目的论建立在形而上学的基础之上。目的王国由每一个作为自在目的的理性存在者构成，人只有通过自我立法才能成为目的王国的成员，才具有从事道德活动的资格。而在道德目的学说中，命令人出于义务而行动的道德法则，一开始就深入到对行动准则的规定。在道德法则的规定下，行动的准则在形式上要具有普遍化的形式，能够成为每一个其他理性存在者的行动法则，在质料上为自由任意规定了具有客观普遍性的目的。可见，康德在实践哲学领域持有一贯的目的论立场，在某种意义上，自由目的论在深层次上能够成为康德实践哲学的基础和内涵。另一方面，从作为最后目的的至善来看，康德的伦理学并非不考虑作为结果或后果的目的。康德只是在道德法则确立起来之后，才去处理作为后果的目的。康德自始至终在伦理学中从没有否认人的行动与目的之间的必然联系，这样的目的联系反而为他的目的论提供的前提和基础。张会永敏锐地觉察到这一区别，剖析康德的后果主义与现当代的后果主义之不同，并尝试建构一种康德式后果主义伦理学，从而将康德的效果放在目的论的框架内讨论，极具启发意义和理论价值[①]。

第三节　康德之后的目的论

追寻康德之后的目的论，我们可以从三个方面展开：第一个是目的论在现代哲学特别是历史哲学中的发展，第二个是目的论在现代伦理学领域的发展，第三个是目的论在现代自然科学（特别是系统论和有机论）中的转型与发展。在这之前，我们首先探讨康德目的论在目的论发展史上的理论价值和局限性。

一、康德目的论的历史意义及其局限性

日本学者安倍能成曾把康德哲学喻为"蓄水池"，此前的哲学都流向这里，此后的哲学都从这里流出。这个比喻也适用于评价康德在目的论发

---

① 参看张会永. 康德的两种道德目的概念——兼论一种康德式后果主义的可能性 [J]. 学术月刊 2018 年 6 月.

展史上的地位。康德复兴了传统目的论，特别是亚里士多德的内在目的论，同时给目的论注入了新的活力和生机。康德在西方目的论思想史上有两大突出的贡献，我们可以称之为"目的论上的哥白尼革命"①。

第一，康德把目的论论题从自然转向自由，提出"人是目的"这一著名论题。目的论自古希腊发源以来，就着眼于对宇宙万物和世界秩序的探索。康德以前，目的论以自然目的论的形态存在。人们对于人类活动、伦理道德的解释基于他们对自然的理解。古希腊的人们认为，自然的东西存在于人类所处的各个领域，包括人类的生理性存在、社会性存在。习俗、法律等社会事物都被看作是自然的事物在人类社会中的延伸。中世纪的神学目的论不过是传统自然目的论的变形。自然万物和人类的一切实践活动都被追溯到对上帝的信仰。早期现代的人们发现人心灵中的自由与自然存在对立，与之相应的道德必然性与物理必然性存在对立。道德与自然开始被有意识地区分开来。但是，在自然科学蓬勃发展的大背景下，哲学家们普遍受到机械论的影响，在道德问题上仍旧无法摆脱利用自然目的论的一贯思路。康德严格区分了自然领域和自由领域，自然领域是人的认识领域，自由领域是人的实践领域。针对当时人们对实践的流俗见解，康德专门区分了按照自然概念的实践和按照自由概念的实践。前者作为技术性的实践，本质上属于理论哲学的补充，后者才作为真正的实践处于自由领域。自由是人的意志的属性，人凭借自由这种超感性的能力实现意志自律才能够进入目的王国，作为自在目的而存在。自在目的是人为自己设定目的和实现目的的资格条件。康德以人的自由本性为基础建构自由目的论，通过类比关系，以自然的合目的性为先天依据建构了自然目的论，最终以现实的人为根据建构了道德目的论。可见，康德在其目的论建构中把"人是目的"确立为一条最高原则。自由的人是康德目的论的目的因和最高目的，现实的人是康德目的论的出发点和归宿。

"人是目的"具有深刻的理性精神和启蒙意义。Paul Guyer 在 *Natural Ends and the End of Nature*（2007）中指出，康德想将目的论从传统的思想框架中拯救出来，其《判断力批判》回应了休谟《自然宗教对话录》中的问题。休谟说，人们为自然设置了一个理智创作者是很自然的，但是这个创作者没有理论知识或理论规定。康德同意休谟的说法，但是还加了一点：即为自然设想一个理智的但无目的的创造者是不合理、不连贯的。康德接受休谟对关于上帝的人类中心主义概念的拒绝，但他认为，我们必须

---

① 这里的哥白尼革命指的是"思维方式上的变革"。

用另一种关于自然概念的人类中心主义即道德的人类中心主义来代替。康德批判休谟对传统目的论批判的不彻底性，并提出自己的目的论思想。①以人为目的，人不仅是自己的主人，而且是自然的主人。人不得不反思自己与自己的关系，自己与自然的关系，自己与社会的关系以及自己与世界的关系。人们形成了一种全新的目的论世界观，价值观、人生观随之改变。人类看待世界、改造世界的方式随之改变。这种变化由内而外，既长远又深刻。这种思想在现代伦理学和马克思主义哲学中产生深远的影响。当今中国提出"人与自然和谐共生""人类命运共同体""同一个世界、同一个地球"等发展理念，无不体现着"人是目的"的人文关怀。

第二，康德创造性地提出目的论思维方式，为目的论的现代发展打开了新的局面。目的论思维在自然领域中是一种调节性原则。康德以前的目的论者把目的论原则看作自然事物的客观原则。亚里士多德把目的因看到自然事物现实的形式。伊壁鸠鲁和德谟克利特认为，合目的性形式是自然规定的原因。斯宾诺莎把自然物的合目的性现象诉诸宿命论。自然中的合目的性现象要么被解释为有生命的物质，要么被追究到超物理的神。这些独断的处理方式游离于自然的机械法则之外，又不能成功地解决自然中的目的问题，甚至陷入判断力的二律背反。康德区分了规定性的判断力和反思性的判断力，前者适用于机械论，按照机械法则评判自然；后者适用于目的论，按照目的论原则评判自然。这样一来，自然的合目的性被确立为反思性判断力的一条理性批判原则。这条原则一方面适用于我们认识能力的特有性状，另一方面又适用于解释自然中的目的问题，使机械论和目的论统一起来。在自然的研究中，物理学的理论路径和形而上学的目的论路径可以并行。理性有理由在一切自然研究中首先诉诸理论，在理论知识不够用的地方，可以使用目的论原则。使用目的论原则的唯一限制就是保证理论探究的优先权，以便保证理论理性在自然研究中施展它的全部能力。

在科学哲学史上，大多数人把自然目的论、目的因追溯到亚里士多德，这无疑是正确的。然而，这样的追溯却忽视了康德在自然目的论发展史上的重要作用。康德对于自然因果性和自由因果性的明确区分、康德对有机体可能性的目的因追溯是连接亚里士多德目的论和现代目的论不可忽视的一个重要环节。目的因与自然因果性解释根据的区分，实质上不是来自亚里士多德，而是来自康德。现代目的论基于现代物理学、生物学的发

---

① 参看 Paul Guyer. *Ends of Reason and Ends of Nature: The Place of Teleology in Kant's Ethics*[J]. The Journal of Value Inquiry 36: 161–186(2002).

展为目的性解释找到了科学依据。在康德看来，这两种判断的区别在于目的因和作用因。如果撇开目的因解释中的意向性因素来研究生命体，这种目的关系在人以外的其他有机体中是无法保证的。所以，当我们把某个目的赋予生命体，还并不是严格意义上的科学知识。据此可以看到，现代生物学与康德的明显差异在于，他们通过对目的论的改造不仅要彻底根除传统目的论的形而上学因素或者神学的因素，而且要摆脱人的合目的性活动的类比对目的论的影响，试图把目的因的因果模式转变为具有构成性原则的科学知识。这说明康德基于当时自然科学的发展提出了调节性的目的论原则，同时又突破了当时自然科学的局限，在哲学思考的层面上超越科学提出了解决有机体问题的方案，具有一定的超越性。

目的论思维体现着一种系统思维和历史思维。康德的目的论建基于理性，理性治下的一切都具有系统统一性。系统的统一性是按照目的的统一性。整体性、内在合目的性和统一性是一个系统整体不可缺少的特点。按照系统思维建构科学的形而上学，虽然这种形而上学并不是科学，但是它体现着极强的科学精神。这种系统思维极大地启发了后来的科学家，在现代目的论中以控制论和系统论的方式获得新生。历史思维是在目的论的视域下追究因果，回顾过去，面向未来。在历史思维的主导下，我们就可以追溯一个事物的前世今生，规划人类更好的未来。历史思维在现代哲学特别是历史哲学中发挥重要的作用。现代哲学中把目的论思维转变为一种研究方法、一种理论工具。

毋庸置疑，康德的目的论系统在为人类的整个目的论发展注入了新的活力和生机的同时也表现出不可避免的局限性。一方面，康德在先验哲学的立场上提出自己的目的论系统，与人类的真实生活存在裂痕。在自由目的论中，人虽然作为自在目的被确立起来，却存在于本体界之中。人作为感性和理性的存在者，为了彰显尊严、作为一个真正的"人"而存在，必须将"同时是义务的目的"作为自由任意的对象。人有时在实现道德目的的过程中，以牺牲自己必要的感性欲求为代价，这在一定程度上具有理想主义的倾向。况且康德脱离了人的现实的生存根基，将人类生活的最高目的设定在本体的人身上，人的价值最终实现的结果只能由上帝存在和灵魂不朽来保证，最终会演化为一种虚幻的精神信仰。另一方面，康德的目的论系统在很大程度上受到二元论的限制。康德区分了自然领域和自由领域，并认为只有自由领域中的道德性实践才是真正的实践活动，与人类生活切实相关的技术性的、实用性的目的活动只是理论哲学的补充。然而，我们知道，目的活动本身就具有主客体的统一性。无论道德性的实践活动还是技术性的实践活动都是人类的现实活动，都反映着人的存在方式。后来，马克思就克服了康德关于实践目的活动的局限性，他将实践作为其哲学的出发点和理论基石，开创了实践唯物主义思想。最后，康德的目的论不可避免地带有时代的局限性。正如邓南海所说，康德的目的论原则与现代学者的观点并无本质不同。康德已经认识到，生命有组织和自组织的特性在于，它们自己的体系中预先存在包含着其生长发育所需的全部信息的自然禀赋。康德和现代科学家都认为，对于生物学对象特有的目的性活动，只能在机械还原论指导下诉诸自然本身物质性活动及其规律，这些规律才能构成真正的自然科学知识。只是康德的兴趣点不在于对生命活动的目的性做科学解释，而在于其"可能性"问题。康德整个批判哲学关注的核心问题是"何以可能"的问题，目的论问题也是关注"何以可能"的问题。因而，在目的论上，康德虽然讨论了目的的现实性问题，但是没有真正解决目的的现实性问题。这也可能是康德目的论最大的局限性。这种局限性与其哲学体系的理性批判有必然联系。自在目的之所以可能，在于自由使人成为知性世界的一员；目的论判断之所以可能，在于它建立在目的因这个先验的因果关系上。

二、目的论在现代哲学中的发展

在康德之后，目的论的发展超出了道德目的论的视域，在历史哲学方面有更多的延伸与发展。费希特提出，世界历史的发展过程就是经验自我不断独立自由地发展出绝对的自我意识，从自然的人逐渐上升为自由的人，成为世界的创造者。谢林认为，自然界从绝对精神分化出来，最早在绝对精神无意识的欲望活动中已经包含着内在的目的性，这种内在目的性构成自然界自身发展的客观倾向。自然界从无机界发展出有机界，机械性和目的性越来越趋向统一，最后在人身上达到自我意识。"由于精神的东西只能认识精神的东西，人对无意识对象（客体）的认识反过来证明了那个对象原来就是无意识的精神，或'冥顽化的理智'，自然界原先被认为不可认识的物质性就消失了。"① 黑格尔的哲学体系是一个庞大而彻底的目的论系统。虽然黑格尔的目的论更多回复到亚里士多德。但是，黑格尔从康德目的论中也受到了一些启发。首先，黑格尔同康德一样，反对沃尔夫式的肤浅的外在目的论，建立一个庞大的内在目的论系统。黑格尔的目的论从他建构逻辑学时就已经开始了。他提纯了前人的唯心主义，构建了辩

---

① 　邓晓芒、赵林 . 西方哲学史 [M]. 北京：高等教育出版社，2005：239.

证法。通过解决主体与客体的辩证关系，他揭示主观能动性和客观规律性的辩证统一，提出作为绝对实体的绝对精神这一核心概念，并以绝对精神本身的能动性、内在目的性出发构建了一个严密的逻辑学体系。这个体系本身是一个目的论体系。黑格尔认为，绝对精神按照其"在先"的目的筹划创造世界，世间万物从无形中按照逻辑范畴运动发展。在逻辑学的归结处，绝对精神凭借自身的内在冲动外化出具有客观形式的自然界。自然界经历着由低向高的发展过程，直到人与人的精神，即可进入精神哲学的领域。精神哲学从主观精神发展为客观精神，直至绝对精神，复归整个过程的出发点。但这个过程是一个螺旋式上升的复归过程。作为逻辑起点的绝对精神通过外化和发展最终达到完满，构成黑格尔的客观唯心主义体系。在这个体系中，目的性首先表现在绝对精神创造世界之前的全面筹划，其次表现在整个体系不断发展的内在动力、手段与目的的上升过程，最后表现在复归绝对精神的内在合目的性。

具体来看，黑格尔认为，目的作为理性的概念，是对直接的客观性的否定，是自为实存的概念。目的被规定为主观的，最初它只是抽象地否定客观性，仍与客观性相对立，成为一种扬弃和主动的力量。它克服自身与客观性对立的过程，就是它（目的）实现自身的过程。目的因与动力因不同。目的包含效果在它自身内，它通过效果实现自身。它在终点和起点是同一的，并且目的必须存在于现实事物之中。在黑格尔的逻辑学中，目的性处于概念论的第二个阶段即"客观性阶段"。客观性是以客观形式出现的概念，包括机械性、化学性和目的性。目的性是这三个概念中等级最高的概念，它标志着客观事物具有主体性和能动性。目的性的发展经历了主观目的、正在完成的目的和实现了的目的三个阶段。主观目的是与客观性处于外在对立的状态，表现为一种外在的合目的性。实现了的目的，表现为主观性同客观性的真正和解。处于中间的"正在完成的目的"，是主观目的与客观性相结合的状态。这种结合一方面指向合目的的活动，另一方面指向实现目的的工具，工具是直接从属于目的的客观性表现。合目的性活动是利用工具实现目的的活动，隐含着"理性的狡计"或理性的机巧。理性让事物按照自己的本性从事活动，表面上并不干预其中，实际上彼此影响相互削弱，正好实现了自己的目的。在合目的性活动中使用的工具，在黑格尔看来是被目的利用的手段，它比有限的主观目的更为重要，更有价值。

黑格尔用目的性在作为人的主体身上标识了自然界的最后阶段。目的性就是有机体，有机体的最高阶段是人。人的目的活动体现了自然界是一个合目的的过程。黑格尔所理解的自然的目的性与康德所理解的自然之目的性不同。在康德那里，自然的合目的性是一种调节性原则，黑格尔这里的目的性是自然本身具有的客观性形式。与逻辑学相应，黑格尔认为自然哲学有三个阶段，分别是机械论、物理论和有机论。机械论的自然处于最低层次，把一切事物还原为量的考察。物理论的自然高于机械论，具有化学性特征，更强调事物质的区别和特殊的运动规律。有机论的自然是最高结论，主要包括植物、动物和人等有机体。涉及人的有机论就是自然哲学的顶端，自然界发展出人类，人的目的性从生物学意义上发展出精神、意志、自由、历史等，这就是人的自我意识的发展过程。黑格尔认为，"自然界在人身上达到了自我意识，人是自然界的产物，人就是自然界，人的自我意识就是自然界的自我意识。自然界通过人而达到了自身的自我意识"①。黑格尔认为，如果自然与人处于直接外在的关系之中，那么人作为感性的个体把自己规定为同自然相对立的目的。人与自然的关系取决于人对自然的实践态度。一种实践态度是人通过实践活动用自然材料抵御自然力量，但不能征服自然本身。另一种实践态度是人把自己当作自然目的，自然事物都是手段，都是为了人。这两种态度都是为了实现人的自我满足，这产生了一种有限的外在目的论。此外，人与自然还有一种较深刻的目的关系，即把目的看作事物内在包含的概念。这就是内在目的论，这种目的论才能克服片面对待自然的实践态度，克服外在目的论的局限性，那对待自然的理论态度也被纳入自身之内。在黑格尔看来，外在目的论体现着人片面地对待自然的实践态度，经验科学尤其物理学体现着人片面对待自然的理论态度。自然哲学则实现理论态度和实践态度的统一，能够从人的目的出发，试图认识自然中的普遍事物。

精神哲学是自然哲学的目标。虽然在时间上，自然先于精神，精神从自然界中产生。但是在逻辑上，精神先于自然界，是自然的目的和真理。作为现实化了的、具体的理念，精神最根本的特点是自由。自由就是自我规定、自我决定，自己依赖自己，在他物中即是在自身中。所以，精神是自由的实体，它不依赖于他物而独立存在。精神的自由需要通过自然界而实现自我回复。精神首先表现为主观精神（人类学、精神现象学、心理学），然后过渡到客观精神（抽象法、道德、伦理），最后在绝对精神（艺术、宗教和哲学）中达到主观和客观、思维与存在、观念与现实的绝对统一。这样，黑格尔的目的论达到了顶峰。我们可以将黑格尔全部哲学归结

① 邓晓芒. 邓晓芒讲黑格尔 [M]，北京：北京大学出版社，2006 年：55.

为精神哲学，是精神自我实现的历程，这个历程从逻辑学就开始了。绝对精神在通过人的精神达到自我认识和自我实现的时候，经历了漫长而曲折的辩证运动过程。精神不断地解决主观和客观的矛盾，自由与必然的矛盾，实现了对外在性和必然性的超越，不断向自由王国趋近。

总体而言，黑格尔把发展归结为"精神以自身为目的"的自我发展。精神的本质就是自由，精神的自由表现在认识和自我认识上。精神的绝对目的就是人。只有认识了自己，才能实现自己，才能使自己自由。黑格尔描述的全部发展就是精神力图实现自我认识，实现主体与客体的绝对同一，实现绝对真理这一意向的表现。发展的每一步，都是前一步目的的实现。前一步真理，整个自然界的发展是为此目的做准备。全部世界历史，则是真理的自行论证。现实发展的结果则是被证明了的，亦即被意识到了的真理。黑格尔所谓的绝对目的，内在目的是存在于事物本身的内在必然性的目的，它表达了一切事物自己运动、自身实现和自身发展的能动性思想。值得注意的是，"理性的狡计"被黑格尔用来解释世界历史发展的内在规律。世界历史是世界精神展现自身的舞台。世界历史由世界精神所支配，是理性的各环节从精神的自由概念中引出的必然发展，是精神的自我意识和自由的必然进展。世界理性具有内在的合理性和规律性，受天意安排。历史是精神、意识自由的渐趋发展和逐步完成的目的论历程。在历史发展进程中，精神才能够从潜在存在发展到实际存在，从仅仅自在的存在发展为自为存在，从隐晦存在发展到确切存在。在黑格尔看来，历史的发展就像种子生根发芽成长的状态一样，蕴含着目的论观念，是一个有机进程。这为后来的哲学家理解和发展历史目的论奠定了基础。黑格尔关于劳动和劳动工具的目的论阐释，极大地启发了马克思及其继承者，为马克思主义的目的论提供了理论前提。

与黑格尔不同，马克思在本体论上是唯物主义的，他提出了革命性的实践唯物主义和历史唯物主义，马克思的目的论也基于此。实践是马克思主义的核心概念，目的活动通过实践来揭示。与康德相比，马克思更注重技术性的实践活动。康德也承认物质需求构成人类生存活动的首要前提，但是康德认为道德实践是更根本的。与黑格尔相比，马克思从人的感性现实出发。马克思认为，人的类本质、人类的存在方式是一种感性实践活动，是与其他动物区别开来的一种自由自觉的生命活动。这种活动一方面表现在，人能够把自己和其他物种的类当作对象，另一方面表现在，人能够自觉从事目的活动。马克思说，最蹩脚的建筑师从一开始就比最灵巧的蜜蜂高明，建筑师在建造蜂房以前，已经在自己的头脑中有了目的规划。

人的自由自觉的实践活动就是目的活动。实践活动之前，目的存在于主体的头脑之中。实践过程是目的的现实化过程。实践活动之后，目的在客体中实现出来，表现为现实的物质对象。"他不仅使自然物发生形式变化，同时他还在自然物中实现自己的目的，这个目的是他所知道的，是作为规律决定着他的活动的方式和方法的，他必须使他的意志服从这个目的。"①这样一来，在实践活动中，目的的形式与目的的质料相统一，主体的客体化和客体的主体化相统一，在康德哲学中处于从属关系的自由因果性和自然因果性，作为统一过程的一对矛盾达到了对立统一。

最根本的实践活动是劳动。劳动创造了人本身。通过劳动，人不断生产自身，也生产自然。马克思认为，人面对的自然是一个纯粹的机械自然。动物只能按照自己种族的特点，被动地适应自然，人却能够按照人的意图和各种物种的规律积极能动地改造自然，充分发挥人自己的创造性和超越性，创造一个合乎人之目的的自然。人改造自然的过程是人之目的在自然中实现的过程。一方面，人改变自然界的面貌，在自然界身上加入人的目的和意志，打上人的烙印。人把各种目的物化到自然中，使自然具有了人的目的和意志，不断向人生成。另一方面，人在改造自然的过程中，不仅深化对自然的认识，不断提高改造自然的能力，进一步控制自然，不断使人的本质力量现实化。实践活动就是人的自然化和自然的人化过程，在这个过程中，马克思在自然界中实现人的目的，打造合目的的自然，不仅解决了人与自然的分裂问题，而且实现了实践理性与理论理性、实践与认识的对立统一。人改造世界的动力来源于目的。人依靠劳动改造世界，应该是出于自由自觉的目的或者意识。但是，在特定的历史条件下，人的劳动会发生异化。异化是指人劳动创造的目的产物获得了独立性，脱离了人的本质，违背了人的意愿，从而成为制约人、统治人、支配人的异己力量。人的劳动变成了被迫的目的行为。近现代资本主义私有制使人的类本质发生异化。马克思提出，人类实践活动的最高目的是消灭异化，恢复人类本质的存在状态，在现实世界中实现人的自由自觉的目的活动。只有通过革命实践，彻底变革人的生存世界才能彻底扬弃异化。具体而言，就是人类通过不断的实践，极大地提高劳动生产力，推翻不合理的社会关系。基于这种目的论观点，马克思提出了历史唯物主义。他认为人类最终要建构的社会形态是共产主义。只有在共产主义社会中，人才能进行真正自由自觉的目的活动，才能回归人的类本质，达到人与自然的真正和谐。

---

① 马克思恩格斯全集第 23 卷 [M]. 北京：人民出版社，1972 年：202.

卢卡奇继承了马克思关于劳动与目的的观点，从社会存在本体论的角度提出了劳动目的论。首先，劳动的目的性是社会存在本体论的基础。卢卡奇认为，在马克思那里，只有劳动实践才能谈及目的论问题。劳动是"唯一可以从本体论上证明目的论设定乃是物质现实的一个现实要素的场合"①。劳动是目的论能够起作用的唯一场合，目的论是劳动过程得以进行的唯一形式。劳动作为人的存在方式是使社会得以产生和持续发展的目的活动。社会存在的可能性依赖于劳动目的论。劳动中的"目的设定"是社会被分为有机存在和无机存在的根本标志。劳动创造了人本身和人类社会，劳动本身具有从自然向社会过渡的特征。因而，劳动活动造成一种社会存在。劳动的目的论设定是一个不断再生产的过程，必然引起新的目的设定，社会的发展表现为一种连续的目的论设定。其次，劳动的目的论设定是社会实践的表现形式。劳动区别于其他社会实践，就在于其目的论设定最终以物质的形式实现，维持着人与自然之间的物质交换。虽然社会需要规定了劳动目的，但劳动最终落实在对自然对象的改造。劳动能成为我们理解其他社会目的论的设定模式，其他社会实践都以劳动的目的论设定为基础。劳动在自然中创造使用价值。劳动活动包含了合目的性和合规律性的统一。因果性和目的性在人的劳动实践中共存。因而，在本体论上，劳动是最原始、最基本的社会实践，是理解其他任何社会实践的基础模式。这样，卢卡奇把一切社会实践都建立在劳动目的性设定的模式上。最后，卢卡奇提出，人类自由的本体论根据是劳动的内在目的性。劳动的目的性使人通过劳动摆脱动物性的本能，实现对自然性的超越，这就是人类自由的本质特征。人的自由不仅表现在劳动者为了实现劳动目的的对外在自然的超越，而且表现在劳动者对自身的内在自然的超越。一方面，劳动的目的论设定超越了外在自然。劳动创造的事物是一种带有人的目的和意图的外在自然事物，劳动过程做出的目的设定和手段选择都体现着人的自由意识行为。另一方面，劳动者在劳动过程中，为了实现目的，必须与自己的自然本能、自然情感等阻碍目的实现的内在自然做斗争。劳动者必须具有强大的意志和力量才能超越内在自然，这就要求更高级的自由。此外，卢卡奇在一定程度上区分了劳动的谋生目的和劳动活动的内在目的。谋生目的是"社会人"为了满足需要而设定的目的。内在目的才是真正的目的，体现着人的类本质、人对自然性的超越，体现着合规律性和合目的性

---

① 卢卡奇. 关于社会存在的本体论（下卷）[M]. 白锡堃、张西平、李秋零等译. 重庆：重庆出版社，1993：13.

的统一。但遗憾的是，卢卡奇并没有进一步深入讨论劳动的内在目的，没有揭示出这两种目的之间的辩证关系和本体论意义，因而没有进一步深入到历史辩证法、深化马克思关于异化劳动目的论的思想。

现象学家胡塞尔晚年更加关注人类生存的危机，他从 1930 年前后开始讨论历史问题，特别是欧洲人的命运问题。1936 年，他在维也纳发表了《欧洲人危机》的讲演，主张自己的先验现象学能够为欧洲人摆脱危机指明道路，其中蕴含着先验历史目的论思想。胡塞尔认为，世界的原初状态是社会—历史的世界，人类处于自身生活的文化世界与之对应，这个文化世界在每个历史时代和人类文明之中都是不同的，具有各自的特殊性。因此，人类始终处于历史的视域，人类生活的一切都是历史的。"这种历史的世界只有通过每个个人的内在历史性才能在历史上存在，并且作为个别的世界存在于与其他被共同体化了的个人的内在的历史性结合在一起的每个人的内在的历史性中。"① 因而，历史视域本身具有自己的本质结构，人类生存的文化世界蕴含着彼此关联的过去、当下与未来的连续性，这种连续性维持着传统的统一性，同时把当下的流动而持续的鲜活性传统化。历史当下的"鲜活运动"源自人类与生俱来的目的论结构。因为"人的存在是目的论的存在，是应当—存在，这种目的论在自我的所有一切行为与意图中都起支配作用"②。

据此，胡塞尔要摆脱传统的形而上学目的论，他要建构基于历史现象本身的历史目的论。他认为，"我们自己是这种目的论的承担者，我们通过我们个人的意图参与实现这种目的论。我们试图认出并理解支配着一切历史上的目标设定，和这些目标设定的相互对立而又彼此配合的种种变化的统一性"③。对于历史的思考，其实是对于作为历史存在着的人真正追求的事物的自身理解和深刻反思。这种自身理解就是先验主体性的自身思考。据此，胡塞尔把历史的目的论考察和意向性的目的论结构考察联系起来。对于历史的考察，一方面是对意向性本身的成就及其结构的考察，另一方面是对世界历史统一性的目的论考察。二者共同构成现象学的目的论理解。意向的生活就是一种目的论的功能系统。借助这个功能系统，意识

---

① 胡塞尔. 欧洲科学的危机与超越论的现象学 [M]. 王炳文译，北京：商务印书馆，2001：450.

② 胡塞尔. 欧洲科学的危机与超越论的现象学 [M]. 王炳文译，北京：商务印书馆，2001：324.

③ 胡塞尔. 欧洲科学的危机与超越论的现象学 [M]. 王炳文译，北京：商务印书馆，2001：88—89.

不断生成，连续构造创造历史。所以，意向性是一种自我意愿的意向性，通过自我的功能，行为的普遍动机引发自身发展导向目的论。这样一来，目的论就成为一切形式的形式，在先验主体中表现为行动的自由和原初的动机。持续生成的先验意识始终保持开放，先验主体就通过先验的意识生活成就将自己主体性的可能性以目的论的方式展开。据此，胡塞尔将全部哲学史归为一种统一的目的论结构。他认为，对哲学的目的论思考就是对我们自身的历史反思。面对欧洲人的危机，我们应该通过理性觉醒到达自身。理解自身同时就是理解历史，理解世界。从这个维度上来看，胡塞尔的目的论与马克思的目的论有相通之处，都主张回归现实，在现实的斗争中，改造自我的同时改造世界。

存在主义哲学家海德格尔自始至终关注人的存在与生存问题，他前后期的思想带有明显的目的论性质。1927 年海德格尔在《存在与时间》中，提出此在的在世既包含此在的"主动选择"，表现为此在的"本真存在"，又包含"世界"的必然制约，与非本真存在相互交织。命运是此在对本真存在的决断，天命是共同体（世界）对本真存在的决断。命运和天命是此在在具体环境中的生存方式，具有一定的被决定性。真理是此在的一种存在方式。真理把存在者从遮蔽状态中揭示出来，使其在"无蔽"中活动，这种活动是此在在现身、领悟、话语、操心等结构中展开。真理是人对存在者的去蔽。1928 年前后，海德格尔在题为《康德与形而上学问题》的讲座中，明确阐明了此在的生存与整个世界之间的关系。他认为，人是整体存在者（世界）中的一员，人依赖整体存在者，整体存在者承载着人。无论有怎样的文化和技术，人都不能在根本上主宰整体存在者。与此同时，人也不能掌握自身。这种观点带有明显的决定论倾向，显露出宇宙目的论的端倪：整体存在者即宇宙预先设定了去蔽的目的，并预先设定人是达到去蔽的手段。在 1935 年的《形而上学导论》中，海德格尔提出存在本身具有支配性力量。"存在是根本的发生（das Grundgeschehnis），只是在这个根据之上，处于已敞开的整体存在者之中的历史性此在才从根本上得到保障"，"在存在问题中，人的本质应该被了解和解释为存在为了敞开自身所要求的场所。人是这个敞开自身中的此（Da）。存在者站在这个此中并活动"①。这样海德格尔从存在的本质探讨"人是谁"这个问题。1935 年至 1936 年，海德格尔在《艺术作品的本源》中再次论证宇宙目的论思

---

① 转引自刘敬鲁. 黑格尔的目的论与海德格尔的目的论及其比较 [J]. 中国人民大学学报 2013 年第 2 期: 65. 原文在 Martin Heidegger. *Einführung in die Metaphysik.* Tübingen: Max Niemeyer, 1987: 153–154，156.

想。他认为，在整体存在者中，有一个敞开的"澄明"场所，这个敞开的澄明是一个中心，所有存在者凭借这种澄明的敞开得到不同程度的去蔽。人类生存的历史世界就是存在的敞开，艺术是这种敞开的实现方式。海德格尔的宇宙目的论认为，宇宙有意地通过人的去蔽实现自身的敞开。

　　到了后期，海德格尔用"大化"这个核心词进一步发挥这种宇宙目的论。这种发挥主要体现在讨论人与存在的关系、语言的本质。1946 年《关于人本主义的信》，海德格尔提出，存在支配一切存在者，支配一切发生的澄明与遮蔽。"存在者是否显现以及如何显现，上帝与诸神、历史与自然是否以及怎样进入存在的澄明，是否以及怎样在场与不在场，都是人所不能决定的。存在者的到来在于存在的命运。"① 人的生存承担着此在，但不管人多么强大，最终由存在支配，人按照存在的命运存在，这种存在者的尊严在于被存在本身召唤到存在的真中去。1957 年《同一律》等讲座中，海德格尔提出，人与存在相互需要、同为一体。首先，人属于存在，人被限定为思维着、活动着的存在，向存在敞开、适合于存在的人。其次，存在本身属于人。最后，人与存在相互属于、共同属于，这种共属关系由"大化"决定。"大—化（Er-eignis）是那个在自身中回荡的领域，通过这一领域，人与存在在它们的本质中相互到达，获得它们的本质性的东西。"② 所以，"大化"是人与存在共属的源头、实质、命脉。此外，"大化"还涉及语言的本质问题。20 世纪 50 年代的多次讲演中，海德格尔都提出，语言来自"大化"之说，是"大化"之说的展现，语言是"大化"之家，"大化"为了敞开自身产生人类的语言，"大化"只有通过人类的语言才能敞开自身。据此，海德尔格描绘了一幅整体存在的宇宙目的论图景："大化"是最高的目的，它设定支配着整个宇宙的存在，"大化"为了敞开自身而产生人类，人类的语言、思想、艺术、诗作等活动，是"大化"敞开自身的场所，人类在其中的一切行为和活动都内在地反映了"大化"澄明又遮蔽的过程。

① 引自刘敬鲁. 黑格尔的目的论与海德格尔的目的论及其比较 [J]. 中国人民大学学报 2013 年第 2 期：66. 原文在 Martin Heidegger. *Wegmarken*. Gesamtausgabe. Band 9. Frankfurt: Vittotio Klostermann, 1976: 330–331.

② 转引自刘敬鲁. 黑格尔的目的论与海德格尔的目的论及其比较 [J]. 中国人民大学学报 2013 年第 2 期：66. 原文在 Martin Heidegger. *Identität und Differenz*. Pfullingen: Günther Neske, 1957: 30.

三、目的论在现代伦理学中的发展

目的论在现代伦理学中的发展首先是由黑格尔和马克思推动的。黑格尔的伦理学是元伦理学，元伦理学关注的问题是"道德是什么"。这个问题超出了康德，康德直接追问"道德何以可能"的问题，黑格尔追问"道德本身是什么"这个问题。黑格尔把这个问题放在社会历史结构中考察。他认为，道德不是最高目的，而是达到某种目的的手段，最高的目的是自由，所以自由是黑格尔目的论的顶端。黑格尔的自由是历史发展中的自由，逻辑历史中的自由。这与康德目的论中本体界中的意志自由大不相同。自由如何实现呢？黑格尔认为，自由的王国要在法的体系中实现。我们知道，黑格尔的自由经历了主观精神、客观精神和绝对精神三个阶段，伦理学属于客观精神的自由。在伦理学中，自由经历三个阶段，即人格自由、道德自由和社会自由，分别对应抽象法、道德和伦理实体。这三种自由从低向高进展。抽象法是自由意志的定在，具体表现为财产权，通过财产权所规定的意志是人格，抽象法通过保护财产实现尊重人格的目的。此时的意志被外物限制，还没有获得真正的自由，需要提升到更高的层面，就是道德。在道德中，意志以自身为对象，回到内在具体的主观性。相对于抽象法外在抽象的客观性，道德自由自始至终具有主观性，是主观世界中的自由，这种自由成为人格自由的反面，高于人格自由，但仍然不够充分。只有进入伦理实体，意志达到社会自由才是最完善的自由。伦理表现为主体间性，道德主体在社会中与他人紧密相连，自由实现了主观与客观的统一、理论与现实的统一。

马克思继承了黑格尔的目的论伦理学，并把伦理学进一步扩展到社会政治领域，从社会生产和阶级层面探索道德观念的现实基础。苏晨生指出，马克思的目的论"不仅在方法上继承了黑格尔，而且在伦理学的表现形式上也与黑格尔一脉相承"[1]。马克思一生追求的目的也是自由，他说，"自由确实是人所固有的东西，连自由的反对者在反对实现自由的同时也实现着自由"[2]，但是"只有在共同体中，个人才能获得全面发展其才能的手段，也就是说，只有在共同体中才可能有个人自由"[3]。在形式上，马克思与黑格尔是一致的。但具体内容存在诸多差异。这些差异基于他们对人

---

① 苏晨生 . 论马克思的目的论伦理学：以黑格尔为中介 [J]. 淮南师范学院学报 2021 年第 4 期：37.

② 马克思恩格斯全集（第一卷）[M]. 北京：人民出版社，1956：63.

③ 马克思恩格斯文集（第 1 卷）[M]. 北京：人民出版社，2009：571.

的不同定位。黑格尔的人是处于逻辑历史中的抽象人，马克思的人是现实的、具体的人。现实的人首先面对生存，表现为人对自然的自由。人与自然的结合表现为社会。在社会中，人有目的地从事创造性的历史活动、实践活动。通过实践，自然成为人类活动的条件和对象。人改造自然的能力越强，人就越自由。其次，现实的人要面对人与人的关系，表现为人对社会的自由。这种自由处于异化状态，是消极的自由。只有克服人的异化才能实现积极的自由，亦即人的自由全面发展，这就到达第三个阶段，即个体的自由。个体的自由只有在共产主义社会中才能实现。当然，这三种自由密切相关，辩证统一。"每个人的自由发展是一切人的自由发展的条件。"①可见，马克思的目的论伦理学终极目的也是自由，他主张人们通过改造世界实现自由。以人为核心建构起来的目的论，其本质是伦理学的。"目的论是关于合目的性的。只要它涉及人类的目的，它就会唤起伦理的维度。"②因而，马克思的目的论是伦理学目的论，蕴含着深厚的人道主义精神。

目的论在现代伦理学中的发展主要以功利主义伦理学的形式存在。1930年布洛德出版的《五种伦理学理论》区分了义务论和目的论③，得到广泛认可。布洛德在应当的运用和意义上区分了义务论和目的论。他认为，目的论根据一个行动产生某种内在善或恶的后果的倾向性来判断行为的正误。目的论以经验为基础做判断，这些判断涉及行动的所有后果的比较，却是与道德无关的善；义务论依据以某类行动及其直接道德后果之间的先天关联做判断。虽然两种判断都基于后果，但目的论做出的判断更加全面，更具有经验性，因而更好。可见，布洛德倾向于目的论伦理学，并把功利主义界定为非利己的目的理论。1932年缪尔海德（J. H. Muirhead）在《伦理学中的规则与目的》这本书中首次把伦理学划分为义务论伦理学和目的论伦理学④，这一划分成为现代伦理学长期流行的一种教条。弗兰克纳（W. K. Frankena）和罗尔斯（J. Rawls）等人都采用这种划分。弗兰克纳认为，伦理学史和当时流行的西方规范伦理学可以分为目的论和义务

---

① 马克思恩格斯文集（第2卷）[M]. 北京：人民出版社，2009：2.

② David Lamb. *Teleology: Kant and Hegel In Hegel's Critique of Kant*[M]. Oxford University Press, 1987: 173.

③ 参看 C. D. Broad, *Five Types of Ethical Theory*(1930), London: Kegan Paul, Trench, Trubner&Co., 1944. 转引自阿斯格·索伦森. 出自义务论——功利主义的宠儿与奴仆 [J]. 肖妹译，韦海波校. 哲学分析 2010年8月.

④ 参看张会永. 康德的两种道德目的概念——兼论一种康德式后果主义的可能性 [J]. 学术期刊 2018年6月：22.

论两大类。功利主义等属于目的论伦理学，存在主义等属于义务论伦理学。弗兰克纳坚持以目的论建构一般伦理学，他把伦理学分为三种道德思维：描述性探究，规范性判断，元伦理学思维，并且提出以下观点：一般目的论伦理学观念（手段—目的理性和经验主义）的前提直接暗含了规范伦理学观念。规范伦理学从一种处境出发，这种处境是：一个人打算去做某件与道德相关的事，却不知道做什么。布洛德把规范伦理学界定为在某个特定情境中一个人应当做什么，而不是应当如何生活。道德重要性的首要问题是变成行动，而不是"生活总体"。弗兰克纳认为，伦理学直接关注的并非当下的特定问题，伦理学首要关注的应该是提供一个规范理论的一般框架，帮助人们解决"什么是对的、什么是应当做的"问题。也就是说，伦理学首要的是规范伦理学。对于目的论，弗兰克纳也主张利己主义和普遍主义（即功利主义）的区分。对于义务论，弗兰克纳的分类逻辑似乎更严格，但是这个区分并没有占上风，我们看到的仍然是行动义务和规则义务之间的区分。进一步来看，对于目的论而言，一个人会期待找到行动目的和规则目的理论之间的区分，但我们发现，行动功利主义与规则功利主义的区分是较低层面的区分。这种区分混乱不堪。"规则—功利主义是对于古典功利主义最根本的批判之一的著名回应是，即为了所有可预见的后果，每次我们打算去做某事时都不得不计算善恶平衡，这似乎很不现实。功利主义的回答是，如果真是这样，那么我们必须按照某些行为规则去行动，并且那些规则反过来必须以指定的方式被证明为正当的。"① 对于弗兰克纳而言，伦理学在上述界定上是目的论的，并因此只关注行动和后果。义务论和目的论只能被理解为行动和后果。弗兰克纳将这种区分一般化，开启了从目的论向效果论的过渡。弗兰克纳明确指出义务论是非目的论，目的论专门根据后果来界定。这种理解使义务论等同于非效果论，成为现今伦理学对义务论的最普遍的理解。

罗尔斯在 1971 年出版的《正义论》中把义务论和目的论之争转变为"正当"与"善"谁优先的问题。他认为，自由主义理论主张正当优先于善，是义务论。功利主义主张善优先于正当，是目的论。罗尔斯讨论的关键问题是当代正义理论中的分配问题。他认为，社会资源的分配最能体现义务论与目的论之分。功利主义主张，牺牲个人利益以追求全体利益最大化的核心观点在分配问题上没有平等对待每个人，功利原则把个人当作

---

① C. D. Broad, *Five Types of Ethical Theory*(1930), London: Kegan Paul, Trench, Trubner&Co. , 1944. 转引自阿斯格·索伦森. 出自义务论——功利主义的宠儿与奴仆 [J]. 肖妹译，韦海波校. 哲学分析 2010 年 8 月 .

手段，而不当作目的，这严重违背了康德"人是目的"的原则。功利主义主张善优先于正当，正当被定义为"善的最大化"，然而这违背了"正当"主张，因为这种"正当"允许为了其他人的最大利益牺牲一些人的利益。罗尔斯主张正当优先于善，每个人的善是平等而独立的，正当应当约束对善的追求。但是，他的分析框架基于人的行动的目的论模式，即从生活的必需条件开始，进展到每个人的生活计划，最后是计划的实现即幸福。也就是说，一般目的论首先确定什么是幸福，然后安排统一的人生计划，再据此安排相应的物资分配。罗尔斯是道义论的自由主义者，他反对从目的开始的论证。罗尔斯认为，在一个多元宽容的社会中，很难统一地确定幸福是什么。终极目的的问题应该开放，生活计划应该呈现多样性，不必强求一致，能够统一讨论的只能是对于任何生活计划都同样必要的条件。

同样，哈贝马斯也属于关注公共伦理的自由主义阵营，他与罗尔斯不同，他基于发生学的规范性论证模式直接讨论终极目的（好或幸福），终极目的是其"程序"合理性生活即交互主体性。交互主体性不同于工具理性，它作为一种交互理性，本身就是目的，即内在的德性或自足。它是内在性、目的性工具。哈贝马斯认为，在整个现代公共伦理社会中，人们有多种异质的利益，但是人应当有超出物质利益的高阶利益。罗尔斯虽然提出了高阶利益，但是没有实质性地使用这一思想。如果全社会一起生活，在分配条件上很好，但到了后面的具体物质生活阶段，却各自退回小团体，那么大社会就会沦为工具。哈贝马斯之所以相信最佳生活方式，即社会共存方式，因为他相信自己可以证明这是社会进化（目的论发展）的结果，他相信人的认识能力、解题能力经历着由低到高的进化发展，最后会发展出最高的道德状态，极高境界的特点就是交互性，亦即互相为对方考虑等。[①]

随着当代伦理学的发展，后果主义伦理学越来越重视目的论思想，后果主义逐渐成为目的论伦理学的新形态出现在人们的视野中。

四、目的论在现当代科学中的发展

自然科学的发展使机械物理规律对自然界中诸多领域的解释都大获成功，目的论日益退出科学思想的中心地带。幸运的是，当代目的论的点点星火在现代生物学界开始燃烧。

---

① 参看包利民．重建公共伦理规范基础的不同途径——论罗尔斯与哈贝马斯之争 [J]．浙江学刊 2000 年第 6 期。

即使达尔文提出进化论，自然选择的理论否定目的论之后，仍有一批科学家坚信目的论，并试图用最终原因取代自然选择。他们认为，自然选择的过程依然具有意向性，自然选择不过是一种目的论过程。其中，最为著名的是活力论的代表人物、德国近代著名生物学家杜里舒。杜里舒认为，机械论的物理和化学规律，无法解释生命过程中的目的性现象。海胆胚胎实验揭示出的个体发育的结果性，只能归因于生命体内的某种生命力。活力论主要以生物学为基础，利用生物学、生理学的科学成果，论证生物自身的发展变化源于生物体内有一种自主自在的生命力。这种神秘的生命力、活力是生命体或生命目的性现象的最终目的因。很显然，活力论和神学目的论是天然盟友，它们都主张目的性与超自然力量的关联，注定遭到科学家的反对和抛弃。贝塔朗菲是理论生物学机体论的主要代表之一。早在 20 世纪 20 年代，他就在生物学领域开始批判机械还原论和活力论。他认为，还原论把生物仅仅看成诸部分的拼合物，并没有把生物看成一个整体。正是忽略了"生命现象中最本质的东西"，活力论以超自然的力量解释生物的整体性，更是归于荒谬。因此他提出机体生物学、机体系统论，强调生物客体是一个有机发展的系统。生物科学的任务就在于发现生物学中各个层次上的组织原则和活动规律。此外，他在生物新陈代谢、动物生长、细胞化学和组织化学等方面进行了大量的实验和理论研究，为生物学的定量化研究做出重大贡献。理论生物学机体系统论的研究工作为他创立一般系统论奠定了基础。

一些现代生物学家与哲学家对于目的论的改造从"目的论"这个术语入手，他们试图用"teleonomy"取代传统目的论 teleology。"teleonomy"专指生物有机体非意识的、却指向目标的活动。R. Sattler 认为，目的论概念有四种不同的用法：（1）自然规律，用以解释指向目标的活动，其中排除了意识的作用；（2）意向性，有一个有目的的意识负责指向目标的活动；（3）活力论，生物有机体内部有一种活力指导有目的的活动；（4）终极目的，创造者的行动决定客体的活动，如上帝。胡文耕认为，上面四种用法中，意向性尤为重要，它反映了生物学对象的特点，是对传统目的论的否定。显然，现代学者运用目的论追寻的是生命活动之目的性这种经验现象背后的那个原因。他们倾向于诉诸自然本身的物质性活动及其规律来解释生物有机体的目的性活动。例如，他们用特定的"遗传程序"所规定的"目的状态""反馈机制"来解释生命有机体的存在和发展。[①]

当代目的论者认为，目的论在理解某些自然现象，特别是生命现象时，是不可或缺的解释模式。玻尔认为，目的论解释和机械论解释应当互补，因为在解释生命现象时，单纯机械论模式存在局限性，要想把握生命现象的整体特征，就必须在某种意义上复活目的论解释。我们普遍认同，有机体具有整体性和适应性等特点，我们在描述有机体的内在机能及其对外在刺激的反应时，常常需要用到"有目的"这样的解释。目的论论证存在的合法性在于它适用于解释生命的特点。迈尔和博格丹从终极解释的角度说明生物学也需要目的论。他们认为，生物学不仅有其他自然科学常用的"近端解释"，而且有其他科学不常用的"远端解释"或"终极解释"。近端解释与有机体及其组成部分的功能和发育有关，终极解释则说明"某一生物为什么呈现出现在这种样子"。目的论的发问即"为了什么"本身具有的启发意义，促使它能够成为生物学分析的有力工具。近端解释只能说明"怎么回事"，而不能说明"为什么"。终极解释不仅能说明"怎么回事"，还能说明"为什么"。[②] 自然本身是否有目的? 针对达尔文提出的进化论，有人认为进化论废黜了目的论，有人认为进化论使目的论回归自然界。Ayala 认为，DNA 的发现促进人们相信，自然进化具有产生指向目的的 DNA 信息密码的潜能。DNA 导致生命有机体的目的性结构。自然选择是一个有目的的过程。邓南海认为，Ayala 对适者生存的解释已经是一种目的论诠释，只不过是在比较弱的意义上进行的。我国学者桂起权试图对自然选择过程中的选择机制做控制论式的目的论诠释。[③]

控制论和系统论使目的论在当代科学中获得了新生。1943 年维纳等人发表的论文《行为、目的与目的论》标志着控制论的诞生。控制论用负反馈来解释目的行为（自动调节过程），点明了目的和目的性在控制机制中的重要作用。控制论的目的论完全排除超自然力量的干预，排除上帝，排除活力和灵魂。控制论用纯粹科学的方式说明目的性过程，这种科学方式要么是自然本身即生命系统的内在机制，要么是人工技术系统的物质性作用机制。控制论目的论在更高层次上将亚里士多德的目的因和机械论关于宇宙的规律运转统合起来。其意义在于为生物界和非生物界的相似性找

---

① 参看邓南海.目的因与目的性：调节性与构造性——康德自然目的论思想与现代生物学中的目的论思想比较研究 [J].学术研究 2006 年第 11 期：29.

② 参看刘海龙.当代目的论的新形态 [J].自然辩证法研究 2009 年第 1 期：27.

③ 参看邓南海.目的因与目的性：调节性与构造性——康德自然目的论思想与现代生物学中的目的论思想比较研究 [J].学术研究 2006 年第 11 期：29.

到一种认识论意义上的解释基础。以往目的理念纯属于生物系统，非生物的机械系统、技术系统无目的性可言。一旦要给它们加入目的性，就会陷入活力论或神学目的论。但维纳等人发现，控制过程的本质属性就表现在：它必须有目的，没有目的就无所谓控制。目的性是控制过程的本质属性。其次，控制论为现代生物学建构了非因果性的科学解释纲领。以往，生物学被笼罩在机械论、还原论之下，难以逃脱机械论思维。生物被视为机器，用物理化学因果性规律解释生命现象。控制论目的论则提供了控制和反馈角度进行非因果性的生物科学解释。第三，控制论为建构新的自然途径确立了极具启发意义的原则。比利时著名物理学家和化学家普里戈金指出，"近代科学诞生的标志是抛弃活力论刺激，特别是抛弃亚里士多德的最终原因"①。抛弃自然有一个终极目的的本体论目的观念，取而代之的是，自然界是一架机器的本体观念。结果，人类自己取代了上帝，成为自然界中一切秩序的根源。但是自然界被视为机器这一观点本身使机械自然观陷入将因果规律和力学规律解释效用泛化的误区。目的性的思想为重新理解自然确立了新的方法。

系统论的创始人贝塔朗菲在 1945 年发表的《关于一般系统论》中把目的性问题作为一般系统论的一个最基本问题提出来。贝塔朗菲认为，目的性又可以被称为"等终极性""果决性（结果决定原因的性质）"，"真正的果决性或有目的性是存在的，这就是目标的预见决定实际的行为"②。系统的目的性指的是，系统在与环境的交互作用中，在一定范围内其变化发展不受或少受条件变化或途径经历的影响，坚持表现出某种预想预先确定状态的特性。这种适用于绝大多数无生命系统的目的性首先与系统的开放性相联系，一个开放的系统才有等终极性。因为一个开放的系统，才能通过与周围环境进行物质、能量和信息的交换，在受环境影响的情况下反过来影响环境，并针对环境的实际情况做出反应、调整、选择，使自己潜在的发展能力得以展现。贝塔朗菲指出了三种目的性，分别是异因同果型、反馈稳定型和适应行为型。此外，系统论与控制论交互影响，控制论认为目的性行为受到负反馈的控制。系统的目的是通过系统活动来实现。在这个过程中，目的就是预先确定的目标，引导系统行为。结合起来看，控制论研究的行为是有目的的反馈行为。控制的目的在系统行为中一方面表现

---

① 普里戈金、斯唐热. 从混沌到有序 [M]. 曾庆宏、沈小峰译. 上海：上海译文出版社，2005：120.

② 转引自魏宏森、曾国屏. 系统论——系统科学哲学 [M]. 北京：世界图书出版公司，2009：238.

在系统处于所需要的状态时，它力图维持系统原状的稳定，另一方面表现在系统不处于所需要的状态时，它引导系统改变状态朝预期的状态发展。人类社会中的机器系统，其合目的性往往由人事先设定。因此，人工系统实际上实现的是人为的目标。生命系统的合目的性比如人的目的行为，就是以一种更高级，遵循控制论的，与外在环境进行物质、能量、信息交换的物理生化过程。无机的系统是在无意识的情况下遵循合目的的运动变化。当然，目的系统的内部机制是非常复杂的，比如目的系统在系统与环境之间存在线性和非线性的反馈机制，阶段性和规律性的发展变化等。系统的目的性是系统发展的规律性和阶段性的统一。一个自组织系统本身具有自保持、自调节、自稳定等特点，系统本身的目的具有确定性和非确定性相统一等特点。我们需要在目的性和非目的性对立统一的关系中把握系统的目的性原理。

总结来看，现当代科学家在自然的目的论问题上更倾向于用事实说话，更坚持科学性，力图用科学证据论证合目的性是大自然的内在机制、客观的构造性原理。

结　语

　　时至今日，人工智能、量子力学、生物科学、电子信息技术的迅猛发展深深地改变着世界、改变着人们的生活方式和人自身。人们对外在自然和内在自然的认识达到前所未有的程度，人们改造世界取得的辉煌成就给人们带来前所未有的确定感和满足感。然而，这些成就并没有解决困扰着人类的那个哲学命题："我是谁？我从哪里来？我要到哪里去？"这个命题归根结底不是科学问题，而是意义问题、目的问题。邓晓芒在《康德伦理学》中指出，康德是一个很接地气的人，康德的哲学从底层思维开始。康德的出身决定了他看到世间的许多不公平和差异，所以，他才会从人人都具有的理性视角去寻找人的尊严问题，这是一种真正的人人平等的基础。面对当时的时代背景和生活处境，康德也是从底层思维出发，从现实的人出发为人类生存的目的和意义寻找到目的论的解决方案。

　　康德以早期现代道德哲学中的目的思想为理论背景深入到行动准则的层面，在先天根据上确立了自由目的论。自由目的论的建构颠覆了人们将康德的伦理学看成"纯粹道义论"，甚至"非目的论"的观点。自由目的论反而在更深层次上成为其伦理学的基础和内涵。当早期现代目的论在机械论的冲击下陷入发展困境时，康德提出了自然目的论。虽然他的自然目的论并不表达自然本身具有实在的目的联系，而是人按照合目的性的先天原则从反思意义上建构起来的先验观念论的系统。但是，他在坚持机械论解释自然的同时将自然目的论重新确立起来，并且批判性地恢复了传统目的论中的内在目的论，以内在目的论为基础将外在目的论也纳入进来。总体来看，康德的目的论是一个包含自由目的论和自然目的论（实用目的论）的道德目的论，它作为"人的目的论系统"回答了"人是什么"的问题，作为"人类理性的目的论系统"展现了康德所谓的世界概念的哲学。

　　在西方目的论思想史上，康德目的论系统的建构掀起了一场目的论上的"哥白尼式的革命"。通过彻底区分自然领域与自由领域，他将人作为道德和自然的最高目的确立起来，扭转了传统目的论中把道德附属于自然之下的传统观点，把传统目的论论题从自然转向自由。康德创新了目的论思维方式，使目的论思维成为一种调节性思维、系统性思维、历史性思维，成为一种科学的研究方法，这深深地影响着现代目的论的发展。随着现代自然科学的发展，机械物理规律对自然界中诸多领域的解释都大获成功，目的论日益退出科学思想的中心地带。然而，目的论并未死去，反而以新的形式日益活跃在科学的舞台上，日益影响着人们的现实生活。诚然，康德的目的论带有不可避免的局限性，它建基于先验哲学的立场，与人类的现实生活存在裂痕。它受到二元论的限制，无法逃脱形而上学的桎梏。然而，这并不影响康德目的论的当代价值。康德哲学本身的开放性和包容性决定了康德目的论能够在多元化、全球化的现代社会获得新的活力。康德目的论中所提出的道德目的王国的理想，虽然不可能在现实中实现，却不断激励着人们对美好生活的向往。

参考文献

（一）中文类

1. 哲学家原著

［1］笛卡尔.谈谈方法[M].王太庆译.北京：商务印书馆，2013.

［2］古希腊罗马哲学[M].北京大学哲学系外国哲学史教研室编译.北京：商务印书馆，1961.

［3］黑格尔.哲学史讲演录[M].贺麟、王太庆译.北京：商务印书馆，1960.

［4］康德.纯粹理性批判[M].邓晓芒译，杨祖陶校.北京：人民出版社，2004.

［5］康德.《道德形而上学》导言[J].曾晓平、邓晓芒译.哲学译丛1992年第5期.

［6］康德.道德形而上学奠基[M].杨云飞译，邓晓芒校.北京：人民出版社，2013.

［7］康德.康德书信百封[M].李秋零编译.上海：上海人民出版社，2019.

［8］康德.康德著作全集1–9卷[M].李秋零主编.北京：中国人民大学出版社，2010.

［9］康德.逻辑学讲义[M].徐景行译，杨一之校.北京：商务印书馆，2012.

［10］康德.判断力批判[M].邓晓芒译，杨祖陶校.北京：人民出版社，2007.

［11］康德.实践理性批判[M].邓晓芒译，杨祖陶校.北京：人民出版社，2003.

［12］康德.实用人类学[M].邓晓芒译.上海：上海世纪出版集团，2005.

［13］莱布尼茨.人类理智新论（上下）[M].陈修斋译.北京：商务印书馆，2010.

［14］洛克.人类理解论[M].关文运译.北京：商务印书馆，1983.

［15］培根.新工具[M].许宝骙译.北京：商务印书馆，2008.

［16］斯宾诺莎.伦理学[M].贺麟译.北京：商务印书馆，2019.

［17］西方哲学原著选读（上、下卷）[M].北京大学哲学系外国哲学史教研室编译，北京：商务印书馆，2005.

［18］休谟.道德原则研究[M].曾晓平译.北京：商务印书馆，2004.

［19］休谟.人类理解研究[M].关文运译.北京：商务印书馆，2010.

［20］休谟.人性论（上下）[M].关文运译，郑之骧校.北京：商务印书馆，2012.

［21］亚里士多德.尼各马可伦理学[M].廖申白译注.北京：商务印书馆，2012.

［22］亚里士多德．形而上学 [M]．吴寿彭译．北京：商务印书馆，1959.

2. 中文论著

［1］艾伦·W. 伍德．康德的理性神学 [M]．邱文元译．北京：商务印书馆，2014.

［2］艾伦·W. 伍德．康德的道德宗教 [M]．李科政译．北京：中国人民大学出版社，2020.

［3］安倍能成．康德实践哲学 [M]．于凤梧、王宏文译．福州：福建人民出版，1984.

［4］奥特弗里德·赫费．康德生平著作与影响 [M]．郑伊倩译．北京：人民出版社，2007.

［5］芭芭拉·赫尔曼．道德判断的实践 [M]．陈虎平译．北京：东方出版社，2006.

［6］曹俊峰．康德美学引论 [M]．天津：天津教育出版社，2012.

［7］陈嘉明．建构与范导 [M]．上海：上海人民出版社，2013.

［8］邓晓芒．《纯粹理性批判》讲演录 [M]．北京：商务印书馆，2013.

［9］邓晓芒．《纯粹理性批判》句读（上下）[M]．北京：人民出版社，2010.

［10］邓晓芒．《道德形而上学奠基》句读（上下）[M]．北京：人民出版社，2012.

［11］邓晓芒．康德《判断力批判》释义 [M]．北京：生活·读书·新知三联书店，2008.

［12］邓晓芒．康德哲学讲演录 [M]．桂林：广西师范大学出版社，2005.

［13］邓晓芒．康德哲学诸问题 [M]．北京：生活·读书·新知三联书店，2006.

［14］邓晓芒．冥河的摆渡者 [M]．武汉：武汉大学出版社，2007.

［15］邓晓芒．康德伦理学：解读、研究与启示 [M]．北京：文津出版社，2020.

［16］范明生．晚期希腊哲学和基督教神学 [M]．上海：上海人民出版社，1993.

［17］韩水法．批判的形而上学 [M]．北京：北京大学出版社，2009.

［18］胡万年．从理论理性到实践理性 [M]．合肥：安徽大学出版社，2014.

［19］克里斯蒂娜·科斯嘉德．创造目的王国 [M]．向玉乔、李倩译．北京：中国人民大学出版社，2013.

［20］克勒梅．康德实践哲学 [M]．钱康、杨丽、李彬译．上海：东方出版中心，2022.

［21］李蜀人．道德王国的重建 [M]．北京：中国社会科学出版社，2005.

［22］刘凤娟．康德的因果性研究 [D]．武汉：武汉大学，2012.

［23］卢春红．情感与时间——康德共同感问题研究 [M]．上海：上海三联书店，2007.

［24］曼弗雷德·库恩．康德传 [M]．黄添盛译．上海：上海人民出版社，2008.

［25］诺曼·康蒲·斯密．康德《纯粹理性批判》解义［M］．韦卓民译．武汉：华中师范大学出版社，2000.

［26］普里戈金、斯唐热．从混沌到有序［M］．曾庆宏、沈小峰译．上海：上海译文出版社，2005.

［27］申扶民．自由的审美之路［M］．北京：中国社会科学出版社，2009.

［28］陶立霞．康德目的论思想研究［M］．哈尔滨：黑龙江大学出版社，2012.

［29］王朝元．走进审美王国［M］．桂林：广西师范大学出版社，2014.

［30］魏宏森、曾国屏．系统论——系统科学哲学［M］．北京：世界图书出版公司，2009.

［31］王平．目的论视域下的康德历史哲学［M］．上海：上海交通大学出版社，2012.

［32］杨祖陶、邓晓芒．康德《纯粹理性批判》指要［M］．北京：人民出版社，2001.

［33］杨祖陶．德国古典哲学的逻辑进程［M］．武汉：武汉大学出版社，2006.

［34］杨祖陶．康德黑格尔哲学研究［M］．武汉：武汉大学出版社，2001.

［35］张志伟．康德的道德世界观［M］．北京：中国人民大学出版社，1995.

［35］赵广明．康德的信仰——康德的自由、自然和上帝理念批判［M］．南京：江苏人民出版社，2008.

3. 中文论文

［1］阿斯格·索伦森．出自义务论——功利主义的宠儿与奴仆［J］．肖妹译，韦海波校．哲学分析 2010 年第 8 期．

［2］包利民．重建公共伦理规范基础的不同途径——论罗尔斯与哈贝马斯之争［J］．浙江学刊 2000 年第 6 期．

［3］曹俊峰．《判断力批判》研究四题［J］．湛江师范学校学报 2014 年第 2 期．

［4］曾晓平．关于康德道德形而上学的两个基本问题［J］．湖北大学学报（哲学社会科学版）1998 年第 5 期．

［5］曾晓平．自由的危机与拯救——康德自由理论研究［D］．武汉：武汉大学，1995.

［6］邓南海．目的因与目的性：调节性与构造性——康德自然目的论思想与现代生物学中的目的论思想比较研究［J］．学术研究 2006 年第 11 期．

［7］邓晓芒．康德论道德与法的关系［J］．江苏社会科学 2009 年第 4 期．

［8］丁晓武．合目的性原理发展的嬗变［J］．青海师范大学学报 2014 年第 5 期．

［9］弗里克舒．康德的目的王国：形而上学的，而非政治的［J］．刘凤娟译．世界哲学 2015 第 6 期．

［10］贺跃．康德道义论的目的论研究［D］．长沙：湖南师范大学，2016.

［11］胡友峰．康德美学中自然与自由观念研究［D］．杭州：浙江大学，2007.

［12］匡宏. 休谟道德哲学中的情感与理性关系研究 [D]. 武汉：武汉大学，2010.

［13］李佰志. 康德形而上学的目的论建构 [D]. 长春：吉林大学，2010.

［14］李婉莉. 论判断力的合目的性原则 [J]. 成都理工大学学报（社会科学版）2005 年第 4 期.

［15］刘凤娟. 康德"人是目的"思想的系统建构与批判的义务学说 [J]. 中国矿业大学学报（社会科学版）2015 年第 2 期.

［16］刘海龙. 当代目的论的新形态 [J]. 自然辩证法研究 2009 年第 1 期.

［17］刘敬鲁. 黑格尔的目的论与海德格尔的目的论及其比较 [J]. 中国人民大学学报 2013 年第 2 期.

［18］刘漫. 自然与自由的沟通 [D]. 武汉：武汉大学，2012.

［19］刘睿. 康德尊严学说研究 [D]. 武汉：武汉大学，2014.

［20］刘作. 康德道义论之自然目的论审视 [J]. 云南大学学报（社会科学版）2014 年第 5 期.

［21］刘作. 康德的道德形而上学是一个一致的概念 [J]. 武汉科技大学学报（社会科学版）2011 年第 3 期.

［22］卢春红. 目的论何以与判断力相关联 [J]. 杭州师范大学学报（社会科学版）2014 年第 4 期.

［23］倪胜.《判断力批判》体系探微 [D]. 上海：复旦大学，2004.

［24］舒远招. 康德道义论的目的论审视 [J]. 云南大学学报（社会科学版）2014 年第 5 期.

［25］苏晨生. 论马克思的目的论伦理学：以黑格尔为中介 [J]. 淮南师范学院学报 2021 年第 4 期.

［26］孙小玲. 康德伦理学中义务与目的之贯通 [J]. 哲学研究 2021 年第 9 期.

［27］吴智慧. 康德的幸福论研究 [D]. 桂林：广西师范大学，2008.

［28］杨鹏. 康德目的论判断力研究 [D]. 长春：吉林大学，2013.

［29］杨云飞. 定言命令研究 [D]. 武汉：武汉大学，2006.

［30］杨云飞. 康德哲学中启蒙思维的是三个层次与启蒙的三重含义 [J]. 中国人民大学学报 2022 年第 4 期.

［31］张会永. 康德的两种道德目的概念——兼论一种康德式后果主义的可能性 [J]. 学术月刊 2018 年 6 月.

［32］张会永. 作为永久和平的至善——康德历史目的论中的道德与政治之辨 [J]. 科学·经济·社会 2011 年第 3 期.

［33］赵秀玲. 康德的幸福概念及相关问题 [D]. 上海：复旦大学，2009.

［34］祝杨军. 自由人的希望 [D]. 北京：中共中央党校，2016.

（二）外文类

1. 哲学家原著

［1］Kant. *Critique of Practical Reason* [M]. Ed. and trans. Lewis White Beck. Western classics, 1999.

［2］Kant. *Critique of Pure Reason* [M]. Ed. Paul Guyer. Cambridge University Press, 1998.

［3］Kant. *Groundwork for the Metaphysics of Morals* [M]. Ed. and trans. Allen W. Wood. Yale University Press, 2002.

［4］Kant. *Grundlegung zur Metaphysik der Sitten*[M]. Felix Meiner Verlag Hamburg, 1999.

［5］Kant. *Lectures on Ethics* [M]. Trans. Peter Heath. Cambridge University Press, 1997.

［6］Kant, *Lectures on Metaphysics*[M]. trans. & ed. Karl Ameriks & Steve Naragon, Cambridge University Press, 1997.

［7］Kant, *Lectures on Philosophical Theology*[M]. trans. Allen W. Wood & Gertrude M. Clark, Comell University Press, 1978.

［8］Kant. *Metaphysical of Morals* [M]. Ed. and trans. Mary Gregor. Cambridge University Press, 1999.

［9］Kant. *Notes and Fragments* [M]. Ed. Paul Guyer. Cambridge University Press, 2005.

［10］Kant. *Practical Philosophy* [M]. Ed. Paul Guyer. Cambridge University Press, 1999.

2. 外文论著

［1］Allen W. Wood. *Kant* [M]. Blackwell Publishing, 2005.

——*Kant's Ethical Thought* [M]. Cambridge University Press, 1999.

——*Kantian Ethics*[M]. Cambridge University Press, 2008.

——*Kant's Moral Religion*[M]. Cornell University Press, 1970.

——*Kant's Rational Theology*[M]. Cornell University Press, 1978.

——(ed.) *Self and Nature in Kant's Philosophy*[M]. Cornell University Press, 1984.

［2］Andrew Woodfield. *Teleology*[M]. Cambridge University Press, 1976.

［3］Andrews Reath, Jens Timmermann. *Kant's Critique of Practical Reason: a critical guide* [M]. Cambridge University Press, 2009.

［4］Christine M. Korsgaard. *Self-constitution: agency, identity, and integrity* [M]. Oxford University Press, 2009.

——*Creating the Kingdom of Ends*[M]. Cambridge University Press, 1996.

［ 5 ］Courtney D. Fugate. *The Teleology of Reason*[M]. Walter de GruyterGmbH, 2014.

［ 6 ］Dietmar H. Heidemann. *Kant Yearbook1/2009: Teleology*[M]. Walter de Gruyter, 2009.

［ 7 ］Henry E. Allison. *Idealism and Freedom: essays on Kant's theoretical and practical philosophy* [M]. Cambridge University Press, 1996.

——*Kant's Transcendental Idealism* [M]. Yale University Press, 2004.

［ 8 ］Herman Barbara. *The Practice of Moral Judgment*[M]. Harvard University Press, 1993.

［ 9 ］H. J. Paton. *Categorical Imperative-A Study in Kant's Moral Philosophy*[M]. University of Pennsylvania Press, 1971.

［ 10 ］J. D. McFarland. *Kant's conception of teleology*[M]. University of Edinburgh Press, 1970.

［ 11 ］Jens Timmermann. *Kant's Groundwork of the Metaphysics of Morals: a commentary*[M]. Cambridge University Press, 2007.

——*Kant's Groundwork of the Metaphysics of Morals: a critical guide* [M]. Cambridge University Press, 2009.

［ 12 ］Joachim Ritter. *Historisches Wörterbuch der Philosophy*[M]. Schwabe&Co. 1971.

［ 13 ］John E. Atwell. *Ends and Principles in Kant's Moral Thought*[M]. Martinus Nijhoff Publishers, 1986.

［ 14 ］Keith Ward. *The Development of Kant's View of Ethics*[M]. Basil Blackwell, 1972.

［ 15 ］Mary J. Gregor. *Laws of Freedom*[M]. Barnes & Noble, 1963.

［ 16 ］Nicholas White: *A Brief History of Happiness* [M]. Blackwell Publishing, 2006.

［ 17 ］Oliver Sensen. *Kant on Moral Autonomy*[M]. Cambridge University Press, 2013.

［ 18 ］Paul Guyer. *Kant and the Claims of Taste*[M]. Cambridge University Press, 1997.

——*Kant and the Experience of Freedom: essays on aesthetics and morality* [M]. Cambridge University Press, 1993.

——(ed.) *Kant and the Modern Philosophy* [M]. Cambridge University Press, 2006.

——*Kant's Groundwork for the Metaphysics of Morals: a reader's guide*[M], Continuum, 2007.

——(ed.)*Kant's Groundwork for the Metaphysics of Morals: Critical Essays*[M]. Rowman and Littlefield, 1998.

——*Kant's System of Nature and Freedom: selected essays*[M]. Clarendon Press, 2005.

——(ed.)*The Cambridge Companion to Kant*[M]. Cambridge University Press, 1999.

［ 19 ］Richard Dean. *The Value of Humantiy: In Kant's Moral Theory*[M]. Clarendon

Press, 2006.

　［20］Richard McCarty. *Kant's Theory of Action*[M]. Oxford University Press, 2009.

　［21］Stephen Engstrom. *Aristotle, Kant, and the Stoics*[M]. Cambridge University Press, 1996.

　［22］Thomas Auxter. *Kant's moral teleology*[M]. Mercer University Press, 1982.

3. 外文论文

　［1］Crompton Llewellyn Davies. *Kant's Teleology*[J]. Proceedings of the Aristotelian Society, Vol. 3, No. 2: 65–86(1895–1896).

　［2］Daniel N. Robinson and Rom Harré. *The Demography of the Kingdom of Ends*[J]. Philosophy, Vol. 69, No. 267: 5–19(1994).

　［3］Daniel O'Connor. *Kant's Conception of Happiness*[J]. Value Inquiry 16: 189–205(1982).

　［4］Ernst Mayr. *The Idea of Teleology* [J]. Journal of the History of Ideas, Vol. 53, No. 1: 117–135(1992).

　［5］Heiner F. Klemme. *Moralized nature, Naturalized autonomy*[J]. in Kant on Moral Autonomy, edited by Oliver Sensen, Cambridge University Press: 193–211(2013).

　［6］Hein van den Berg. *The Wolffian roots of Kant's Teleology*[J]. Studies in History and Philosophy of Biological and Biomedical Sciences44(2013)724–734.

　［7］Jeffrey Wattles. *Teleology Past and Present*[J]. Zygon, Vol. 41, No2: 445–464(2006).

　［8］Katrin Flikschuh. *Kant's kingdom of ends: metaphysical, not political*[J]. in Kant's Groundwork of the Metaphysics of Morals: A Critical Guide, edited by Jens Timmermann, Cambridge University Press, 119–139(2009).

　［9］Keith Ward. *Kant's Teleological Ethics*[J]. The Philosophical Quarterly, Vol. 21, No. 85: 337–351(1971).

　［10］Lucas Thorpe. *The Realm of Ends as A Community of Spirits: Kant and Swedenborg on the Kingdom of Heaven and the Cleansing of the Doors of Perception* [J]. The Heythrop Journal Hey J LII 52–75 (2011).

　［11］Paul Guyer. *Ends of Reason and Ends of Nature: The Place of Teleology in Kant's Ethics* [J]. The Journal of Value Inquiry 36: 161–186(2002).

　——*Natural Ends and the End of Nature: Naturalizing Kant's Teleology*[J]. Hans Christian Ørsted and the Romantic Legacy in Science, 75–96(2007).

　［12］Shadworth H. Hodgson. *Teleology*[J]. Proceedings of the Aristotelian Society, New Series, Vol6: 35–67(1905–1906).

[13] Stephen Engstrom. *The Concept of the Highest Good in Kant's Moral Theory*[J]. Philosophy and Phenomenological Research, Vol. 52, No. 4: 747–780(1992).

[14] Thomas Tefuel. *Kant's Non-Teleological Conception of Purposivess*[J]. Kant-Studien 102, 2011.

4. 电子文献

[1] Ginsborg, Hannah. *Kant's Aesthetics and Teleology*[OL]. The Standford Encyclopedia of Philosophy(Spring 2013 Edition), Edward N. Zalta(ed.). URL=http://plato. stanford. edu/ archives/spr2013/entries/kant-aesthetics/.

附 录

自由目的论　　←　人为自由立法　→　道德

道德目的论

前提和基础　反思性地

本体的人（理性）　→　至善（德福一致）　→　预设上帝存在

自然目的论　　←　人对自然的反思　→　幸福

（实用目的论）

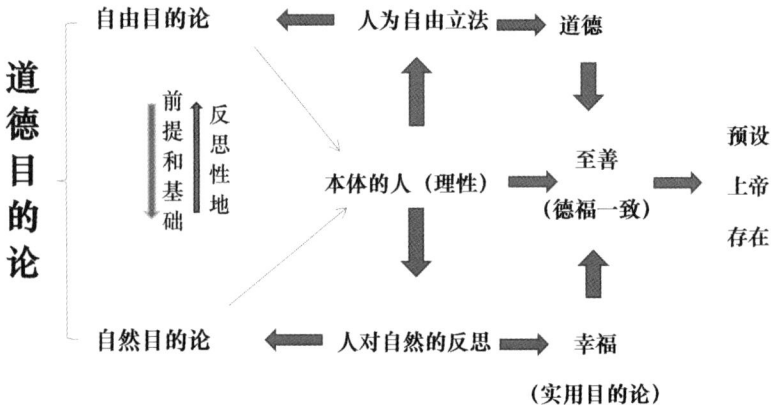

图一：康德的目的论系统结构图

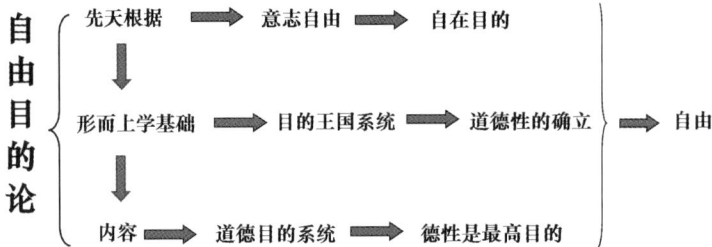

自由目的论

先天根据　→　意志自由　→　自在目的

形而上学基础　→　目的王国系统　→　道德性的确立　→　自由

内容　→　道德目的的系统　→　德性是最高目的

图二：康德的自由目的论结构图

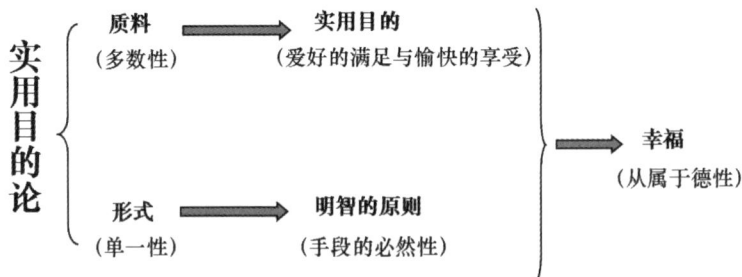

实用目的论

质料（多数性）　→　实用目的（爱好的满足与愉快的享受）

形式（单一性）　→　明智的原则（手段的必然性）

幸福（从属于德性）

图三：康德的实用目的论结构图

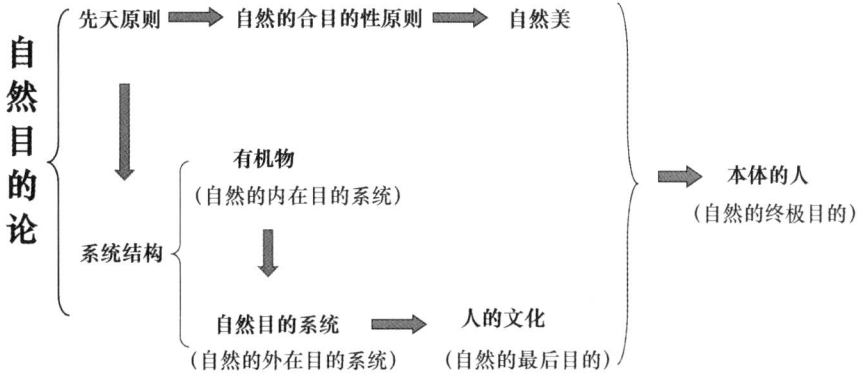

图四：康德的自然目的论结构图

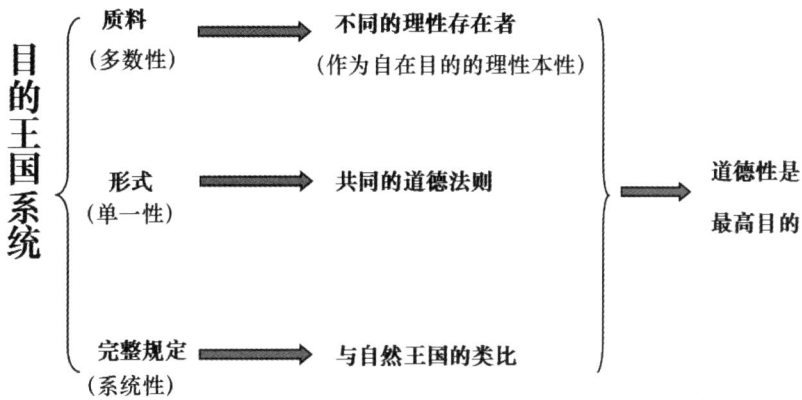

图五：康德的目的王国系统结构图

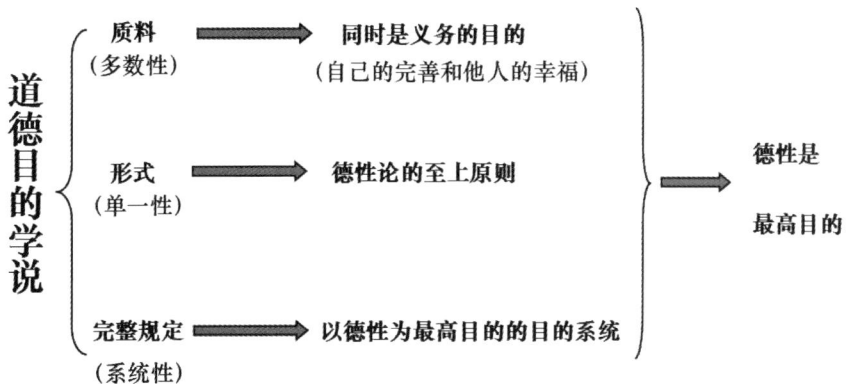

图六：康德的道德目的学说结构图

禁止自杀

禁止性愉快上的自取其辱

对作为动物性的人的义务

禁止人对自己各种遵循自然目的的能力的无度使用

完全义务

禁止说谎

禁止吝啬

对作为纯然道德存在者的人的义务

禁止阿谀奉承

对自己的义务

培养肉体的力量

培养灵魂的力量

对人的自然完善的义务

培养精神的力量

不完全义务

义务意向的纯洁性

对人的道德完善的义务

道德目的的完善性

行善

感激

爱的义务

同情

对纯然作为人的他者的义务

禁止傲慢

禁止毁谤

敬重的义务

禁止嘲讽

人对人的义务

对他人的义务

人们相互之间就其状态而言的伦理义务 ⇒ （仅按照把德性原则运用经验中出现的事例的主体之不同的变化的规则，因而不能充当德性学说的形而上学初始根据）

德性学说的义务系统

不要肆无忌惮地毁坏自然界中美的、无生命的存在者

人对人下存在者的义务

不要粗暴残酷地对待有生命却无理性的存在者

人对非人类存在者的义务

人对人上存在者的义务 ⇒ 应当拥有宗教

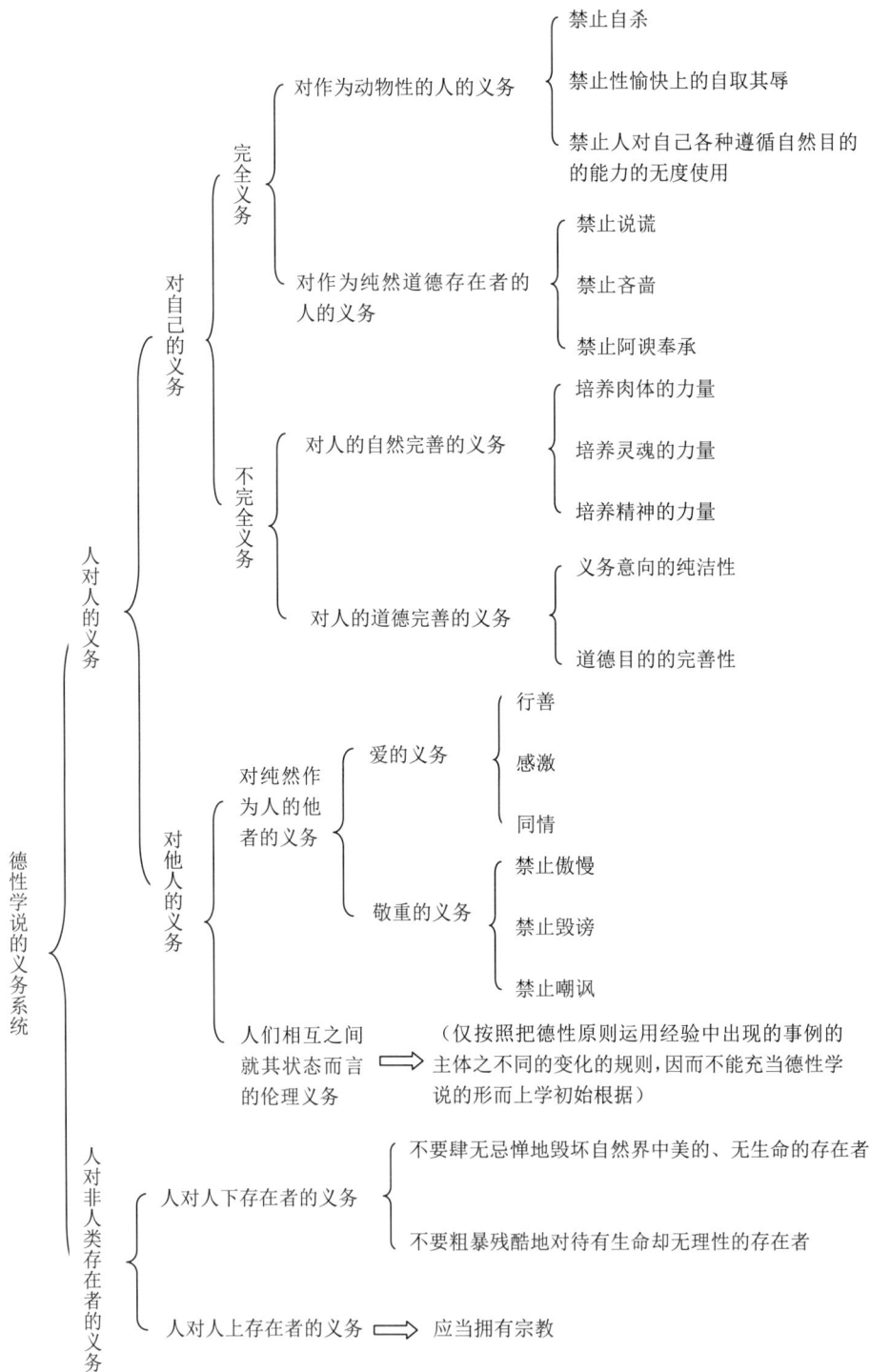

图七：康德的德性学说的义务系统

自我保存

物种保存

人对各种自然能力的使用的保持

人的自然完善

诚实

豁达

维护尊严

人的道德完善

道德的自保

促进理论科学的发展

为意图提供手段

为目的的实施提供质料

促进文化

自己的完善

道德意向的纯洁

道德目的的完善

促进道德性

道德的繁荣

人的德性（自由）作为最高的目的

他人自然的福祉

他人道德的福乐

作为纯然的他者

他人的幸福

友谊

人与人之间的交往

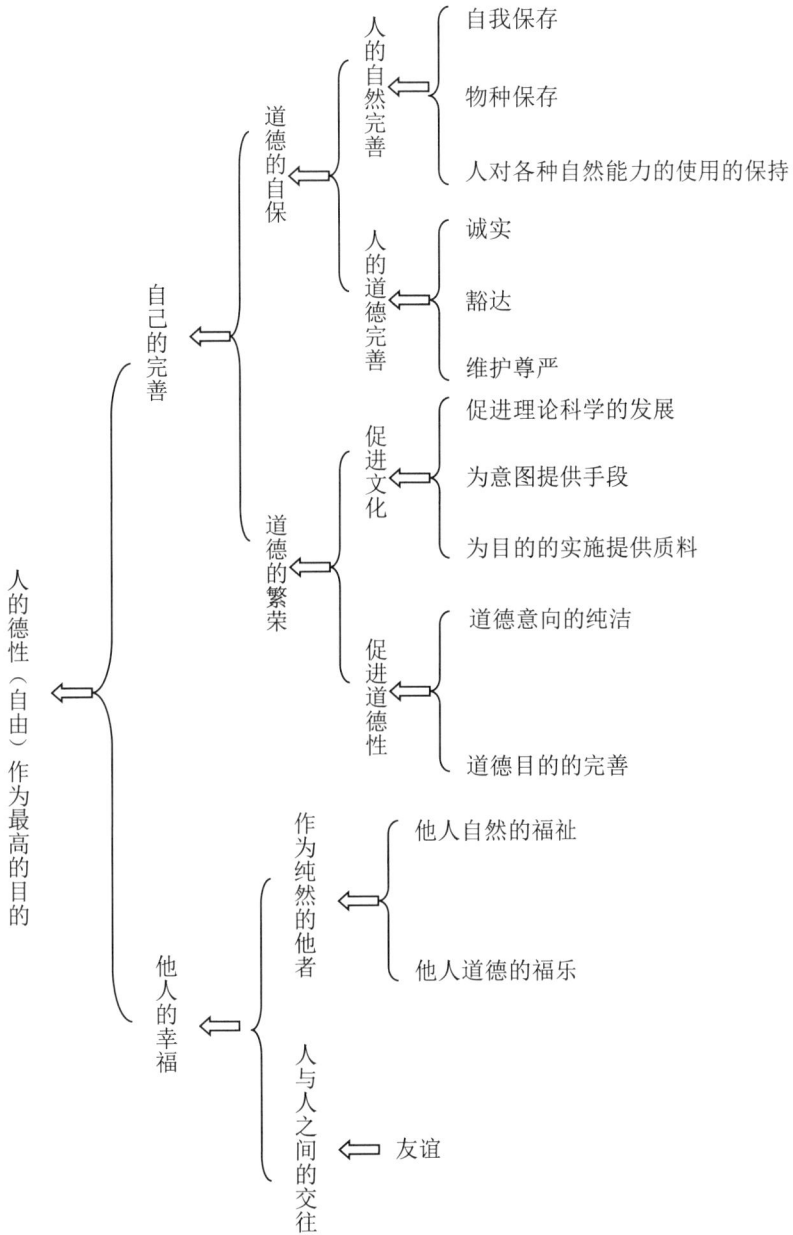

图八：康德的道德目的系统

后 记

本书是在我的博士毕业论文——《康德的目的论系统》基础上形成的。十年前我在谋划博士论文选题时，目的论不是西方哲学研究的热点问题，国内外关于康德目的论的专题研究也不多。已有的研究大都关注康德《判断力批判》中的自然目的论，对于康德道德哲学中的目的论问题、批判哲学体系的目的论问题以及康德在目的论发展史中的地位和作用等问题还没有充分探讨和展开。康德哲学是典型的系统哲学、体系哲学，牵一发而动全身，选择目的论作为理解和把握康德哲学体系的切入点，于我而言是极好的契机。同时，我也深知这是一块难啃的"硬骨头"，需要恒心、信心、耐心和细心。正是怀揣这样的初心，我按时完成博士论文，顺利毕业。幸运的是，2018 年这个选题得到国家社科项目的后期资助，激励我继续研究，让我有机会深入思考博士论文中存在的问题，弥补其中的不足。近几年，学界关于目的论的研究有所增长，除了传统的西方哲学领域，愈来愈多的人开始关注和研究现当代伦理学、历史哲学、科技哲学、自然科学领域中的目的论问题。在此，希望我的这本小书能够给读者带来些许启发，引发读者对目的论问题的关注。

本书即将付梓之际，恰好是我高考二十周年之时。还记得 2004 年 7 月的一个早晨，母亲用笨拙的手法小心翼翼地在键盘上输入我的姓名和准考证号，查询录取结果。虽然不熟练，但她乐此不疲，每十分钟查询一次，已经持续了两三天。八时许，母亲惊喜地叫了一声"有了"。父亲外裤都没穿，"蹭"的一下从床上跳下来，奔到电脑前仔细确认。我有幸被南昌大学人文学院哲学系录取。那时，他们多么高兴！

在求学的路上，我非常幸运，一直遇到好老师。初入南昌大学哲学系，李冬妮老师在新生见面会上说的那句"既来之，则安之"帮助我赶走迷茫。詹世友老师在"伦理学"课上讨论"灾难来临时，救老人还是救小孩"这个问题，使我第一次领悟到"什么是真正的哲学思考"。赖志林老师课上课下分享她对社会的观察，经常抛出出乎意料的"idea"，让我不禁感叹："原来还可以这样！"曾清林老师给我推荐《小王子》，推荐健康的生活方式，让我体会到亦师亦友的快乐。舒永生老师带我们逐句解读《纯粹理性批判》，激发我钻研康德哲学的兴趣。还有徐福来老师、余友辉老师、杨柱才老师、杨雪骋老师、刘友红老师、刘经富老师、黄承烈老师等，他们都是我的哲学启蒙老师，为我继续深造提供了很多指导。在此，对他们表示由衷的感谢。

真正教会我文本解读、进而研究康德哲学的是武汉大学哲学学院的曾晓平老师，曾老师是我读硕士研究生和博士研究生的导师。他为人低调，专注学术，在生活中不善言辞。在学术交流中，他却滔滔不绝。师从曾老师多年，他对我学术研究的影响极其深远。在学术发展上，曾老师一开始就教导我要选择一个有研究潜力的选题，作为未来五到十年甚至更长时间的研究方向。在文本研究上，曾老师经常激励我基于文本，忠于文本，指导我用"三步读书法"把握总体思路，提取核心观点，理清概念与逻辑。在论文写作上，曾老师带我们研读《研究是一门艺术》《怎样做文献综述》，组织同门师兄弟开展论文讨论会。大到论文框架、章节设置，小到词语概念、标点符号的使用，曾老师都带领我们进行细致推敲，探讨具体的修改方案。曾老师治学严谨，思维缜密。他对待工作兢兢业业，对待学生无私奉献。这些精神不仅让我学会如何做学问，更重要的是让我学会如何做人。在此，我衷心地感谢曾老师对我的严格要求和无私帮助。

我还要感谢邓晓芒老师对我的耐心指导。邓老师多次评阅、修改我的开题报告和论文初稿，他对我所要研究的目的论问题给予了高屋建瓴的指点和细致入微的剖析。在邓老师身上，我总能看到思想家的光芒。感谢何卫平老师、赵林老师、苏德超老师、郝长墀老师和朱志方老师在我博士阶段对我的哲学学习和目的论研究方面的指导和帮助，他们的建议开阔了我的学术视野，使我的研究得以更加深入、完善。感谢亦师亦友的杨云飞老师在私下的交流中解决我日常阅读中的哲学困惑。此外，还要特别感谢德国哈勒大学的 Heiner Klemme 教授、湖南大学的舒远招老师和湖北大学的戴茂堂老师。Klemme 教授在哲学学院开设研讨课期间，对我的博士论文选题和写作提出了宝贵的意见和建议。他回国之后多次通过邮件为我推荐相关资料和书籍，帮助我梳理写作思路。舒远招老师平易近人，他多次在微信上耐心解答我在目的论研究过程中遇到的难题。戴茂堂老师视野开阔，他对于目的论的当代发展具有独到见解，启发我积极思考。

同时，我还要感谢我的同门师兄弟和同窗好友们。感谢刘睿师姐持续关心我的毕业与工作，并在关键时刻出手相助。感谢刘凤娟师姐不厌其烦地与我进行学术交流，多次利用休息时间为我排疑解惑。感谢刘漫师姐、刘作师兄和胡好师兄关心我的研究进度，鼓励我继续前行。感谢唐红光、吴鹏、胡学源、夏志伟、曾允、杨星灿、李鹏洲等师弟师妹们在讨论课上对我的论文提出宝贵意见。感谢我的同窗好友李扬、吴德凯、彭孝光、付志勇、孙洁、李兰兰、张帅、朱迪婧、张盛友、黄馨影等人对我一直以来的支持和鼓励。感谢南昌大学孙小玲老师、复旦大学罗亚玲老师、厦门大学张会永老师、清华大学范大邯老师、中国人民大学李科政老师、北京师范大学周黄正蜜老师和朱会晖老师、华中科技大学袁辉老师、武汉大学王咏诗老师等近几年在学术会议上的思想碰撞，这些思想的火花对本书的修改和完善起着非常重要的作用。感谢中国大百科全书出版社的编辑老师为本书的倾力付出，他们用专业的眼光细致审阅了全部书稿，修改了许多错漏之处，保障了本书的顺利出版。

最后，我要感谢养育和关爱我的家人们，他们的理解与支持是我不断前行的动力。感谢我的父母，他们生育我养育我，在我的人生面临重大苦难的时候救助我爱护我。他们的爱是我自信生活的精神泉源和底气，他们的辛勤劳动为我创造了继续深造的优越条件，做他们的女儿是一生中最大的幸事。感谢我的弟弟妹妹们一如既往的理解和包容。感谢我的大姨父和大舅在我小时候背着我四处寻医问药，感谢我的三姨在全家人都想劝我退学的时候站出来力挺我，感谢我的大姨在高中时代对我的特别照料。没有他们当时的付出，就没有现在的我。感谢我的公公婆婆在我写作博士论文和修改书稿期间承担料理家务和照顾孩子的重任，为我创造了良好的写作环境。感谢我的先生邵彦涛十八年来的陪伴，与他相逢是我一生中的第二大幸事。无论在生活中还是学业上，他都给予我无微不至的关怀与帮助。每当我写作"卡壳"的时候，研究陷入瓶颈的时候，他总能用心倾听，耐心疏导，提供足够的情绪价值。我还要特别感谢我的女儿邵亦可和邵亦尧，她们身体健康、聪明伶俐，与这本书一同成长。我在华中师范大学图书馆修改书稿时，我的女儿们经常到图书馆来接我，以至于两三岁的小女儿一直以为我在图书馆上班。

最后的最后，我要感谢哲学和文本研究这件事情。可以说，是哲学塑造了今天的我。我虽然是个努力的人，但骨子里有一种"一瓶不满半瓶晃当"的浮躁。哲学的学习让我不断练习反思、亲近智慧。文本研究让我沉静下来，不断磨砺自己的性格，学习踏实做事，沉稳做人，与此同时也让我对研究常怀敬畏之心。今天，哲学和文本研究已然成为我的生活方式。
在这条生活道路上，我越走越坚强，越走越明朗，越走越愉悦。

白海霞

2024 年 3 月 19 日于武汉桂子山